ŒUVRES COMPLÈTES
DE
EUGÈNE SCRIBE

DE L'ACADÉMIE FRANÇAISE

OPÉRAS COMIQUES

LA VIEILLE — LE TIMIDE — FIORELLA

LE LOUP-GAROU

LA FIANCÉE — LES DEUX NUITS

PARIS

E. DENTU, LIBRAIRE-ÉDITEUR

PALAIS-ROYAL 17-19, GALERIE D'ORLÉANS.

1877

Paris-Imp. PAUL DUPONT, 4 rue Jean-Jacques-Rousseau.

ŒUVRES COMPLÈTES

DE

EUGÈNE SCRIBE

DE L'ACADÉMIE FRANÇAISE

RÉSERVE DE TOUS DROITS

DE PROPRIÉTÉ LITTÉRAIRE

En France et à l'Etranger.

LA VIEILLE

OPÉRA-COMIQUE EN UN ACTE

En société avec M. Germain Delavigne.

MUSIQUE DE F.-J. FÉTIS.

THÉATRE DE L'OPÉRA-COMIQUE. — 14 Mars 1826.

| PERSONNAGES. | ACTEURS. |

ÉMILE DE VERCIGNY, jeune officier . . . . . . MM. Lemonnier.
LÉONARD, artiste . . . . Huet.
PÉTEROFF, régisseur. . . . . Firmin.

LA COMTESSE DE XÉNIA . . . . Mme Phadher.

Domestiques. — Femmes de chambre. — Paysans. — Invités.

Aux environs de Vilna.

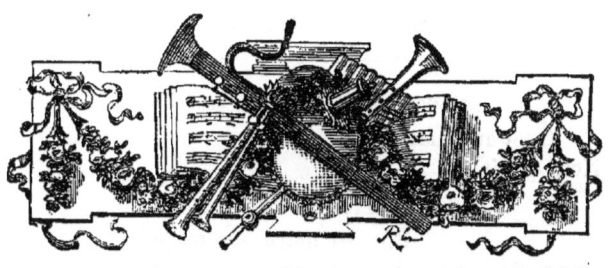

LA VIEILLE

Un salon élégant. — Porte au fond; deux portes latérales. A droite, une table; à gauche, une psyché, une toilette, etc.

SCÈNE PREMIÈRE.

INTRODUCTION.

PÉTEROFF est assis devant une table, et écrit; PLUSIEURS ESCLAVES et PAYSANS RUSSES arrivent par groupes. Ils se consultent entre eux, puis vont s'adresser à Péteroff qu'ils entourent.

LE CHŒUR.
Voici l'heure de l'ouvrage!
Nous venons, suivant l'usage,
Nous venons prendre humblement
Les ordres de l'intendant.
Parlez, parlez, monsieur l'intendant.

PÉTEROFF.
Silence! et qu'on me laisse.

LE CHŒUR.
Taisons-nous, de peur
De fâcher monseigneur,
Monseigneur le régisseur.

UN DES PAYSANS, s'approchant.

C'est que madame la comtesse
Nous avait dit...

PÉTEROFF.

Elle est notre maîtresse,
J'en veux bien convenir; mais vu ses soixante ans,
Elle me fait ici la grâce
De se fier en tout à mes soins prévoyants.
Je me commande alors ce qu'il faut que je fasse,
Et tout n'en va que mieux; car mon raisonnement
Est qu'il faut unité dans le gouvernement.

SCÈNE II.

LES MÊMES ; UN DOMESTIQUE, en livrée.

PÉTEROFF.

Eh! mais, qui vient encore?

LE DOMESTIQUE.

Un Français qui demande
Le prisonnier blessé, l'officier étranger
Qui demeure en ces lieux.

PÉTEROFF.

Au jardin qu'il attende :
L'officier dort, et rien ne doit le déranger.
(Le domestique sort. — Aux autres esclaves.)
Partez tous, j'irai moi-même
Vous porter mon ordre suprême.

LE CHŒUR.

Voici l'heure de l'ouvrage :
Nous allons, suivant l'usage,
Attendre bien humblement
Les ordres de l'intendant.
Honneur, honneur, à monsieur l'intendant!

(Ils sortent.)

SCÈNE III.

PÉTEROFF, seul, puis ÉMILE.

PÉTEROFF.

Ah! bien oui! réveiller notre jeune officier; ma maîtresse gronderait joliment! un prisonnier blessé, que nous avons reçu avec les égards dus au courage malheureux, parce que le malheur et le courage ont toujours été accueillis dans notre château... Ah! voici M. Émile. Bonjour, mon officier; comment allez-vous ce matin?

ÉMILE.

A merveille! je te remercie; ma blessure est presque guérie, et je crois qu'aujourd'hui je pourrai commencer à sortir.

PÉTEROFF.

Et comment avez-vous dormi?

ÉMILE.

Fort bien : madame la comtesse avait reçu hier une lettre de l'armée qui m'a fait passer une excellente nuit.

PÉTEROFF.

Il y a donc de bonnes nouvelles?

ÉMILE.

Oui, il paraît qu'on a frotté vos cosaques; ça m'a fait plaisir.

PÉTEROFF.

Mais pas à eux; et vous m'annoncez cela avec une joie...

ÉMILE.

Écoute donc : parce que je suis prisonnier en Russie, crois-tu que je sois devenu Russe? Du reste, tout fait croire à une paix prochaine, et j'en suis enchanté.

PÉTEROFF.

Moi aussi, attendu que les Français n'ont qu'à reprendre Vilna, voilà notre château qui est exposé.

ÉMILE.

Ne crains rien, c'est moi qui à mon tour vous protégerais; et plût au ciel que j'en trouvasse jamais l'occasion, car ta maîtresse est si bonne, si généreuse, je dois tant à ses bienfaits !...

PÉTEROFF.

Ah! mon Dieu! j'oubliais de vous dire qu'il y a en bas un Français qui demande à vous parler.

ÉMILE.

Et l'on ne m'a pas prévenu!

PÉTEROFF.

Ne voulant pas vous réveiller, j'ai pris sur moi de le faire attendre dans le jardin.

ÉMILE.

Quelle manie as-tu donc de toujours prendre sur toi?... Va vite le prévenir.

PÉTEROFF.

Mais, monsieur, s'il a eu froid, il sera entré dans les appartements.

ÉMILE.

Eh! va donc!

PÉTEROFF, à la porte du fond.

Entrez, entrez, monsieur, on peut vous recevoir.

(Il sort.)

SCÈNE IV.

Les mêmes; LÉONARD.

ÉMILE.

Que vois-je? Mon cher Léonard!

LÉONARD.

Mon cher Émile!

(Ils courent dans les bras l'un de l'autre.)

DUO.

ÉMILE et LÉONARD.

Doux souvenir de la patrie,
Que ton pouvoir est séduisant!
Oui, tous mes maux, je les oublie,
Je les oublie en ce moment.

LÉONARD.

Dieu! quel bonheur j'éprouve,
Nous voilà réunis!

ÉMILE.

C'est toi que je retrouve
Aussi loin de Paris!

LÉONARD.

Au collége et dès notre aurore,
Nous étions déjà bons amis.

ÉMILE.

Tiens, tiens, de grâce, embrassons-nous encore :
Je te revois, je revois mon pays.

ÉMILE et LÉONARD.

Doux souvenir de la patrie, etc.

ÉMILE.

Quel destin, quel Dieu tutélaire,
Ici t'envoie à mon secours?

LÉONARD.

Comment aux périls de la guerre
As-tu pu dérober tes jours?

ÉMILE et LÉONARD.

Doux souvenir de la patrie,
Que ton pouvoir est séduisant!
Oui, tous mes maux, je les oublie,
Je les oublie en te voyant.

ÉMILE.

Comment! tu es encore en Russie?

LÉONARD.

J'y étais, tu le sais, bien longtemps avant la guerre, comme artiste. En France, nous avons trop de grands hommes : voilà pourquoi les talents meurent de faim! aussi c'est pour éviter la foule que je suis venu chercher fortune à Saint-Pétersbourg.

ÉMILE.

Et tu as trouvé là un peu de différence?

LÉONARD.

Pas tant que tu crois. Sais-tu que Saint-Pétersbourg est une colonie parisienne? On n'y parle que français; on n'y adopte que les modes de France; on y joue toutes les pièces françaises, drames, opéras-comiques et vaudevilles. Les élégants n'y sont pas plus ridicules, les maris n'y sont pas plus sévères, les femmes n'y sont pas plus froides; on intrigue, on se trompe, on s'amuse tout comme à Paris; on y dîne aussi bien, et les glaces de la Néva valent celles de Tortoni.

ÉMILE.

C'est fini, tu n'as plus d'esprit national; tu n'es plus qu'un bourgeois russe et un badaud de Saint-Pétersbourg.

LÉONARD.

Tu es dans l'erreur! dans quelques années je compte bien retourner en France; je me ferai annoncer comme premier peintre de l'empereur de Russie : mes compatriotes me prendront pour un étranger, et ma fortune est faite.

ÉMILE.

Mais, en attendant, l'as-tu un peu commencée?

LÉONARD.

Oui, vraiment, le portrait donne beaucoup, et c'est ce qui rapporte le plus. J'ai peint des grands-ducs, des princes, des chambellans, et surtout beaucoup de jolies femmes; aussi je suis à la mode dans la capitale; mais je n'aurais jamais cru que ma renommée s'étendit jusque dans les provinces de l'empire russe, lorsqu'il y a trois semaines un banquier se présente chez moi : « N'êtes-vous pas M. Léonard, un peintre français, qui avez fait vos classes à Paris, au lycée Charlemagne? — Oui, monsieur. »

ÉMILE, à part.

Ah! mon Dieu!

LÉONARD.

« Eh bien! continue le banquier, si vous voulez vous rendre sur-le-champ par delà Smolensk et Vitepsk, au château de la comtesse de Xénia, pour faire son portrait, voici d'avance quatre mille roubles. »

ÉMILE.

J'y suis : c'est moi qui t'ai valu cette bonne aubaine.

LÉONARD.

Que dis-tu?

ÉMILE.

C'est encore une galanterie de ma vieille comtesse. Je ne peux pas former un souhait que sur-le-champ il ne se trouve réalisé. Il y a quelques jours je lui parlais de toi, et je m'écriais que je donnerais tout au monde pour te revoir et t'embrasser, ce que, hélas! je croyais impossible ; mais, comme une fée bienfaisante, elle a donné un coup de baguette, et te voilà.

LÉONARD.

Et quelle est donc cette comtesse de Xénia? Comment as-tu fait sa connaissance?

ÉMILE.

De la façon la plus singulière. Lors de notre retraite, et dans un des derniers combats qu'il fallut livrer, nos soldats s'étaient emparés des bagages d'une division ennemie; dans un landau d'assez belle apparence, j'aperçois une femme infirme et âgée : je pensais à ma mère, et quand elle me cria en français : « Monsieur, protégez-moi, » je courus à elle, enchanté de rendre service à une compatriote : « Si c'est à ce titre, me dit-elle, je ne veux pas vous tromper, je suis la veuve d'un officier russe. » Tu devines ma réponse ; je regarde alors ma nouvelle conquête. Elle n'était pas jeune, il s'en faut ; elle n'était pas jolie, au contraire ; et cependant il était facile de voir que jadis elle avait été fort bien. Des manières nobles et distinguées, une conversation charmante ; enfin elle avait dû faire les beaux jours de la cour de Catherine II ou de Pierre III, et je me rappelai, en effet, avoir entendu parler d'une comtesse de Xénia qui avait été la Ninon de ce temps-là, aux mœurs près, s'entend, car la mienne a dû être la vertu et la sagesse même.

LÉONARD.

Ah ! tu réponds même du passé ?

ÉMILE.

Oui, sans doute ; malgré ses soixante-dix ans, je suis son chevalier ; et quand tu la connaîtras, tu verras qu'il est impossible de ne pas l'aimer. Cependant notre marche continuait ; chaque instant voyait tomber un de nos soldats ; nous n'étions plus qu'une douzaine autour de la voiture, lorsqu'un hourra nous apprit l'arrivée de l'ennemi ; c'était de ces maraudeurs qui n'étaient ni Russes ni Français, et qui suivaient les deux armées, non pour combattre, mais pour piller. « Fuyons, me criaient mes gens, fuyons, mon officier, ils sont vingt contre un ; laissez là cette femme. — Mes amis, leur répondis-je, je suis son chevalier, et je ne la quitterai pas ; vous autres, conservez-vous pour vos jeunes maîtresses, partez si vous voulez. »

LÉONARD.

Et ils t'ont laissé ?

ÉMILE.

Me laisser ! nos soldats ne laissent pas leurs officiers dans le danger, et en un instant je les vois tous debout rangés autour de moi. Leurs doigts engourdis ne pouvaient plus armer leurs fusils, et trois fois nous soutînmes à la baïonnette la charge de l'ennemi ; mais enfin une balle m'atteignit, et je perdis connaissance. Je tombai sur cette terre étrangère en pensant à la France et à ma pauvre mère que je ne devais plus revoir.

LÉONARD.

Cher Émile!

ÉMILE.

Quand je revins à moi, me croyant mort, ils m'avaient tous abandonné, tous excepté ma pauvre vieille qui ne me quitta pas d'un instant. Par ses soins, je fus amené dans ce château qu'elle venait d'acheter; et tu n'as jamais vu de garde-malade plus active, plus dévouée, plus intelligente : le jour, la nuit, elle était toujours là; et depuis que je suis entré en convalescence, tous les matins elle vient s'établir dans ma chambre, apporte sa tapisserie, cause avec moi ou me fait des lectures. Elle lit si bien! sa voix est encore si douce et si touchante!

LÉONARD.

Ah çà! prends garde, tu vas en devenir amoureux.

ÉMILE.

Eh! eh! ne plaisante pas, cela m'arrive quelquefois quand je ferme les yeux.

LÉONARD.

Cela me rassure.

ÉMILE.

Il est de fait que si elle avait seulement quarante ans de moins je ne répondrais de rien : souvent, quand elle n'était pas là, je me la figurais telle qu'elle devait être à dix-huit ans; je la revoyais jeune; et ravi du portrait que je venais de créer, je l'adorais d'imagination et de souvenir!

LÉONARD.

Tu plaisantes?

ÉMILE.

Non, vraiment; par exemple, la vue de l'original me rappelait sur-le-champ à des sentiments modérés; mais, tiens, c'est elle; je l'entends; tu vas en juger par toi-même.

LÉONARD.
J'avoue que tu as piqué ma curiosité.

(Émile va au-devant de la comtesse et lui donne le bras.)

SCÈNE V.

LA COMTESSE, ÉMILE, LÉONARD.

TRIO.

LÉONARD, à part.
Oui, chez elle le poids des ans
A rendu ses pas chancelants ;
Mais on voit qu'elle fut jolie.

ÉMILE, à la comtesse.
Laissez-moi vous servir d'appui,
Acceptez la main d'un ami.

LA COMTESSE.
Heureux qui, cherchant un appui,
Rencontre la main d'un ami.

(Apercevant Léonard.)

Un étranger ! C'est là, je le parie,
Votre ami Léonard, cet artiste fameux !

ÉMILE.
Oui! comme par magie il arrive en ces lieux :
Les lois de la nature à vos lois sont soumises.

LA COMTESSE.
J'ai l'esprit romanesque et suis pour les surprises;
De celle-ci que dites-vous?

LÉONARD et ÉMILE.
De vos bienfaits c'est le plus doux.

COUPLETS.

LA COMTESSE.

Premier couplet.

Au beau pays de France,
Séjour charmant, par les arts embelli,

Tous deux jadis vous passiez votre enfance,
Et j'ai voulu, vous rendant un ami,
Pour un instant vous rendre encore ici
Ce beau pays de France.

Deuxième couplet.

ÉMILE, à la comtesse.

Au doux pays de France
Tout est soumis aux lois de la beauté ;
Mais dans ces lieux et malgré la distance,
Lorsque l'on voit tant d'esprit, de bonté,
Et tant de grâce, on se croit transporté
Au doux pays de France.

LA COMTESSE.

Mais voyons ; que ferons-nous ce matin pour égayer le convalescent ? Je vous apportais là un cahier assez curieux ; ce sont des aventures et anecdotes sur la dernière campagne de Russie. Tous les événements singuliers dont on m'a fait le récit ou dont j'ai été témoin, je les ai consignés dans ce volume, et ce matin je comptais vous les lire.

ÉMILE.

Ah ! volontiers.

LA COMTESSE.

Oui, en tête à tête ; mais puisque nous avons un ami...

ÉMILE.

Écoutez : Léonard était venu pour faire votre portrait.

LA COMTESSE.

Ce n'était là qu'un prétexte pour l'attirer auprès de nous.

ÉMILE.

Qu'il le commence dès aujourd'hui ; vous me le donnerez, et quand je ne serai plus prisonnier de guerre, quand je retournerai dans mon pays, vous serez encore avec moi, car votre portrait sera comme votre souvenir : il ne me quittera jamais.

LA COMTESSE.

Si vous me donnez de pareilles raisons, je n'ai rien à répondre.

ÉMILE.

Allons, à l'ouvrage ! asseyons-nous. (A Léonard.) Prends tes pinceaux. (A la comtesse.) Voici votre tapisserie.

LA COMTESSE.

Je pourrai travailler?

LÉONARD, s'asseyant près de la table à droite, et se disposant à peindre.

Sans doute... (A Émile.) Et toi?

ÉMILE.

Moi, je vous regarderai et je ne ferai rien : c'est le privilége des convalescents.

LA COMTESSE.

A merveille! ce sera une matinée d'artistes.

ÉMILE.

Vous serez contente de mon ami Léonard; c'est un vrai talent; il fait surtout d'une ressemblance...

LA COMTESSE.

Tant pis! A vingt ans, on aime qu'un portrait soit exact et fidèle; mais à mon âge on craint les miroirs. (A Émile.) Ce qui me rassure, c'est qu'en France, ce portrait-là n'excitera pas la jalousie de vos maîtresses.

ÉMILE.

Ce serait difficile, car je n'en ai pas.

LA COMTESSE.

Vraiment?

ÉMILE.

J'ai tout rompu; j'ai tout cédé à mes amis; quand on part pour la Russie, il faut faire son testament.

LA COMTESSE.

Quoi! vous n'avez jamais eu de passion véritable?

ÉMILE.

Ma foi, non ; j'ai beau chercher... Dis donc, Léonard, te souviens-tu ?...

LÉONARD.

Dame ! vois tes notes, tu me parlais tout à l'heure d'un amour d'imagination.

ÉMILE, lui faisant signe.

Veux-tu te taire ! (A la comtesse.) Pardon, madame, celui-là ne compte pas.

LA COMTESSE.

Quoi ! vraiment, jamais ? S'il en est ainsi, mon ami, je vous plains ; il faut avoir aimé une fois en sa vie, non pour le moment où l'on aime, car on n'éprouve alors que des tourments, des regrets, de la jalousie ; mais peu à peu ces tourments-là deviennent des souvenirs qui charment notre arrière-saison. J'ai entendu des gens de mon âge dire, en se rappelant le passé : « Nous étions bien malheureux, c'était là le bon temps ! » ces souvenirs-là influent plus qu'on ne croit sur le caractère et adoucissent notre humeur. Ils rendent l'âge mûr plus aimable, le nôtre plus indulgent ; et quand vous verrez la vieillesse douce, facile et tolérante, vous pourrez dire comme Fontenelle votre compatriote : « L'amour a passé par là. »

LÉONARD.

Prenez garde, madame, car vous êtes si bonne et si aimable, que, d'après votre système, nous allons penser...

ÉMILE.

Voyez-vous ces artistes ! ils ont sur-le-champ des idées... Apprenez, monsieur, que la comtesse de Xénia a toujours été la femme de la cour la plus sage et la plus raisonnable.

LA COMTESSE, souriant.

Il y a, à la cour, bien des réputations usurpées, non pas que je ne mérite la mienne ; mais souvent cela dépend de si peu de chose qu'il n'y a pas de quoi s'en vanter. Songez donc que, veuve à dix-huit ans, j'étais maîtresse de ma main et d'une fortune immense, lorsque je rencontrai dans le monde un beau jeune homme...

ÉMILE, vivement.

Qui vous aima?

LA COMTESSE.

Non, au contraire! c'était moi; car lui ne s'en doutait seulement pas.

ÉMILE.

Ce n'est pas possible; contez-nous donc cela.

LA COMTESSE.

Cela peut-il vous distraire un instant?... Aussi bien, cela vous tiendra lieu de notre lecture.

ÉMILE, approchant son fauteuil.

A merveille! Toi surtout, Léonard, ne fais pas de bruit.

LA COMTESSE.

Écoutez-moi bien.

SCÈNE VI.

LES MÊMES; PÉTEROFF.

QUATUOR.

PÉTEROFF.

Je viens, madame, avec prudence,
Et surtout dans l'intérêt...

ÉMILE.

C'est encor lui; j'aurais d'avance
Gagé qu'il nous interromprait.

PÉTEROFF.

Je vous annonce en confidence...

ÉMILE.

Quelque malheur?

PÉTEROFF.
Un des plus grands.
ÉMILE.
C'est toujours l'homme aux accidents !
Mais le plus grand, tu peux m'en croire,
C'est d'interrompre ainsi les gens
Lorsqu'ils vont entendre une histoire :
Ainsi, va-t'en.
PÉTEROFF.
Ce serait mal,
Car c'est pour vous.
LÉONARD et LA COMTESSE.
O ciel !
ÉMILE.
Ça m'est égal.
LA COMTESSE.
Pour nous ce ne l'est pas.
(A Péteroff.)
Parle vite et sur l'heure.
PÉTEROFF.
Dans tous les environs et dans cette demeure
On vient de publier un ordre impérial
Pour faire sur-le-champ sortir de la Russie
Tous les prisonniers français,
Lesquels devront, et sans délais,
Être conduits en Sibérie.
ÉMILE, ÉDOUARD et LA COMTESSE.
O ciel ! en Sibérie !
LA COMTESSE, regardant Émile.
Faible et souffrant encor, c'en est fait de sa vie !

Ensemble.

LÉONARD et LA COMTESSE.
A cet ordre sévère
Rien ne peut le soustraire ;

La crainte et la douleur
S'emparent de mon cœur.

ÉMILE.

A cet ordre sévère
Rien ne peut me soustraire;
Mais c'est votre douleur
Qui déchire mon cœur.

PÉTEROFF.

A cet ordre sévère
Rien ne peut le soustraire;
Non, rien du gouverneur
Ne fléchit la rigueur.

ÉMILE.

Allons, mes amis, du courage;
Puisque le sort le veut ainsi,
Je partirai, mais c'est dommage,
Car on était si bien ici!

LA COMTESSE.

Et ce départ?

PÉTEROFF.

C'est aujourd'hui,
Et le gouverneur militaire,
Pour faire exécuter cet ordre si sévère,
A l'instant même arrive ici.

LA COMTESSE.

Je le connais, et son cœur inflexible
N'écoutera que la voix du devoir.

LÉONARD.

Eh quoi! vos pleurs ne pourront l'émouvoir?

LA COMTESSE.

N'y comptez pas; mais il serait possible
De le tromper.

(A Émile.)
Venez, j'ai bon espoir.

(A Péteroff.)
Vous, suivez-moi.

(A Léonard.)
Bientôt nous allons vous revoir.

Ensemble.

LÉONARD.

A cet ordre sévère
Rien ne peut le soustraire ;
La crainte et la douleur
S'emparent de mon cœur.

LA COMTESSE.

Tout nous sera prospère ;
L'amitié tutélaire
De ce fier gouverneur
Trompera la rigueur.

PÉTEROFF.

A cet ordre sévère
Rien ne peut le soustraire ;
Non, rien du gouverneur
Ne fléchit la rigueur.

(La comtesse sort appuyée sur le bras d'Émile, et Péteroff les suit à quelque distance.)

SCÈNE VII.

LÉONARD, seul.

Que va-t-elle faire? je l'ignore ; mais le gouverneur lui-même, quand il le voudrait, n'est pas le maître d'éluder les ordres qu'il a reçus ; et quand je pense que ce pauvre Émile, à peine remis de ses blessures, serait entraîné en Sibérie, seul et à pied... seul, non pas! si je ne puis racheter sa liberté, je partagerai son esclavage, et nous ferons la route ensemble. Je ne le quitterai pas, je le soignerai ; un peintre a partout de quoi vivre, partout il trouve des sujets de tableaux : je ferai en Sibérie des effets de neige, et ça deviendra un voyage d'utilité et d'agrément.

ROMANCE.

Premier couplet.

Oui, de cette terre sauvage
Je peindrai les affreux déserts;
On aime à retracer l'image
Des malheurs que l'on a soufferts;
Et nous prêtant un mutuel courage,
Nous redirons, pendant ce long voyage :
Point de malheur qui ne soit oublié
    Avec les arts et l'amitié.

Deuxième couplet.

L'artiste se rit des promesses
Que font les amours et Plutus;
Inconstantes sont les richesses,
Les amours le sont encor plus.
Trahi par eux, je reviens avec zèle
A mon pinceau qui m'est resté fidèle :
Point de malheur qui ne soit oublié
    Avec les arts et l'amitié.

SCÈNE VIII.

LÉONARD, PÉTEROFF.

PÉTEROFF, à la cantonade.

C'est bien, je me charge de tout, je prends tout sur moi.

LÉONARD.

Eh! mon Dieu! qu'y a-t-il donc?

PÉTEROFF.

Ce qu'il y a, monsieur, ce qu'il y a? l'événement le plus inconcevable, le plus inouï, le plus extraordinaire, et cependant le plus naturel. (Retournant à la cantonade.) Vous disposerez tout dans l'oratoire de madame, car c'est en secret, en petit comité, entendez-vous bien?

LÉONARD.

A qui en avez-vous?

PÉTEROFF.

A qui? à tout le monde! car je suis chargé de tout, et une cérémonie comme celle-là, sur-le-champ, à l'improviste, en une heure... je sais bien qu'il n'y a pas de temps à perdre, mais il faut ma tête, ma capacité... (Se retournant vers deux domestiques qui entrent.) Ah! vous autres, montez à cheval sur-le-champ, et portez ces invitations à toute la noblesse, à tous les seigneurs des environs. Il n'est pas nécessaire qu'ils assistent à la cérémonie, mais il faut qu'ils soient au repas, entendez-vous? ce sont mes ordres et ceux de madame. Partez.

LÉONARD.

Ah çà! m'expliquerez-vous enfin?...

PÉTEROFF.

Oui, monsieur; oui, je suis à vous, car, vous entendez bien... (Regardant un papier qu'il tient à la main.) Ah! mon Dieu! cet acte que vient de me remettre madame, ça ne peut pas aller ainsi; mais elle s'avise d'arranger cela elle-même, et sans me consulter! Dieu! si je n'étais pas là pour tout réparer... Pardon, monsieur, je cours chez notre homme de loi et je reviens dans l'instant.

(Il sort.)

SCÈNE IX.

LÉONARD, ÉMILE, en grand uniforme.

LÉONARD.

Eh bien! il s'en va! est-ce qu'ils ont tous perdu la tête?

ÉMILE.

A qui en as-tu donc?

LÉONARD, apercevant Émile.

Ah ! te voilà superbe ; toi, du moins, tu m'expliqueras ce qui se passe dans ce château ?

ÉMILE.

Comment ! on ne te l'a pas dit ? tu ne le sais pas encore, toi, mon meilleur ami ?

LÉONARD.

Et qui diable veux-tu qui me l'apprenne ?

ÉMILE.

C'est vrai, ce pauvre Léonard ! Eh bien ! mon ami, nous avons réfléchi avec la comtesse, et nous avons vu que ce qui m'envoyait en Sibérie c'était mon titre de prisonnier français ; mais qu'en devenant Russe...

LÉONARD.

Comment ! devenir Russe ?

ÉMILE.

Eh ! oui, par alliance. En épousant quelqu'un du pays, c'est le moyen d'y rester.

LÉONARD.

Sans contredit ; mais où trouver une femme qui veuille passer pour la tienne ?

ÉMILE.

C'était là le difficile ; mais mon choix est fait et je deviens seigneur moscovite, c'est un état comme un autre.

LÉONARD.

Il serait vrai ?

ÉMILE.

Certainement ; j'étais officier français ; je me fais prince russe ; moi, je n'ai pas d'ambition. J'épouse, pendant trois mois, quatre cent mille livres de rente, un château magnifique. Tu peux en juger par toi-même...

LÉONARD.

Comment ! la comtesse de Xénia...

ÉMILE.

Oui, mon ami; cette Russe pouvait seule empêcher mon départ, et jamais je ne pourrai m'acquitter envers cette excellente, cette adorable femme. « Voyez, m'a-t-elle dit, si vous aurez le courage de passer pendant quelques jours pour le mari d'une douairière. On va vous accabler de quolibets et de mauvaises plaisanteries, ça n'est pas gai, mais cela vaut peut-être mieux que d'aller en Sibérie. »

LÉONARD.

Je suis de son avis; mais ce stratagème ne peut-il pas la compromettre ? et comment faire accroire au gouverneur, par exemple, que ce prétendu mariage est véritable ?

ÉMILE.

Rien de plus simple pour ceux qui connaissent les mœurs et les usages de la Pologne russe où nous sommes en ce moment. La comtesse vient de m'expliquer tout cela. Nous croyons, nous autres Français, être la nation la plus inconstante de l'Europe : gloire usurpée ! les Polonais l'emportent encore sur nous. Chez eux, le divorce n'est pas permis, ce qui les désespère ; mais pour remédier à cet inconvénient, ils ont toujours soin, dans tous les actes de mariage, de glisser exprès, et du consentement des parties, deux ou trois nullités.

LÉONARD.

Je crois avoir lu cela dans Rulhière.

ÉMILE.

C'est original, n'est-il pas vrai ? et puis, c'est commode. Je suis étonné qu'en France on n'y ait pas encore pensé. En attendant, mon excellente comtesse s'est chargée de tout, et dans l'acte de mariage que nous venons de rédiger, elle a placé plusieurs bonnes nullités que j'ai surveillées moi-même. « De sorte que dans deux ou trois mois, m'a-t-elle dit, quand la guerre sera terminée, nous romprons cet hymen de circonstance ; vous retournerez dans votre pays vous marier réellement. J'aurai été votre femme pour vous sauver la vie, et je cesserai de l'être pour vous rendre au bonheur. »

LÉONARD.

Tu as raison, c'est bien la plus aimable femme qui existe.

ÉMILE.

N'est-ce pas? on dit qu'elle est vieille; je ne sais pas pourquoi... elle n'a jamais eu d'hiver ni d'automne, elle a soixante-dix printemps, et voilà tout; aussi dans mon mariage provisoire je vais être plus heureux qu'une foule de maris perpétuels; j'ai le bonheur en attendant, et le divorce en perspective; mais tais-toi, car cette supercherie est un secret pour tout le monde, même pour M. l'intendant.

SCÈNE X.

Les mêmes; PÉTEROFF.

PÉTEROFF.

Quand monseigneur voudra, madame l'attend chez elle.

ÉMILE.

C'est bien. (A Léonard.) Nous devions d'abord te prendre pour témoin; mais nous avons réfléchi qu'il valait mieux choisir des gens du pays. (A Péteroff.) Est-ce que tout est disposé?

PÉTEROFF.

Non, monsieur; mais j'ai pris sur moi...

ÉMILE.

En voilà un qui, malgré son zèle, n'aurait jamais été bon soldat!

LÉONARD.

Et pourquoi?

ÉMILE.

C'est qu'il fait toujours feu avant le commandement.

PÉTEROFF.

C'est-à-dire, j'ai pris sur moi de venir le premier vous féliciter sur un mariage aussi convenable qu'extraordinaire, et qui prouve du reste à tous les yeux le mérite de monseigneur.

ÉMILE, à Léonard.

Adieu, mon ami ; dans l'instant je reviens te prendre et je te présenterai à ma femme, à mes vassaux, à tout le monde ; il faut que tu m'aides à supporter mon bonheur.

(Il sort.)

SCÈNE XI.

LÉONARD, PÉTEROFF.

LÉONARD.

Je n'ai jamais vu de marié plus joyeux que celui-là.

PÉTEROFF.

Vous croyez alors que tantôt monseigneur sera disposé à accueillir nos petites réclamations ?

LÉONARD.

Je vois que tu as quelque chose à lui demander.

PÉTEROFF.

Monsieur sait bien que ces jours-là on demande toujours... D'abord je suis serf et vassal de madame la comtesse, et je tiendrais à être libre, non pas que je ne fasse ici tout ce que je veux ; mais c'est égal...

LÉONARD.

Je comprends : tu as de la fierté.

PÉTEROFF.

Oui, monsieur, je suis fier.

LÉONARD.

Et tu voudrais quitter le service ?

PÉTEROFF.

Non pas, car j'y fais de bons profits, et je compte bien rester toujours domestique. On porte la serviette et on est aux ordres des maîtres, mais enfin on se dit : Je suis libre... et cela suffit. Je voulais ensuite parler de la petite gratification d'usage ; deux ou trois mille roubles : croyez-vous que je pourrai les demander ce soir à monseigneur ?

LÉONARD.

Les demander, tu le peux ; mais s'il les donne, ça m'étonnera.

PÉTEROFF.

Non, monsieur, il n'hésitera pas, surtout quand il saura l'important service que je viens de lui rendre... le voilà dans l'instant seigneur de ce beau domaine ; le voilà avec un titre et une grande fortune. Eh bien ! sans moi, il n'aurait rien de tout cela ; sans moi, monsieur, il ne serait pas marié...

LÉONARD.

Que veux-tu dire ?

PÉTEROFF.

Que tantôt, et pour la première fois de sa vie, madame avait arrangé tout cela elle-même, et sans me consulter ; aussi il fallait voir... pour vous en donner un exemple, rien que l'acte de mariage contenait trois ou quatre nullités.

LÉONARD.

Eh bien ?

PÉTEROFF.

De sorte que demain, après-demain, quand on aurait voulu, on pouvait rompre le mariage ; c'était un hymen de comédie.

LÉONARD, vivement.

Achève !

PÉTEROFF.

Eh bien ! monsieur, j'ai pris sur moi de porter cet acte à notre homme de loi, qui a tout rétabli dans l'ordre légal, et grâce à mon zèle et à ma prévoyance, monsieur et madame vont être mariés indéfiniment.

LÉONARD.

Malheureux ! qu'as-tu fait ?

PÉTEROFF.

Le devoir d'un fidèle serviteur.

LÉONARD, le prenant au collet.

Tu mériterais d'être assommé ; mais courons, car, grâce au ciel, il est temps encore de tout réparer. Dieu ! qu'entends-je ?

(On entend au dehors des acclamations et le bruit des boîtes et des pétards.)

SCÈNE XII.

LES MÊMES ; ÉMILE.

ÉMILE, à la cantonade.

Merci, merci, mes amis, assez de compliments comme ça. (A Léonard.) J'ai cru que je n'en sortirais pas ! Mon ami, tu vois un nouveau marié.

LÉONARD, à part.

O ciel !

ÉMILE, à voix basse.

Il a bien fallu avancer la cérémonie : ce maudit gouverneur voulait, dit-on, l'honorer de sa présence ; il nous en avait menacés.

LÉONARD.

Et tout est terminé ?

ÉMILE.

En cinq minutes... ça n'a pas été long : tu viens d'entendre les acclamations de mes vassaux ; ils sont là dans la cour cinq à six cents paysans, et les cris de joie, les coups de fusil, les bouquets, les chapeaux en l'air, vive monseigneur ! c'est un coup d'œil admirable.

LÉONARD, à part.

Pauvre garçon ! il me fait mal.

ÉMILE.

Péteroff, fais-leur distribuer des vivres, du vin, de l'hydromel... ce qu'il y aura dans mon château ; va, c'est de la part de leur nouveau seigneur, ou plutôt de la part de madame, (A part.) car j'oublie toujours que je ne suis là que par intérim.

PÉTEROFF.

Oui, monseigneur.

ÉMILE, le rappelant.

Ah ! Péteroff, je veux aussi des danses, de la musique ; un jour de noce, ça ne fait pas mal, ça étourdit.

LÉONARD, à part.

Oui, il en aura besoin.

ÉMILE.

C'est agréable d'avoir des vassaux, vrai ; on s'y habituerait. (Péteroff sort.) Ah ! mon Dieu, et ma femme ; j'oubliais... (A Léonard.) Mon ami, je cours la rejoindre.

LÉONARD, le retenant.

Et pourquoi donc ?

ÉMILE.

Parce que toute la noblesse des environs vient d'arriver, et ma femme doit être au milieu des compliments et des félicitations ; je vais à son secours.

LÉONARD, le retenant toujours.

Elle peut bien les recevoir toute seule.

ÉMILE.

Non, mon ami, ce ne serait pas juste ; tout doit être commun dans un bon ménage, même l'ennui.

LÉONARD.

J'ai à te parler.

ÉMILE.

C'est différent, j'écoute ; voyons, parle vite.

LÉONARD.

Je ne sais trop comment te le dire, car c'est une chose qui va vous surprendre tous les deux.

ÉMILE.

Une surprise, tant mieux ; quelque chose de ta composition ?

LÉONARD.

Non, mon ami.

ÉMILE.

Eh bien ! tu m'y fais penser. Si nous lui faisions des couplets, ça lui fera plaisir ; des couplets où je lui parlerai de ma reconnaissance, de mon attachement, car plus je connais cette excellente femme et plus je l'aime ; et tu vas peut-être te moquer de moi, mais, vois-tu, ce prétendu mariage serait véritable que maintenant ça me serait égal.

LÉONARD.

Vraiment ?

ÉMILE.

Je crois même que ça me ferait plaisir.

LÉONARD.

Parbleu ! ça ne pouvait pas mieux se trouver, moi qui cherchais quelque transition pour arriver à ma nouvelle.

ÉMILE, fronçant le sourcil.

Hein ! que veux-tu dire ?

LÉONARD.

Que tu n'as rien à désirer, et que tous tes vœux sont comblés.

ÉMILE.

Qu'est-ce que c'est ? pas de mauvaises plaisanteries !

2.

LÉONARD.

Plût au ciel que c'en fût une ! mais il n'est que trop vrai. Tu as contracté un mariage que rien ne peut rompre.

ÉMILE.

O ciel ! tu te trompes; ça n'est pas possible.

LÉONARD.

Et si vraiment, par l'ineptie de cet imbécile d'intendant, qui avant la célébration a porté le contrat à un homme de loi pour en effacer les nullités que la comtesse y avait mises à dessein.

ÉMILE, accablé.

C'en est fait de moi ! je sens une sueur froide qui me saisit; mon ami, soutiens-moi.

LÉONARD.

Eh bien ! qu'as-tu donc ?

ÉMILE.

Je n'en sais rien; mais je n'y survivrai pas.

LÉONARD.

Y penses-tu ? je te croyais plus de courage, plus de philosophie.

ÉMILE.

Et où diable veux-tu qu'on en ait contre des coups pareils ? Épouser un siècle !

LÉONARD.

Et ce que tu me disais tout à l'heure ?

ÉMILE.

Ah ! bien oui, on dit cela quand on croit que ça n'arrivera pas; mais que pensera-t-on de moi en France ?

LÉONARD.

Et que pourra-t-on en penser, quand je publierai la vérité, quand on saura que c'est malgré toi, que c'est à ton insu... De ce côté-là je suis tranquille, l'honneur est intact.

ÉMILE, vivement.

Oui, mais les railleries, les plaisanteries... (Comme par réflexion.) Je sais bien que provisoirement je peux toujours assommer ce coquin d'intendant, et lui rompre les os...

LÉONARD, froidement.

Ça ne rompra pas ton mariage.

ÉMILE.

C'est vrai, et dans mon malheur je ne sais à qui m'en prendre. Dieu! c'est la comtesse! pauvre femme! Ce n'est pas sa faute; modérons-nous, si je le peux, pour ne pas l'affliger.

SCÈNE XIII.

Les mêmes; LA COMTESSE.

LA COMTESSE, un peu agitée.

Monsieur Léonard, je vous en prie, laissez-nous... (Léonard sort. — A Émile.) Monsieur, vous me voyez désolée, et quand vous saurez ce que mon intendant vient de m'apprendre...

ÉMILE.

Je le sais, madame.

LA COMTESSE.

O ciel!

ÉMILE.

Je sais que c'est lui seul qui, malgré vos ordres, et sans vous en prévenir...

LA COMTESSE.

N'importe, je ne me le pardonnerai jamais. Le ciel en est témoin, je ne voulais que vous rendre à la liberté, à vos amis, à votre patrie, et j'ai enchaîné votre sort au mien : j'ai disposé de votre avenir.

ÉMILE.

Madame! pouvez-vous penser...

LA COMTESSE.

Non, vous ne m'accuserez pas, je le sais; mais si vous me connaissiez bien, si vous pouviez lire au fond de mon cœur, vous verriez que cet événement renverse tous mes projets, toutes mes espérances, et me rend la plus malheureuse des femmes.

ÉMILE, à part.

Vous allez voir que c'est moi qui serai obligé de la consoler!

LA COMTESSE.

Si je n'ai pu ni prévoir, ni empêcher un hasard aussi fatal, je veux du moins le réparer autant qu'il est en mon pouvoir, et c'est pour cela que je vous prie de m'écouter. Depuis le jour où je vous ai dû la vie, j'ai cherché les moyens de m'acquitter envers vous.

ÉMILE.

Et n'est-ce pas moi qui suis votre débiteur?

LA COMTESSE.

Ne m'interrompez pas. J'avais donc formé le dessein de vous assurer un jour une partie de ma fortune; mais je ne comptais pas vous la faire acheter aussi cher. Pour vous forcer à accepter, il fallait un prétexte, il fallait employer la ruse; maintenant je n'en ai plus besoin. A dater d'aujourd'hui, j'ai le droit de vous offrir, et vous n'avez pas celui de me refuser.

ÉMILE.

Madame...

LA COMTESSE.

Ne m'enviez pas cet avantage, c'est le seul de ma position. Vous avez une mère que vous chérissez, traitez-moi comme elle; cédez-moi une partie de ses droits, je le mérite par la tendresse que j'ai pour vous; et d'abord, permettez-moi une seule question : Étiez-vous libre?

ÉMILE.

Oui, madame.

LA COMTESSE.

Quoi! vous n'aviez aucune inclination?

ÉMILE.

Je vous l'ai déjà dit : non, madame.

LA COMTESSE.

Ah! tant mieux, je respire. Je n'aurai point à me reprocher le malheur d'une autre personne, et vous me pardonnerez plus aisément. Partez donc! le titre de mon époux vous fera obtenir facilement la permission de retourner à Paris. Avec cent ou deux cent mille livres de rente, on dit qu'on y est toujours heureux; vous les aurez, vous y vivrez libre, indépendant, presque garçon, car à six cents lieues de moi, c'est comme si vous n'étiez pas marié; seulement vous m'écrirez, vous me ferez part de vos plaisirs, de votre bonheur, de vos amours. Je n'en dirai rien à votre femme; elle ne sera point jalouse, elle ne l'est que de votre amitié.

ÉMILE.

A mesure qu'elle parle, mon illusion revient; l'on serait trop heureux de passer ses jours auprès d'une femme comme celle-là! pourquoi ne suis-je pas arrivé quarante ans plus tôt?

LA COMTESSE, souriant.

Ou moi cinquante ans plus tard.

ÉMILE.

Dieu! que je vous aurais aimée! tout en vous m'aurait séduit; et maintenant encore, je ne sais quel charme inconnu...

LA COMTESSE.

Oui, maintenant mon amitié peut vous suffire; mais plus tard, quand vous rencontrerez dans le monde une femme jeune, jolie, celle enfin que vous devez aimer, vous regretterez alors et votre liberté et l'hymen qui vous enchaîne; mais ce qui me rassure, mon ami, c'est que, grâce au ciel, je suis bien vieille.

ÉMILE.

Ah! madame, quelle idée! et que je suis coupable si j'ai

pu vous faire penser que je désirais la perte de ma bienfaitrice : apprenez que votre présence, votre amitié, sont nécessaires à mon bonheur; et quoi qu'il arrive, quoi qu'en puisse dire le monde, je ne veux rien, je ne désire rien que de ne pas vous quitter, de rester en ces lieux, comme votre ami et comme votre époux.

LA COMTESSE.

Il serait vrai! c'est de vous, Émile, que j'entends un pareil aveu; je ne l'oublierai jamais, et vous me rendez bien heureuse!

ÉMILE.

Eh bien, tant mieux! c'est toujours une consolation... Mais qui vient là nous interrompre?

SCÈNE XIV.

LES MÊMES; PÉTEROFF, LÉONARD, INVITÉS.

PÉTEROFF.

Madame et monseigneur, toute la compagnie
Vient pour prendre congé de vous,
Et faire ses adieux aux deux nouveaux époux.

ÉMILE.

Encore une cérémonie :
Eh morbleu! qu'ils s'en aillent tous !

LES INVITÉS.

Dans l'ombre et le mystère,
Restez, heureux époux.
Silence! il faut nous taire,
Amis, éloignons-nous.
Que chacun dans sa demeure
Se retire sans bruit :
Voici l'heure,
Voici minuit.

PÉTEROFF, bas aux invités.

C'est bien, c'est bien, quittez ces lieux.

ÉMILE, bas à Léonard, montrant Péteroff.

Je sens en le voyant paraître
Comme un besoin impérieux
De le jeter par la fenêtre.

LÉONARD, bas.

Quelle idée as-tu là?
Un homme marié!

ÉMILE.

C'est justement pour ça.

PÉTEROFF.

Les femmes de madame
Peuvent-elles entrer?

LA COMTESSE.

Eh! oui.

PÉTEROFF, à Émile.

Si monseigneur
Veut accepter les soins que ce grand jour réclame,
Comme valet de chambre ici j'aurai l'honneur...

ÉMILE.

C'est bon! laissez-moi.

PÉTEROFF.

Très-bien : je conçoi.

LES INVITÉS.

Dans l'ombre et le mystère,
Restez, heureux époux.
Amis, il faut nous taire,
Silence! éloignons-nous.
Que chacun dans sa demeure
Se retire sans bruit.
Voici l'heure,
Voici minuit.

(Ils sortent tous.)

LÉONARD, restant le dernier, revient sur ses pas, et donnant une poignée de main à Émile.

Adieu, mon pauvre ami! adieu, du courage!

(Il sort; on ferme toutes les portes.)

SCÈNE XV.

LA COMTESSE, près de la toilette, à gauche du théâtre, et avec DEUX FEMMES DE CHAMBRE; ÉMILE, à droite.

ÉMILE, à part, regardant Léonard qui s'en va.

Oui, du courage; je voudrais bien le voir à ma place; je suis sûr qu'il rit en lui-même.

LA COMTESSE.

Eh bien! monsieur Léonard nous laisse?

ÉMILE.

Oui, madame, il s'en va. (A part.) Voilà les amis! ils s'en vont toujours au moment du danger.

LA COMTESSE, se levant de la toilette, et allant près d'Émile, à voix basse.

Je n'ai pas besoin de vous dire, monsieur, (Montrant l'appartement à gauche.) que voilà votre appartement, (Montrant celui à droite.) et voici le mien.

ÉMILE, s'inclinant respectueusement.

Oui, madame. (A part.) Allons, décidément, ma femme est une femme charmante.

(Il prend sur la table à droite une bougie et va pour sortir.)

LA COMTESSE, souriant.

Eh bien! où allez-vous? vous pouvez rester encore.

ÉMILE, à part, et posant sa bougie sur la table.

C'est juste, devant ses femmes, ça n'était pas convenable. (Haut.) Vous me permettrez donc d'assister à votre toilette?

LA COMTESSE.

Je pense que vous en avez le droit. (Lui montrant la table à droite.) Tenez, vous avez là des livres.

ÉMILE.

Oui, madame, je vois ce cahier dont vous me parliez ce matin, ces anecdotes sur la campagne de Russie, recueillies par vous et écrites de votre main. (La comtesse est à gauche à sa toilette ; Émile est près de la table à droite. — Émile, lisant.) « On « amena à l'hetman Platoff une jeune vivandière que ses co- « saques avaient fait prisonnière. » Je connais celle-là. (Tournant le feuillet.) Ah! ah! anecdote intéressante! voyons celle-ci : « Une jeune orpheline avait épousé à dix-huit « ans un vieux général russe, le comte de X (trois étoiles), « qui avait une fortune immense. Quand la guerre fut dé- « clarée, le général obtint un commandement; mais sa jeune « épouse, qui ne voulait point le quitter, partit avec lui, « partagea toutes les fatigues de cette campagne et tous les « périls de la guerre... » (S'interrompant.) C'était bien à elle, n'est-ce pas, madame?

LA COMTESSE, toujours à sa toilette.

Elle n'est pas la seule.

ÉMILE, continuant.

« A un combat sanglant où son corps d'armée avait été « mis en déroute, le vieux général russe fut blessé à mort. « sa femme resta auprès de lui, et recueillit son dernier « soupir. Mais alors elle se trouva seule dans un pays im- « mense occupé par l'ennemi; elle avait trois cents lieues « à faire pour regagner le château de son mari. Elle était « jeune, elle était jolie, et dans ce long trajet elle avait « tout à craindre. Que faire alors? et quel parti prendre?... » (S'interrompant.) Ça devient intéressant, n'est-il pas vrai?

LA COMTESSE, toujours à sa toilette.

Oui, sans doute; continuez.

ÉMILE.

« Elle pensa alors à la grand'mère de son mari, femme
« très-aimable et très-respectable, qui portait le même nom
« qu'elle, et son plan fut exécuté à l'instant. Elle courba sa
« taille, rida ses traits, et se donna toute l'apparence d'une
« octogénaire, persuadée que son aspect seul la défendrait
« mieux que les lances de cent chevaliers polonais... » Ma
foi, le moyen n'était pas mauvais, car il est sûr que rien
n'effraye un soldat entreprenant comme la vue d'une vieille
fem... (Regardant la comtesse.) Pardon, je ne sais pas ce que
je dis. (A part.) Où diable vais-je m'aviser de faire des réflexions, aujourd'hui surtout que j'ai du malheur!

LA COMTESSE.

Eh bien! monsieur, vous n'achevez pas?

ÉMILE.

Si vraiment. (Regardant la comtesse qui est toujours à sa toilette,
et qui lui tourne le dos.) C'est bien singulier, il me semble que,
pour son âge, ma femme se tient encore assez droite. (Continuant.) « Tout alla bien pendant une grande partie de la
« route; mais forcée de voyager en tête à tête avec un jeune
« officier qui l'avait défendue sans la connaître, on jugera
« aisément de son embarras; il fallait s'arrêter dans les
« mêmes auberges, souvent dans le même appartement... »
Au fait, c'eût été charmant, si cet imbécile d'officier avait
pu se douter qu'il avait là auprès de lui... Dieu! si j'avais
été à sa place!

LA COMTESSE.

Eh bien! monsieur, vous ne lisez plus?

ÉMILE.

Si, madame; voyons le dénoûment.

(Prenant le livre et regardant la comtesse.)

DUO.

ÉMILE.

Mais que vois-je!... d'ici... la chose est surprenante!
On dirait que ma femme a la taille élégante.

Voyons, voyons cependant ;
Avançons un peu ; mon trouble
A chaque instant redouble.
Car le plus étonnant,
C'est que ma femme a l'air d'avoir un bras charmant,
Autant qu'on peut juger d'aussi loin.

(S'approchant.)
Du courage !

Avançons encore.
(Dans ce moment les femmes qui entourent la comtesse ont achevé de lui ôter la robe et la coiffure de vieille qui la déguisoient ; elle est en peignoir de mousseline et coiffée en cheveux.)
Ah ! grands dieux !

LA COMTESSE, se retournant vers lui.

Qu'avez-vous donc ?

ÉMILE.

En croirai-je mes yeux ?
C'est la réalité de la charmante image
Dont mon cœur était amoureux.

Ensemble.

ÉMILE.

O surprise ! ô prodige
D'amour et de bonheur !
Cet aimable prestige
Fait palpiter mon cœur.

LA COMTESSE.

Ce n'est point un prodige,
Mais je vois son bonheur,
Et ce nouveau prestige
Fait palpiter mon cœur.

ÉMILE.

Ah ! je suis trop heureux ; je devine sans peine...
Ce que je lisais dans l'instant...

LA COMTESSE.

Est votre aventure et la mienne.
Mais maintenant, monsieur, que rien ne vous retienne,

(Montrant l'appartement à gauche.)
Voici votre appartement.

ÉMILE.

Non pas, vraiment.
(Appelant.)
Mes amis, Léonard,
Ah! pour moi quelle ivresse!
Venez partager mon bonheur.

SCÈNE XVI.

Les mêmes ; LÉONARD, PÉTEROFF, les Gens de la maison.

PÉTEROFF.

Eh mais, d'où vient cette rumeur!
Qu'arrive-t-il à monseigneur?

ÉMILE.

Mes chers amis, voici madame la comtesse
Qu'ici je vous présente.

LÉONARD et PÉTEROFF.

En croirai-je mes yeux?
Et comment se fait-il?

ÉMILE.

Vous le saurez tous deux.
(En riant.)
C'est un retour de jeunesse.

LA COMTESSE.

Et moi je n'oublirai jamais que dans ce jour,
Malgré mes soixante ans...

ÉMILE.

Je vous aimais d'amour

LA COMTESSE.

Pour l'avenir, voilà qui me rassure;

Et puisque la vieillesse a pour vous des appas,
Je pourrai donc vieillir sans crainte.

ÉMILE.

Oui, je le jure;
Mais pourtant ne vous pressez pas.

LE CHOEUR.

L'amitié, la tendresse
Nous rendent nos beaux jours;
Pour rajeunir sans cesse,
Il faut s'aimer toujours.

LE TIMIDE

ou

LE NOUVEAU SÉDUCTEUR

OPÉRA-COMIQUE EN UN ACTE

En société avec M. X.-B. Saintine.

MUSIQUE DE D.-F.-E. AUBER.

Théatre de l'Opéra-Comique. — 30 Mai 1826.

PERSONNAGES.   ACTEURS.

M. DE SAUVRÉ, ancien militaire, tuteur d'A-
  mélie. . . . . MM. Huet.
SAINT-ERNEST, colonel . . . .   Ponchard.

VALMONT, son cousin . . . . Mmes Lemonnier.
Mme D'HÉRANCY, jeune veuve. . . . . . . Ponchard.
AMÉLIE, sœur de madame d'Hérancy . . .   Éléonore Colon.
ADRIENNE, femme de chambre de madame
  d'Hérancy. . . . . Boulanger.

Un Valet.

Dans un château, à trente lieues de Paris.

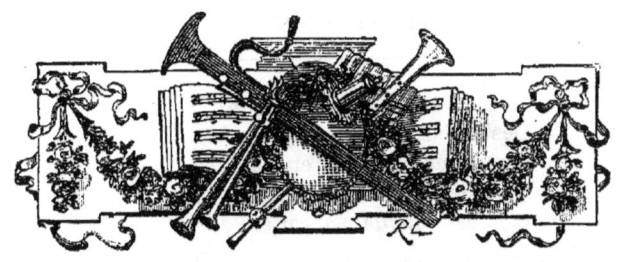

LE TIMIDE
ou
LE NOUVEAU SÉDUCTEUR

Un salon. — Porte au fond donnant sur des jardins; deux portes latérales.

SCÈNE PREMIÈRE.

Mme D'HÉRANCY, ADRIENNE, AMÉLIE.

(Au lever du rideau madame d'Hérancy et Amélie sont assises à gauche du théâtre et travaillent à différents ouvrages de femme; Adrienne est à droite, travaillant aussi, mais se levant de temps en temps et venant près de ses maîtresses.)

INTRODUCTION.

TRIO.

Ensemble.

Mme D'HÉRANCY.

Des plaisirs de la campagne
Que mon cœur est enchanté !
Ici l'on n'a pour compagne
Que la douce liberté.

AMÉLIE et ADRIENNE.

Des plaisirs de la campagne
Mon cœur n'est pas enchanté !
Moi, déjà l'ennui me gagne,
C'en est fait de ma gaîté.

Mme D'HÉRANCY, à Amélie qui est près d'elle.

Achève ton récit ; en travaillant j'écoute...
Ce jeune homme charmant, tu le connais sans doute ?

AMÉLIE.

Non, ma sœur, non vraiment, car il ne m'a parlé
Qu'une fois dans un bal... et d'un air si troublé !
Mais depuis, au spectacle ainsi qu'aux Tuileries,
Il nous suivait toujours sans oser m'aborder ;
Son aspect est si doux, ses façons si polies !

ADRIENNE, s'approchant.

C'est quelque prétendu qui veut vous demander.

AMÉLIE.

Je l'aurais parié... Mais soudain, quel dommage !
Ma sœur part pour sa terre, et l'on ne voit céans
De spectacles... que dans les champs...

Mme D'HÉRANCY, souriant.

De concerts que dans le bocage...

ADRIENNE, montrant un livre qu'elle a dans la poche de son tablier.

Et d'amour que dans les romans !
Ah !... ah !...

Ensemble.

Mme D'HÉRANCY.

Quel plaisir que la campagne !
C'est charmant, en vérité ;
Ici l'on n'a pour compagne
Que la douce liberté.

ADRIENNE et AMÉLIE.

Quel plaisir que la campagne !
C'est un séjour enchanté.

Moi, l'air du pays me gagne,
C'en est fait de ma gaîté.

Mme D'HÉRANCY, à Amélie.

Allons, rassure-toi, ma chère :
Quand nous reviendrons à Paris,
De l'inconnu qui t'a su plaire
Je prétends m'informer auprès de nos amis.

AMÉLIE, se levant.

Quand nous irons à Paris...

Mme D'HÉRANCY, de même.

Oui, vraiment :
L'hiver prochain.

AMÉLIE.

Et le printemps commence !
Que faire, hélas ! en attendant ?

ADRIENNE.

Afin de prendre patience,
Nous aurons dans ce vieux château
Les caquets et la médisance,
Et le boston et le loto...
Ah ! ah !...

Ensemble.

ADRIENNE et AMÉLIE.

Quel plaisir que la campagne ! etc.

Mme D'HÉRANCY.

Quel plaisir que la campagne ! etc.

UN VALET, annonçant.

M. le vicomte de Sauvré !

Mme D'HÉRANCY.

Notre cher tuteur, qu'il soit le bienvenu !

SCÈNE II.

Les mêmes ; M. DE SAUVRÉ.

Mme D'HÉRANCY, allant au-devant de lui.

Savez-vous, mon cher vicomte, que c'est fort aimable à vous d'arriver d'aussi bonne heure... Vous venez, sans doute, nous demander à déjeuner ?

M. DE SAUVRÉ, lui baisant la main et embrassant Amélie sur le front.

Oui, vraiment ! après quinze jours d'absence, mon premier devoir était de venir ici m'informer de la santé de mes aimables pupilles... d'ailleurs ma terre est si proche de la vôtre que c'est une promenade, (Les regardant.) et une promenade que je fais souvent...

Mme D'HÉRANCY.

Eh ! mais, je ne sais pas si ma sœur et moi devons vous en remercier... ce n'est pas par plaisir que vous venez, c'est par devoir... vous vous croyez obligé de nous surveiller.

M. DE SAUVRÉ.

En effet, je suis un tuteur bien sévère, bien rigide ! j'ai passé ma vie à vous obéir et à vous demander des conseils... et tout le temps que vous avez été ma pupille, je puis dire que c'est moi qui ai été en tutelle ! On a voulu vous marier ; ce n'était pas mon avis, c'était le vôtre, et quoique ce parti me contrariât au dernier point, je n'ai pas hasardé une objection et je vous ai répondu par mon refrain ordinaire : vous avez bien fait ! Vous devenez veuve ; vous désirez prendre avec vous votre jeune sœur qui était encore sous ma surveillance ; je m'empresse d'y consentir, je vous cède tous mes droits, je ne m'en réserve qu'un, celui de venir vous voir de temps en temps pour vous demander vos volontés et vous apporter ma signature... Enfin je suis un véritable tuteur de comédie, et madame m'accuse encore d'être défiant, soupçonneux et despote !

Mme D'HÉRANCY.

Non, mon ami, je vous regarde comme le meilleur des hommes et le modèle des tuteurs, mais je dis que souvent vous êtes de mauvaise humeur, que vous nous grondez, que vous avez l'air d'un jaloux...

M. DE SAUVRÉ.

Moi jaloux?... et de qui?... et pourquoi?

ADRIENNE, qui pendant toute cette scène s'est fréquemment approchée de la porte à gauche.

Madame, madame, j'ai entendu du bruit dans la chambre.

Mme D'HÉRANCY.

C'est notre hôte qui s'est réveillé.

M. DE SAUVRÉ.

Qui s'est réveillé! et qui donc?... est-ce qu'il y a un étranger dans la maison?

Mme D'HÉRANCY.

Oui, vraiment... mais rassurez-vous... un jeune homme... vingt-huit à vingt-neuf ans...

AMÉLIE.

Comment, ma sœur, un jeune homme!

M. DE SAUVRÉ, vivement.

Un jeune homme chez vous!

ADRIENNE.

C'est sans doute celui qui, hier au soir...

Mme D'HÉRANCY.

Ah! tu savais aussi?

ADRIENNE.

Nous autres nous savons toujours, mais je n'en parlais pas de peur de contrarier madame... parce que madame sait bien comme moi que les chaises de poste brisées, les voyageurs égarés, c'est comme cela que commencent toutes les aventures... du moins toutes celles que j'ai lues.

Mme D'HÉRANCY.

Oh! dans celle-ci il n'y a pas de mystère, car on est venu à grand bruit frapper à la porte du château pour demander du secours.

AMÉLIE.

Et moi qui n'ai rien entendu!

Mme D'HÉRANCY.

Tu es bien heureuse... Je suis descendue pour donner des ordres et offrir l'hospitalité aux voyageurs; je n'en ai trouvé qu'un : une physionomie très-douce... très-timide... mais, je crois, peu d'usage du monde... car à peine a-t-il pu balbutier une phrase d'excuse ou de remerciement... Je me suis nommée; je lui ai offert une chambre, un lit, un souper... Après de grandes cérémonies, il a fini par accepter, et on l'a conduit à cet appartement, où probablement il dort encore... Voilà notre histoire!

M. DE SAUVRÉ.

A la bonne heure, au moins! Ce n'est pas ce que je croyais... et je vous dirai encore, comme de coutume : vous avez bien fait!

Mme D'HÉRANCY.

Vous pourriez supposer... nous qui vivons ici comme dans un ermitage... qui ne recevons personne...

ADRIENNE, qui a regardé par la porte du fond.

Madame... madame, monsieur le colonel qui entre dans la cour au grand galop.

M. DE SAUVRÉ.

Encore un... et un colonel!...

Mme D'HÉRANCY.

Depuis quinze jours il est en garnison dans la ville voisine...

ADRIENNE.

Et comme hier madame avait sa migraine... c'est sans doute pour savoir de ses nouvelles.

M. DE SAUVRÉ.

A merveille. Il paraît qu'il vient tous les jours... Si c'est là cette solitude dont vous me parliez...

SCÈNE III.

LES MÊMES; SAINT-ERNEST.

SAINT-ERNEST.

RONDO.

Suivant de mes désirs la vive impatience,
Mon rapide coursier a franchi la distance,
   Et près de vous j'arrive en un instant;
Moi... c'est connu... je vais toujours comme le vent!

   Courons, courons, tel est l'adage
   De la jeunesse et du plaisir;
   La fortune est, dit-on, volage,
   Pour la saisir il faut courir.

   Pour nous dans les champs de bataille
   Quand le signal a retenti,
   Quand sous les feux de la mitraille
   A nos yeux s'offre l'ennemi...
   Entendez-vous chaque guerrier
   A l'instant même s'écrier :

   Courons, courons, tel est l'adage
   De la valeur et du plaisir;
   La victoire est, dit-on, volage,
   Pour la saisir il faut courir.

   Mais la paix succède aux alarmes,
   Et bientôt au sein de Paris
   Mille plaisirs et mille charmes
   Frappent nos regards éblouis.
   Au même système fidèle,
   Chacun de nous se dit gaîment :
   Lorsque l'amitié nous appelle,
   Lorsque la beauté nous attend,

Courons, courons, tel est l'adage
De la jeunesse et du plaisir;
On dit que l'amour est volage,
Pour le saisir il faut courir.

Mme D'HÉRANCY.

Monsieur vient peut-être aussi déjeuner avec nous?

SAINT-ERNEST.

Mais, madame...

Mme D'HÉRANCY.

Je ne vous tiendrai pas compagnie, car je ne prends que mon chocolat. (Montrant M. de Sauvré.) Mais voilà monsieur qui vous fera les honneurs...

SAINT-ERNEST.

Je n'aurais pas osé prendre cette liberté. Je venais seulement... m'informer de votre santé... et vous rester à dîner.

M. DE SAUVRÉ.

Comment, colonel, vous qui n'osiez pas...

SAINT-ERNEST.

C'est bien différent, monsieur : le dîner c'est sans conséquence... c'est une affaire d'étiquette, de cérémonie... c'est un repas prié...

M. DE SAUVRÉ.

Pas toujours... à ce que je vois.

SAINT-ERNEST.

On dîne maintenant pour ses affaires, et on déjeune pour son plaisir!... Le soir, on reçoit à sa table les personnes dont on a besoin... le matin, on y admet les gens que l'on aime... et c'est à ce titre que j'ai déjeuné avant de partir... Je me rends justice, mesdames, et n'ai pas encore assez d'amour-propre pour aspirer aux honneurs de la tasse de chocolat...

M. DE SAUVRÉ, bas à madame d'Hérancy.

Quel est le nom de cet original-là?

Mme D'HÉRANCY.

Le colonel Saint-Ernest. Vous devez le connaître ou en avoir entendu parler... C'est le neveu du général Valmont.

M. DE SAUVRÉ.

Le général Valmont!... mon plus ancien, mon meilleur ami!... Nos guerres, nos dissensions civiles nous ont séparés pendant bien des années; mais nous nous aimions toujours... (A Saint-Ernest.) et il vous a quelquefois, peut-être, parlé du vicomte de Sauvré qui lui dut la vie dans la Vendée.

SAINT-ERNEST.

Comment, monsieur! il ne jurait que par vous... et à votre franchise, à votre loyauté, j'aurais dû vous deviner... Monsieur de Sauvré! le tuteur de ces dames... propriétaire du château voisin... si je pouvais vous être bon à quelque chose... je vous prie de disposer de moi et de tout mon régiment!...

M. DE SAUVRÉ, lui donnant une poignée de main.

Ah çà! j'espère que nous ferons une plus ample connaissance?...

SAINT-ERNEST.

Comment donc!... j'irai dès demain vous demander à dîner.

M. DE SAUVRÉ.

A dîner! qu'est-ce que c'est que cela? (Lui serrant la main.) Ce sera, s'il vous plaît, à déjeuner!

SAINT-ERNEST.

Je vous entends et vous remercie.

M. DE SAUVRÉ.

Ah çà! mais, dites-moi donc, colonel... j'ai entendu parler de vous... vous êtes un gaillard! Dernièrement encore, je causais avec votre oncle de vos exploits amoureux, et il m'en a tant dit que j'étais curieux de vous connaître.

Mme D'HÉRANCY.

Comment, monsieur, serait...

M. DE SAUVRÉ.

Un séducteur... oui, madame... séducteur par état... et il exerce avec une supériorité qui lui fait le plus grand honneur. C'est le plus fort de Paris! du moins en a-t-il la réputation.

SAINT-ERNEST, à part.

Maudit homme!... qui me perd... et impossible de faire comprendre...

M. DE SAUVRÉ.

Son oncle m'a raconté de lui des histoires incroyables... et des aventures qui seraient invraisemblables... même dans un roman anglais... et si je vous disais seulement...

Mme D'HÉRANCY.

Il n'est point nécessaire, mon ami... J'ignorais la brillante réputation de monsieur... Si nous avions su que ce fût un illustre... nous nous serions bien gardées de lui faire perdre des instants aussi précieux que les siens... dans une société qui ne peut ni comprendre ses talents ni apprécier son mérite.

SAINT-ERNEST, à part.

C'est clair... me voilà congédié... (Haut.) Je suis désolé, madame, de ne point mériter des éloges aussi glorieux; mais, quelque flatteur, quelque utile même que soit quelquefois le titre de conquérant et d'homme à bonnes fortunes... je ne veux point usurper plus longtemps des honneurs qui ne m'appartiennent point... je ne suis pas le héros en question...

M. DE SAUVRÉ.

Comment, monsieur?... je vous répète que votre oncle...

SAINT-ERNEST.

Eh! mais, mon oncle!... mon oncle a plus d'un neveu, ainsi qu'il est facile de vous le prouver... et je conviens que j'ai un cousin assez mauvais sujet, qui mérite peut-être à quelques égards la brillante réputation dont vous parlez; mais du reste, je lui rends justice, un excellent garçon, un homme charmant que, malgré ses erreurs et ses travers, je n'ai jamais pu m'empêcher d'aimer, voilà la vérité !

M. DE SAUVRÉ.

Comment! celui qui s'est battu pour la comtesse de Luzy?

SAINT-ERNEST.

C'est mon cousin.

M. DE SAUVRÉ.

Celui qui, au bal de l'Opéra, a eu cette aventure avec la femme d'un banquier?...

SAINT-ERNEST.

C'est mon cousin.

M. DE SAUVRÉ.

Oui... mais l'aventure la plus incroyable...

SAINT-ERNEST, à part.

Allons, il n'en finira pas !

M. DE SAUVRÉ.

Celle que je préfère... moi, parce qu'elle est un peu gaillarde...

Mme D'HÉRANCY.

Eh! mais, mon cher vicomte, il me semble qu'en voilà bien assez, et je ne vous conçois pas. (A sa sœur.) Amélie, voyez si l'on nous sert le déjeuner...

AMÉLIE.

Oui, ma sœur, j'y vais... (A Saint-Ernest.) Certainement, monsieur, je vous plains de tout mon cœur... car vous avez là un cousin qui fait bien du tort à la famille.

(Elle sort.)

SCÈNE IV.

LES MÊMES, excepté Amélie ; puis VALMONT.

Mme D'HÉRANCY.

En vérité, mon cher ami, vous oubliiez qu'Amélie était là. Vous avez aujourd'hui une fureur de conter...

M. DE SAUVRÉ.

Eh bien! maintenant que nous n'avons plus ici de demoiselles...

ADRIENNE.

Comment, monsieur, qu'est-ce que vous dites donc là?...

M. DE SAUVRÉ.

Au fait, Adrienne... je n'y pensais plus... eh bien! mon enfant, s'il est vrai, retire-toi... Je vous disais donc que c'était dans un château...

ADRIENNE, à madame d'Hérancy, montrant la porte à gauche.

Silence, la porte s'ouvre...

Mme D'HÉRANCY.

C'est notre hôte qui, sans doute, vient nous faire ses remerciements.

QUINTETTE.

SAINT-ERNEST, bas à M. de Sauvré.

Quel est cet illustre inconnu?

M. DE SAUVRÉ, de même.

Pour moi je ne l'ai jamais vu ;
Mais je sais que la nuit dernière
Il reçut l'hospitalité.

VALMONT, sortant de la chambre et saluant madame d'Hérancy d'un air embarrassé.

De votre accueil plein de bonté
Permettez... que... d'un cœur... sincère...
Je...
(Levant les yeux et apercevant Saint-Ernest.)
Tiens!... Saint-Ernest, mon cousin!

SAINT-ERNEST, allant à lui.

Comment, te voilà!...

M. DE SAUVRÉ, Mme D'HÉRANCY et ADRIENNE.

Son cousin!

VALMONT.

Oui, vraiment, et cousin germain!

(Bas à Saint-Ernest.)
Tu sais combien je suis timide,
Aux compliments je n'entends rien,
Près de ces dames sois mon guide.

SAINT-ERNEST, de même.

Je m'en charge... tout ira bien.

M. DE SAUVRÉ, à Valmont.

Du général Valmont, sans doute,
Vous êtes aussi le parent?

VALMONT, toujours avec timidité.

Oui... ce bon oncle... oui, vraiment!...
J'allais le voir... il a la goutte!

M. DE SAUVRÉ.

Il a donc beaucoup de neveux?

VALMONT.

Mais non, pas d'autres que nous deux;
Moi, Saint-Ernest, pas davantage.

M. DE SAUVRÉ.

J'entends; vous êtes le cousin
Dont ici monsieur, ce matin,
Parlait avec tant d'avantage.

VALMONT, montrant Saint-Ernest.

Il daignait s'occuper de moi!
Ah! que de grâces je lui doi!

Mme D'HÉRANCY, à Saint-Ernest, en montrant Valmont.

Quoi! c'est lui-même?...

SAINT-ERNEST.

Eh oui! c'est lui!

M. DE SAUVRÉ.

C'est lui!...

Mme D'HÉRANCY.

C'est lui!...

ADRIENNE.

C'est lui!...

Mme D'HÉRANCY et ADRIENNE, s'éloignant de Valmont avec effroi.
Je frémis! je frémi!

Ensemble.

Mme D'HÉRANCY et ADRIENNE.
Comment! il est possible,
Voilà ce séducteur!
Cet homme si terrible!
Je tremble de frayeur...

M. DE SAUVRÉ.
J'aurais fait l'impossible
Pour voir ce séducteur,
Cet homme si terrible!
(Donnant une poignée de main à Valmont.)
Ah! pour moi quel bonheur!

VALMONT, à Saint-Ernest.
Non, il est impossible
D'avoir un meilleur cœur;
(A M. de Sauvré.)
Combien je suis sensible
A cet accueil flatteur!

SAINT-ERNEST, les regardant tous.
L'aventure est risible!
Voilà ce séducteur,
Cet homme si terrible :
Je ris de leur frayeur.

SCÈNE V.

Les mêmes; AMÉLIE.

AMÉLIE, entrant en courant.
Ma sœur, ma sœur, bonne nouvelle!
Et le déjeuner...
(Elle aperçoit Valmont et s'arrête stupéfaite.)
Ah! grands dieux!

VALMONT, de même.

En croirai-je mes yeux?

Mme D'HÉRANCY, à Amélie.

Qu'avez-vous donc?

AMÉLIE, bas à sa sœur.

C'est lui.

VALMONT, à part.

C'est elle.

AMÉLIE, à sa sœur.

Celui dont nous parlions ici...

Mme D'HÉRANCY.

Ce charmant jeune homme...

AMÉLIE.

C'est lui

Mme D'HÉRANCY.

Que tu vis dans un bal?...

AMÉLIE.

C'est lui

Mme D'HÉRANCY.

Et qui te plaisait tant?

AMÉLIE.

C'est lui !

M. DE SAUVRÉ, le montrant à Saint-Ernest.

C'est lui...

SAINT-ERNEST.

C'est lui...

Mme D'HÉRANCY et AMÉLIE.

C'est lui... c'est lui... je frémis... je frémi!

ADRIENNE, à part.

Voilà qu'il commence déjà.

Ensemble.

ADRIENNE et Mme D'HÉRANCY.

Comment! il est possible, etc.

M. DE SAUVRÉ.

J'aurais fait l'impossible, etc.

VALMONT, à Saint-Ernest.

Non, il est impossible, etc.

SAINT-ERNEST.

L'aventure est risible, etc.

AMÉLIE, bas à sa sœur.

Oui, ma sœur... c'est ce jeune homme que j'ai vu à Paris au bal et sur qui vous deviez prendre des informations.

Mme D'HÉRANCY, de même.

Eh bien! elles sont toutes prises et elles sont jolies! (Haut à Valmont.) J'ai donné des ordres, monsieur, pour qu'on réparât promptement votre chaise de poste... et je me flatte que vous n'attendrez pas longtemps.

M. DE SAUVRÉ.

Eh! mais, rien ne presse... et nous pouvons bien, j'espère, garder pendant quelques heures le neveu de mon ancien ami... Moi qui avais tant d'envie de le connaître... Mais qui, diable! se douterait en le voyant... Allons, allons, nous causerons ensemble et vous m'en raconterez quelques-unes... Voulez-vous, avant le déjeuner, faire une partie de billard?

VALMONT.

Certainement, monsieur, je ne demanderais pas mieux... c'est que je n'y joue pas... et puis... (Bas à Saint-Ernest.) Je voudrais bien te parler.

SAINT-ERNEST, de même.

C'est la chose la plus aisée... (Haut.) Je vous demanderai la permission de faire dans le parc un tour de promenade, mon cousin a quelque chose à me raconter...

VALMONT, lui faisant signe.

Ne dis donc pas cela tout haut.

Mme D'HÉRANCY.

Du tout, messieurs, c'est nous qui vous laissons... J'ai moi-même des ordres à donner.

M. DE SAUVRÉ.

D'ailleurs... à la campagne... liberté entière... pourvu qu'à onze heures, au premier coup de cloche, vous soyez dans la salle à manger.

SAINT-ERNEST.

Mon cousin sera exact... il n'a jamais manqué un rendez-vous.

(M. de Sauvré, madame d'Hérancy, Amélie et Adrienne sortent par la porte du fond.)

SCÈNE VI.

VALMONT, SAINT-ERNEST.

SAINT-ERNEST.

Comment, mon cher Valmont, tu as une confidence à me faire?...

VALMONT.

Sans doute... et je ne pouvais pas devant tout le monde... Je ne connais rien de plus absurde et de plus nuisible que la timidité... c'est un métier de dupe.

SAINT-ERNEST.

Dans ce siècle-ci surtout où jamais défaut ne fut plus rare.

VALMONT.

De sorte que je suis seul de mon espèce; je suis comme un être perdu dans le monde civilisé; j'ai l'air d'un étranger qui n'entend pas la langue du pays! Les femmes se moquent de vous, les sots vous croient toujours en admiration devant leur mérite, et les gens d'esprit vous prennent pour une bête... je suis sûr qu'ici c'est déjà l'opinion qu'on a de moi.

SAINT-ERNEST.

Du tout... j'y ai mis bon ordre... Mais, ta confidence!... est-ce que tu serais amoureux?...

VALMONT.

Je crois bien que oui...

SAINT-ERNEST.

Il serait vrai!... (A part.) Et moi qui me reprochais déjà de l'avoir calomnié. (Haut.) Eh bien! cousin, je suis enchanté de te savoir amoureux... (A part.) pour l'acquit de ma conscience.

VALMONT.

Que veux-tu? mon ami... je suis libre, garçon... maître de ma fortune... le monde ne m'amuse pas, et la solitude m'ennuie...

SAINT-ERNEST.

Il faut te marier.

VALMONT.

C'est mon seul désir. On m'avait proposé une jeune veuve dont l'âge, l'éducation, la fortune me convenaient à merveille... c'était madame d'Hérancy.

SAINT-ERNEST.

Il serait possible!... madame d'Hérancy!

VALMONT.

Elle-même... Mais, avant de lui en parler, un ami commun avait voulu nous faire trouver ensemble, et le lieu de l'entrevue était une société très-nombreuse où l'on faisait de la musique et où cinquante personnes dansaient au piano, pour ne pas dire qu'on donnait un bal... Qu'est-ce que je vois? une femme charmante, entourée des jeunes gens les plus brillants... rien n'égalait sa grâce, son amabilité, son esprit... A coup sûr cela t'aurait enhardi... eh bien! moi, cela m'a déconcerté... j'hésitais encore si je me ferais présenter à elle, lorsqu'on l'a engagée à chanter... c'était bien pis... une méthode exquise, une voix délicieuse... Ce fut le coup de grâce... je n'aurais pas pu lui adresser la parole, tant tout cela m'imposait... et j'allais me retirer... lorsqu'on appelle au piano une jeune personne que l'on me dit être sa sœur... elle s'avance en tremblant et chante!...

SAINT-ERNEST.

J'y suis... des accents célestes!...

VALMONT.

Ah! mon ami, elle chantait faux!... mais avec tant de grâce et de timidité... Elle avait tellement l'air de compatir au malheur de ceux qui l'écoutaient... qu'elle me parut charmante!... Et sa danse donc!... elle brouillait toutes les figures... et moi à qui cela arrive si souvent, je ne pouvais m'empêcher, par la conformité de nos situations, de m'intéresser à elle... Enfin, mon ami, nous causâmes toute la soirée ; j'étais heureux, j'étais à mon aise et je fus aimable pour la première fois de ma vie... Tu sens bien que le lendemain j'étais amoureux fou. Je me disais : voilà la femme qu'il me faut... je vais me présenter chez elle, je saurai si elle m'aime, et en cas de réponse affirmative... je décline mon nom à sa famille, et je la demande en mariage.

SAINT-ERNEST.

Eh! mais, tout cela était fort bien.

VALMONT.

Oui, mais il fallait l'exécuter... Si tu savais ce que c'est que de traverser le grand vestibule, de monter l'escalier... Croirais-tu qu'arrivé à la porte, j'ai été dix minutes avant d'oser sonner?

SAINT-ERNEST.

Dix minutes!...

VALMONT.

J'avais donc sonné, et on ne venait pas m'ouvrir...

SAINT-ERNEST.

Il fallait recommencer.

VALMONT.

Ah! bien oui!... j'étais si heureux qu'il n'y eût personne... que je suis bien vite redescendu... de peur qu'on ne se ravisât... parce que j'aimais bien mieux revenir une autre fois.

SAINT-ERNEST.

Eh bien! cette autre fois l'as-tu vue?· car il n'y a pas de raison pour que ton histoire ne fasse pas douze volumes.

VALMONT.

Oui, mon ami, oui, j'y suis retourné... pas le lendemain, parce que le suisse qui m'avait vu se serait dit : ce monsieur-là vient donc tous les jours... Mais la semaine suivante je prends ma résolution... je franchis l'escalier et je sonne sur-le-champ, sans hésiter, je t'en donne ma parole d'honneur; seulement j'arrangeais un peu mes cheveux et ma cravate pour gagner du temps. On ouvre, et qu'est-ce que j'apprends?... qu'il y a six jours que ces dames sont parties pour leur terre où elles passent la belle saison... Tu penses bien que de m'y présenter de moi-même, cela ne me serait jamais entré dans l'idée. Je me rendais à la ville voisine, chez mon oncle Valmont, qui connaît un peu ces dames... espérant qu'il irait, peut-être, passer quelques soirées chez elles... et qu'il m'y mènerait... ou bien qu'il les inviterait à dîner... ou enfin quelqu'autre moyen aussi romanesque... lorsque, hier au soir, par le plus grand des hasards, ma chaise se brise juste à la porte de ce château.

SAINT-ERNEST.

Comment, ce n'est pas un fait exprès?

VALMONT.

Du tout, mon ami. Comment peux-tu supposer?... Au contraire, quand j'ai su chez qui j'étais je voulais m'en aller.

SAINT-ERNEST.

Pourquoi donc?

VALMONT.

Pourquoi? parce que ce serait si hardi... et puis, juge de

mon embarras : comment me déclarer?... j'aurais l'air d'un intrigant...

SAINT-ERNEST.

Au contraire, ces dames seront enchantées de ton adresse, et je t'engage à continuer.

VALMONT.

Oui; mais il faudrait savoir avant tout si je suis aimé... car, enfin, si je ne l'étais pas, cela m'épargnerait une déclaration et une demande en mariage.

SAINT-ERNEST.

Je conçois; c'est une économie que tu ne serais pas fâché de faire.

VALMONT.

Justement. Et si je pouvais, sans me compromettre, parler un instant en particulier à sa sœur, madame d'Hérancy... je saurais...

SAINT-ERNEST.

Oui... j'entends... un tête-à-tête... (A part.) Je le crois bien... voilà huit jours que j'en cherche un sans en trouver l'occasion.

VALMONT, regardant dans le jardin.

Tiens, mon ami... je crois que c'est elle-même qui vient de ce côté; si je lui parlais...

SAINT-ERNEST.

Non, il vaut mieux que ce soit moi... je te dirai pourquoi... Pendant ce temps profite de tes avantages... fais la cour au tuteur, à Amélie... et, surtout, tâche de mettre la soubrette dans tes intérêts; c'est l'essentiel.

VALMONT.

Tu crois, mon ami?... eh bien! j'y vais. (S'en allant.) Tu parleras pour moi, n'est-ce pas ?

SAINT-ERNEST.

Va-t'en donc... je commence.

(Valmont sort.)

SCÈNE VII.

SAINT-ERNEST, Mme D'HÉRANCY.

Mme D'HÉRANCY.

Je vous avoue, colonel, que la visite de votre cousin me contrarie beaucoup, et que je m'en serais très-bien passée ; heureusement que dans quelques heures il nous aura quittés, et probablement pour toujours.

SAINT-ERNEST.

Pour toujours !... c'est bien sévère ; il faut que ce que vous a raconté M. de Sauvré vous ait bien prévenue contre lui.

Mme D'HÉRANCY.

Prévenue... ah ! vous êtes bien bon ; apprenez, monsieur, qu'il n'y a rien au monde que je déteste plus que les hommes qui lui ressemblent.

SAINT-ERNEST.

Je plains alors mon cousin, car, je ne sais pourquoi, j'ai idée qu'il vous aime sérieusement et qu'il ne cherche que l'occasion de vous le dire.

Mme D'HÉRANCY.

Je ne lui conseille pas de le tenter, car au premier mot j'abandonnerai la place.

SAINT-ERNEST.

Eh bien ! prenez-y garde, madame, car il finira par se déclarer, je le connais, et peut-être même vous forcera-t-il à l'écouter.

Mme D'HÉRANCY.

Par exemple, je serais curieuse de savoir comment il s'y prendra !

SAINT-ERNEST.

Je m'en vais vous le dire.

DUO.

D'abord en voyant tant de charmes,
Il sera timide et tremblant.

Mme D'HÉRANCY, souriant.

Vous croyez?

SAINT-ERNEST.

Puis bannissant ses alarmes
Ses yeux vous diront tendrement :
« De l'amour et de son empire
« Jusqu'ici j'ai bravé les lois,
« Mais je vous vois... je tremble, je soupire,
« Et j'aime, hélas! pour la première fois. »
Oui, madame, voilà
Mot pour mot ce qu'il vous dira.

Mme D'HÉRANCY.

Vous le croyez?

SAINT-ERNEST.

Oui... car voilà moi-même
Ce que je dis en vous voyant.

Mme D'HÉRANCY.

O ciel! quelle surprise extrême!
Vous, colonel!...

SAINT-ERNEST, baissant les yeux.

Eh! oui, vraiment.

Ensemble.

SAINT-ERNEST, à part.

Tout va bien... redoublons d'audace,
Et j'espère toucher son cœur.
O mon cousin! je te rends grâce,
Sous ton nom je serai vainqueur;
Oui, par toi je serai vainqueur!

Mme D'HÉRANCY, de même.

Combien cet aveu m'embarrasse!
Aurais-je donc touché son cœur?
Que faire? et contre son audace
Dois-je ici m'armer de rigueur?

(Haut, affectant un air gai.)
Vous voulez plaisanter, je pense?

SAINT-ERNEST.

Non pas, rien n'est plus sérieux ;
Mais j'aurais gardé le silence,
Si je n'avais craint la présence
De ce cousin si dangereux.

Mme D'HÉRANCY, riant.

C'est son arrivée en ces lieux
Qui vous a donné du courage!

SAINT-ERNEST.

De mon amour vous faut-il quelque gage?

Mme D'HÉRANCY.

Je n'en veux qu'un.

SAINT-ERNEST.

Parlez!... Je m'y soumets.

Mme D'HÉRANCY.

C'est de ne m'en parler jamais.

SAINT-ERNEST.

Jamais! jamais!... quelle rigueur extrême!
Mais à vous obéir je consacre mes jours!
En me taisant c'est dire : Je vous aime...
Et je promets de me taire toujours!...

Ensemble.

SAINT-ERNEST.

Tout va bien... redoublons d'audace,
Je commence à toucher son cœur!
O mon cousin! je te rends grâce,
Je vais te devoir le bonheur.

Mme D'HÉRANCY.

Combien cet aveu m'embarrasse !
Je n'ose interroger mon cœur.
Que faire? et contre son audace
Dois-je ici m'armer de rigueur?

SCÈNE VIII.

Les mêmes; AMÉLIE, ADRIENNE.

ADRIENNE.

Ah! madame, je vous le déclare bien... dieux! quel mauvais sujet! et pourquoi faut-il qu'il soit entré ici?

Mme D'HÉRANCY.

Eh! mais, qu'avez-vous donc? et qu'a-t-il fait?

ADRIENNE.

Rien, madame.

AMÉLIE.

Oh! rien... rien du tout, ma sœur!

Mme D'HÉRANCY.

Mais alors, que vous a-t-il dit?

ADRIENNE.

Oh! il n'a rien dit; mais, pendant le déjeuner, il regardait mademoiselle d'un air...

AMÉLIE.

Oui, il baissait les yeux, et puis il rougissait; et puis, ma sœur, je ne peux pas vous dire... mais enfin, voilà que ça commence!... Si bien que j'en étais tout émue et toute tremblante.

ADRIENNE.

Et lui aussi... Et ce trouble qu'il affectait, ce verre qu'il a renversé, cette assiette qu'il a cassée... tout cela annonce une fameuse habitude...

SAINT-ERNEST.

Il est certain qu'il a des intentions; mais je vous en avais prévenues, ainsi c'est à vous de vous en défier.

ADRIENNE.

Ah! monsieur, que nous sommes heureuses de vous avoir!

SAINT-ERNEST.

Sans doute, parce que, moi, je connais toutes ses ruses, et je pourrai les déjouer, pourvu que nous nous entendions bien, et que nous soyons toujours d'accord. Ainsi, madame, s'il se permettait un mot d'amour, je vous prie de m'en prévenir, de même que vous, Amélie!... Sans faire de bruit, d'éclat, il faudrait me dire tout cela en particulier. Vous sentez bien qu'avec une jeune personne sans expérience, il jouera la crainte, l'embarras. Avec toi, Adrienne, il s'y prendra autrement; ce seront des manières plus gaies, plus cavalières... oh! il te traitera sans façons, tu peux en être sûre. (Lui prenant le menton.) « Bonjour, mon ange; tu es gentille à croquer. » (A madame d'Hérancy.) Avec vous, madame, c'est tout ce que la galanterie aura de plus tendre et de plus soumis; c'est un regard passionné qu'il vous adressera avec timidité, c'est une main charmante qu'il portera respectueusement à ses lèvres.

(Il lui baise la main.)

Mme D'HÉRANCY.

Eh bien! que faites-vous?

SAINT-ERNEST.

Je vous mets en garde, et je vous avertis du danger.

ADRIENNE, qui a regardé vers le fond.

C'est lui... je l'entends.

(Elle sort par la porte à gauche.)

Mme D'HÉRANCY et AMÉLIE, s'enfuyant par la porte à droite.

Ah! mon Dieu! je ne veux pas le voir.

SAINT-ERNEST, à part, les suivant et regardant venir Valmont.

A merveille!... voilà une terreur, et surtout une confiance bien placées.

(Il sort.)

SCÈNE IX.

VALMONT, seul, entrant par le fond.

Qu'est-ce qu'ils ont donc tous?... sortir ainsi de table l'un après l'autre, et me laisser tête à tête avec ce M. de Sauvré, qui, depuis une heure, me tient des discours auxquels je ne puis rien comprendre!... et impossible de trouver une seule phrase pour lui dire qu'il m'ennuyait... Et ce Saint-Ernest, qui, pendant ce temps, me laisse tout seul, qui n'arrive pas à mon secours; ce n'est pas d'un bon parent. Qui vient là?... c'est la soubrette que mon cousin m'a recommandé de mettre dans mes intérêts... J'ai envie d'essayer; d'autant plus qu'une femme de chambre... cela me paraît moins effrayant.

(Il remonte le théâtre; Adrienne sort doucement de la porte à gauche et traverse le théâtre.)

SCÈNE X.

VALMONT, dans le fond, ADRIENNE.

ADRIENNE.

Il n'y est plus; je peux aller rejoindre ces dames. Ah! mon Dieu! le voilà encore.

VALMONT, qui a redescendu le théâtre et qui se trouve en scène avec elle.

Mademoiselle... n'est-ce pas mademoiselle Adrienne qu'on vous appelle?

ADRIENNE.

Oui, monsieur!...

VALMONT.

Je vous demande pardon de vous retenir un instant.

ADRIENNE, à part.

Il m'arrête!... Et me trouver ainsi avec lui! (Regardant autour d'elle; haut.) Eh bien! qu'est-ce que vous voulez?

DUO.

VALMONT, d'un air timide.

Je veux...

ADRIENNE, brusquement.

Eh bien!

VALMONT, de même.

Vous dire...

ADRIENNE, de même.

Quoi?

VALMONT, de même.

Que je...

ADRIENNE, de même.

Après?

VALMONT.

Venais...

ADRIENNE.

Pourquoi?

VALMONT.

Ah! je n'achèverai jamais,
Si vous prenez cet air terrible!
On m'avait dit, et je croyais
Que vous seriez assez sensible...

ADRIENNE, d'un air de fierté.

Assez sensible!... on le prétend!

VALMONT.

Non, je voulais dire assez bonne!...

ADRIENNE.

D'un pareil soupçon je m'étonne!
Ah! vous croyez que je suis bonne

LE TIMIDE

VALMONT.

Non... je ne le crois plus, vraiment !
Mais je demande...

ADRIENNE.

Je le sais.

VALMONT.

Que vous daigniez...

ADRIENNE.

C'en est assez.

VALMONT.

Je me flattais...

ADRIENNE.

Vous aviez tort.

VALMONT.

Ne puis-je donc...

ADRIENNE.

C'est par trop fort !

VALMONT.

Entendez-moi...

ADRIENNE.

J'entends fort bien !

VALMONT.

Puis-je espérer ?

ADRIENNE.

N'espérez rien !

VALMONT.

Souffrez...

ADRIENNE.

Non pas.

VALMONT.

Mais permettez..

ADRIENNE, avec fierté.

Jamais !...

VALMONT.
Ah! j'y renonce désormais!

Ensemble.

VALMONT.
C'est vraiment trop pénible;
Pourquoi ce bruit terrible?
De grâce; apaisez-vous!
D'où vient votre courroux?

ADRIENNE.
Ah! c'est vraiment terrible,
Mais je suis insensible!
Il n'aura rien de nous!
Je brave son courroux.

VALMONT.
Il n'est donc avec ces gens-là
Qu'un moyen de se faire entendre!
(Lui donnant une bourse.)
Tenez... j'espère que cela
Saura mieux me faire comprendre.

ADRIENNE, avec dignité.
Monsieur, pour qui me prenez-vous

VALMONT.
Dieu! voilà qu'elle recommence.

ADRIENNE.
Monsieur, redoutez mon courroux!

VALMONT.
Est-ce donc une grande offense?
C'est aussi par trop de façons;
Allons, accepte!... et finissons!

ADRIENNE.
C'en est trop; je quitte la place,
La vertu m'en fait un devoir,
Et ma maîtresse va savoir...

VALMONT, la retenant.
Mais écoutez-moi donc, de grâce!

ADRIENNE, effrayée.

Eh quoi ! vous arrêtez mes pas !

VALMONT.

Écoute-moi !

ADRIENNE.

Je ne veux pas.
(Voulant sortir.)
Elle saura...

VALMONT.

Tu n'iras pas !

ADRIENNE.

De ce pas à l'instant j'y cours.

VALMONT, lui serrant fortement la main.

Tu n'iras pas !

ADRIENNE, saisissant de son autre main la sonnette qui est sur la table.

Au secours ! au secours !

VALMONT, lui imposant silence.

Mais tais-toi donc !

ADRIENNE, criant et sonnant plus fort.

Au secours ! au secours !

Ensemble.

VALMONT.

Ah ! c'est par trop pénible.
Dieux ! quel vacarme horrible !
Et d'où vient ce courroux ?
De grâce, taisez-vous !

ADRIENNE, sonnant toujours.

Grands dieux ! quel homme horrible,
Quelle scène terrible !
Au secours !... venez tous...
Ou bien c'est fait de nous...

SCÈNE XI.

Les mêmes; M. DE SAUVRÉ.

M. DE SAUVRÉ, la serviette à la boutonnière.

Eh bien! eh bien!... qu'est-ce que c'est donc?... je n'en ai pas achevé mon café.

ADRIENNE.

C'est monsieur... qui, tout à l'heure, si vous n'étiez pas arrivé...

M. DE SAUVRÉ.

Eh bien!... c'est bien la peine de crier si haut!... qu'est-ce que c'est donc, Adrienne, que des enfantillages comme ceux-là? et quand, par hasard, Valmont s'aviserait de t'en conter...

ADRIENNE.

Ah bien oui!... si ce n'était que cela!

M. DE SAUVRÉ.

Eh bien! quand il aurait voulu t'embrasser...

VALMONT, vivement.

Mais, du tout, monsieur; comment, vous pourriez croire...

M. DE SAUVRÉ.

Ah! vous, ne parlez pas!... je sais que vous êtes un gaillard... c'est connu.

VALMONT.

Mais, monsieur...

M. DE SAUVRÉ.

C'est plus fort que vous... ainsi ce n'est pas de votre faute... mais c'est à elle que j'en veux... parce qu'elle m'a fait une frayeur... et qu'après déjeuner c'est dangereux. (A Adrienne.) Allons, va retrouver ta maîtresse, et que ça ne t'arrive plus... qu'est-ce que c'est donc que de s'habituer à crier comme cela!

SCÈNE XII.

M. DE SAUVRÉ, VALMONT.

VALMONT, à part.

Je crois qu'elle a perdu la tête!... mais le tuteur m'a l'air d'un galant homme; si je m'adressais à lui, si je lui demandais comment il faut m'y prendre pour me déclarer... (Haut.) Je suis désolé, monsieur, de cette aventure; mais je puis vous attester...

M. DE SAUVRÉ.

Allons, allons... il faut que jeunesse se passe... avec Adrienne, d'ailleurs, c'est sans conséquence, et il n'y a pas grand mal... mais il y a ici une autre personne qui m'intéresse plus vivement... c'est madame d'Hérancy... Promettez-moi de ne pas lui faire la cour, et je serai tranquille.

VALMONT.

Comment, monsieur?

M. DE SAUVRÉ.

Oui; cela vous étonne... c'est la vérité, et, malgré mon âge, je crois vraiment que j'en suis amoureux... je n'en ai jamais parlé à personne, pas même à elle, mais je vous le dis à vous, parce que vous êtes expert... et que j'ai besoin, dans cette occasion, de vos conseils et de votre expérience.

VALMONT, à part.

Parbleu! si c'est à moi qu'il s'adresse!...

M. DE SAUVRÉ.

Depuis longtemps je veux me déclarer de vive voix, mais dès qu'elle me regarde cela me trouble et me déconcerte.

VALMONT.

Oui, on ne sait plus où l'on en est, on perd la tête, et on finit par dire des bêtises.

M. DE SAUVRÉ.

Précisément... Dieu! comme il connaît tout cela... Alors j'ai résolu de lui écrire... et puisque vous êtes ici... je vous demanderai un service... qui vous coûtera bien peu... c'est de revoir ma lettre et de la corriger.

VALMONT.

Moi?

M. DE SAUVRÉ.

Oui... Je sais qu'il y a là-dessus des règles certaines, des principes connus!... Vous m'ajouterez seulement quelques mots, quelques effets de sentiments; parce que, pour le premier billet doux que je me permets, je ne suis pas fâché qu'il soit écrit à la mode... Allons donc, vous faites le modeste. Attendez-moi ici, je reviens dans l'instant.

(Il sort par la porte à droite.)

SCÈNE XIII.

VALMONT, seul.

Il n'y a pas de doute, c'est une conspiration; ces gens-là ont tous juré de me faire perdre patience; mais puisqu'il parle de déclaration, c'est une bonne idée qu'il m'a donnée là; je m'en vais, pour en finir, en faire une moi-même à la jeune personne... Oui, morbleu!... (S'arrêtant.) Le difficile... est de trouver du courage; et surtout la première phrase... car... jusqu'à présent... dans le peu de fois que j'ai essayé, e n'ai jamais pu en venir à bout.

COUPLETS.

Premier couplet.

Auprès d'une femme jolie
Si je veux peindre mes tourments,
Je parle d'abord de la pluie,
Oui, de la pluie et du beau temps.

Qu'il est terrible
 Pour un cœur
 D'être sensible
 Et d'avoir peur!

Deuxième couplet.

Ensuite quand je veux lui dire
Le mal que ses beaux yeux me font,
Je balbutie et je soupire,
Puis je regarde le plafond.
 Qu'il est terrible
 Pour un cœur
 D'être sensible
 Et d'avoir peur!

Ah! mon Dieu!... qui vient là?... C'est elle!... Non, grâce au ciel!... c'est madame d'Hérancy... Il vaut mieux m'adresser à elle... c'est bien plus aisé à la troisième personne... Je vais tout uniment lui demander la main de sa sœur, et je saurai à quoi m'en tenir. (S'enhardissant.) C'est cela... une déclaration les yeux fermés.

SCÈNE XIV.

VALMONT, Mme D'HÉRANCY.

Mme D'HÉRANCY.

On vient de m'apprendre, monsieur, que votre chaise de poste était raccommodée.

VALMONT.

Comment, c'est fini? (A part.) Ah! mon Dieu! je ne pensais pas à cela.

Mme D'HÉRANCY.

Je craindrais d'abuser de votre complaisance en vous retenant davantage. Vos moments sont précieux... et vous méditez sans doute d'autres conquêtes plus importantes que celle d'Adrienne.

VALMONT.

Comment, madame, elle vous a dit...

Mme D'HÉRANCY.

Ah! elle m'a tout raconté... la déclaration... l'or... les menaces... enfin, les grands moyens; et il me semble, s'il m'est permis de donner mon avis, que vous les prodiguez un peu.

VALMONT.

Quoi! madame, vous pourriez croire que c'est sérieusement?...

Mme D'HÉRANCY.

Du tout, monsieur, je n'en crois pas un mot : vous vouliez rire, et voilà tout.

VALMONT.

Mais non... je vous atteste que je n'avais pas la moindre intention; et la preuve, c'est que je désirais vous voir et vous parler... parce que j'aurais une confidence à vous faire.

Mme D'HÉRANCY, riant.

Une confidence? à moi?

VALMONT.

Oui; c'est un secret que j'étais fort embarrassé de vous dire... et dont, je suis bien sûr... vous ne vous doutez pas.

Mme D'HÉRANCY, le regardant en riant.

C'est ce qui vous trompe... et j'ai deviné d'avance ce que vous alliez me dire.

VALMONT.

Comment!... il serait possible?...

Mme D'HÉRANCY, le raillant toujours.

Oui, sans doute... il n'y a pas moyen de s'y méprendre... cet air ému, agité... ce trouble de rigueur!... Vous allez me dire que vous êtes amoureux?

VALMONT, se jetant vivement à ses pieds.

Oui, madame, c'est la vérité! je n'osais pas vous l'avouer; mais enfin, puisque vous daignez m'encourager...

SCÈNE XV.

Mme D'HÉRANCY, VALMONT, toujours à ses genoux, M. DE SAUVRÉ.

M. DE SAUVRÉ, sortant du cabinet, sa lettre à la main, et apercevant Valmont.

Eh bien ! qu'est-ce que je vois donc là ?

Mme D'HÉRANCY.

M. de Valmont... qui me fait une déclaration !

M. DE SAUVRÉ.

Il serait vrai ?... Pendant qu'il m'en faisait composer une dans la chambre à côté !

Mme D'HÉRANCY.

Comment ! monsieur fait aussi des élèves ? C'est admirable !

M. DE SAUVRÉ, à Valmont, qui veut parler.

Fi, monsieur ! je vois que rien n'est sacré pour vous, pas même votre parole ; car vous m'aviez juré de respecter madame.

VALMONT.

Mais, un instant, monsieur, et daignez m'entendre : vous croyez que j'étais là à faire une déclaration ?...

M. DE SAUVRÉ.

Il me semble que cela en avait tous les caractères.

VALMONT.

Eh bien ! vous êtes dans l'erreur, et ce n'était qu'une déclaration indirecte.

M. DE SAUVRÉ.

Indirecte !... qu'est-ce que cela veut dire ?

VALMONT.

Cela veut dire que ce n'était pas à madame qu'elle était

5.

adressée ; et, si j'étais à ses genoux, c'était pour la supplier de parler pour moi à sa sœur.

Mme D'HÉRANCY.

J'avoue que je ne m'attendais pas à celui-là !

M. DE SAUVRÉ.

Ni moi non plus ; et, quelque éloge qu'on m'eût fait de vos talents, je ne vous aurais jamais supposé tant de ressources et tant de présence d'esprit.

VALMONT.

Comment, monsieur, vous ne me croyez pas ?

M. DE SAUVRÉ.

A d'autres, monsieur !... je ne m'y laisse pas reprendre deux fois.

VALMONT.

Mais je vous répète que je ne suis venu ici que pour Amélie, que je l'aime, que je l'adore !

Mme D'HÉRANCY.

Eh ! mais, sans doute, ce ne peut être autrement : c'est ce que vous disiez à Adrienne ; c'est ce que vous me disiez à moi-même.

M. DE SAUVRÉ.

Enfin, monsieur, calculez... depuis une heure trois femmes à la fois !... Il est vrai qu'il n'y en a pas d'autres dans le château.

VALMONT.

Quoi ! je ne pourrai pas vous convaincre ; je ne sais pas, dans mon désespoir, de quoi je ne serais pas capable !

Mme D'HÉRANCY.

Je m'y attendais... quelque scène de pistolet !

VALMONT.

Eh ! non, madame ; mais vous croirez du moins à la parole d'un homme d'honneur... (A M. de Sauvré.) et quand je vous atteste que je n'aime et que je n'ai jamais aimé qu'Amélie, votre pupille...

M. DE SAUVRÉ, à part.

Parbleu! c'est trop fort! et je veux me donner le plaisir de le convaincre.

(Apercevant Amélie.)

SCÈNE XVI.

Les mêmes, AMÉLIE, ADRIENNE ; puis SAINT-ERNEST.

M. DE SAUVRÉ, bas à Valmont.

Puisque vous l'aimez, monsieur, puisque vous l'adorez, vous allez avoir la bonté de lui faire votre déclaration, ici, à l'instant même, car elle vient de ce côté.

(Amélie et Adrienne entrent.)

QUINTETTE.

VALMONT, à part.

Quel bonheur et quel embarras!
(A M. de Sauvré.)
Quoi! vous permettez?

M. DE SAUVRÉ.

Oui, vous dis-je!
S'il le faut même... je l'exige!
(A Adrienne et à Amélie.)
Approchez-vous.

AMÉLIE.

Que me veut-on? hélas!

M. DE SAUVRÉ, à madame d'Hérancy.

Voyez déjà son trouble extrême.

VALMONT, à M. de Sauvré.

Comment, il faut à l'instant même...

M. DE SAUVRÉ.

Oui, devant nous et sur-le-champ.

VALMONT, à part.

Se déclarer à l'improviste!

Je n'en répondrais pas, même en me préparant.

M. DE SAUVRÉ.

Allons, monsieur, allons, j'insiste.

AMÉLIE et ADRIENNE.

Qu'a-t-il donc? comme il est tremblant !

VALMONT, s'approchant d'Amélie.

Certainement... mademoiselle...
La circonstance où je me voi
Est étrange... autant que nouvelle,
Car on semble... exiger de moi
Ce que d'abord... et de moi-même...

M. DE SAUVRÉ, bas à Valmont.

Du positif...

VALMONT.

Ce que d'abord,
Et comme une faveur extrême,
J'aurais imploré... de moi-même,
Oui... de moi-même... et sans effort...

(Il s'arrête et ne peut continuer.)

Ensemble.

VALMONT.

Ah! c'est vraiment trop difficile,
Rien n'égale mon embarras;
J'ai beau faire, c'est inutile,
Décidément je ne peux pas.

M. DE SAUVRÉ et Mme D'HÉRANCY.

Il hésite, il reste immobile,
Voyez d'ici son embarras,
Oui, cette épreuve est inutile,
Décidément il ne veut pas.

ADRIENNE et AMÉLIE.

Il se trouble, il reste immobile,
D'où provient donc son embarras?
Mais est-ce donc si difficile?
Décidément il n'ose pas.

M. DE SAUVRÉ, à Valmont.

Eh quoi ! vous gardez le silence ?

VALMONT, à Amélie.

Eh bien ! si vous daignez d'avance
M'approuver, et si l'espérance...

M. DE SAUVRÉ, bas à Valmont.

Entendez-vous... du positif !

VALMONT, de même.

J'entends bien.

(A Amélie.)
Et si l'espérance
De voir approuver le motif,
C'est-à-dire... ou plutôt... non pas que je balance...
Mais vous-même devez bien voir...
Que la crainte... et l'espoir.

Ensemble.

VALMONT.

Ah ! c'est vraiment trop difficile, etc.

M. DE SAUVRÉ et Mme D'HÉRANCY.

Il hésite... il reste immobile, etc.

ADRIENNE et AMÉLIE.

Il se trouble, il reste immobile, etc.

M. DE SAUVRÉ, prenant Valmont par la main et l'amenant au bord du théâtre.

J'en suis fâché, monsieur, mais après l'outrage que vous venez de faire à la famille, vous allez avoir la bonté de vous battre avec moi ou de l'épouser.

VALMONT, avec joie.

Comment, monsieur, vous voulez...

M. DE SAUVRÉ.

Oui, monsieur, vous l'épouserez.

VALMONT, vivement.

Eh ! monsieur ! voilà tout ce que je demande : c'est là mon seul espoir, mon seul vœu... (Apercevant Saint-Ernest qui se tient au fond du théâtre.) et voici mon cousin qui va vous l'attester... Viens donc, mon ami, parle pour moi et dis à ces dames que je veux épouser mademoiselle... positivement !

Mme D'HÉRANCY.

Ah ! vous le voulez enfin !

VALMONT.

Oui, madame !

Mme D'HÉRANCY.

Cela est fâcheux ; car c'est moi, maintenant, qui ne le veux plus.

VALMONT.

Allons, encore un obstacle; il est dit que nous n'en sortirons pas ! Mais au moins, madame, on ne refuse pas les gens sans leur donner des raisons.

Mme D'HÉRANCY.

La raison est que je dois veiller au bonheur de ma sœur, et je ne permettrai jamais qu'elle épouse un séducteur et un mauvais sujet.

VALMONT.

Moi, un mauvais sujet ! vous n'avez donc pas été aux informations ; or je vous demanderai qui a pu vous dire...

M. DE SAUVRÉ.

Une personne dont vous ne récuserez point le témoignage.

Mme D'HÉRANCY, montrant Saint-Ernest.

Votre cousin lui-même.

VALMONT, douloureusement en se tournant vers Saint-Ernest.

Et toi aussi, mon cousin ! oh ! bien, alors si on est trahi par ses parents...

SAINT-ERNEST.

Que veux-tu? mon ami : lorsque, dans une famille, quelqu'un a une bonne réputation, tout le monde s'en empare, et je voulais spéculer sur la tienne, mais jamais aux dépens de ton bonheur, et puisque les qualités sont connues, puisqu'il faut avouer la vérité...

Mme D'HÉRANCY, à Saint-Ernest.

Comment, monsieur, ce mauvais sujet ?

VALMONT.

C'est lui, madame.

Mme D'HÉRANCY.

Celui qui s'est battu pour la comtesse de Luzy ?

VALMONT.

C'est lui, madame.

Mme D'HÉRANCY.

Cette aventure au bal de l'Opéra ?

VALMONT.

C'est lui, c'est toujours lui.

Mme D'HÉRANCY, à Saint-Ernest.

Et ici même vous me trompiez encore ?

SAINT-ERNEST.

Pour la dernière fois ; car depuis le jour où je vous ai vue je suis aussi sage, aussi timide, je dirai même aussi gauche que mon cousin... Et quand je reviens à la vertu, quand je reviens à vous, vous ne voudrez pas me décourager, vous vous laisserez fléchir ; nous vous en prions tous. (Montrant M. de Sauvré.) Et voilà monsieur, qui est un ami de mon oncle, un ami de la famille, qui daigne aussi s'intéresser à moi.

M. DE SAUVRÉ.

Du tout, monsieur, (Montrant la lettre.) car j'ai aussi des prétentions, et tout ce que je peux faire est de garder la neutralité... que madame décide elle-même.

Mme D'HÉRANCY.

Mon ami... mon cher tuteur... j'ai besoin de toute votre amitié, de toute votre raison... car je crains bien de faire une folie.

M. DE SAUVRÉ, remettant la lettre dans sa poche.

Une folie ! c'est fini ! (A Saint-Ernest.) C'est vous qu'on préfère !

Mme D'HÉRANCY, à M. de Sauvré.

Vous allez me blâmer et m'en vouloir peut-être ?

M. DE SAUVRÉ.

Non, non !... c'était moi qui étais un insensé ; et dès que j'aurai eu le temps et l'esprit de réfléchir, je vous dirai encore comme à mon ordinaire : Vous avez bien fait ! (Montrant Saint-Ernest.) Quant à lui, qu'il vous rende heureuse, et je sens que j'aurai aussi le courage de lui pardonner.

SAINT-ERNEST.

Oh ! je vous le jure ! une fois marié, je ne m'occuperai plus d'aucune autre femme que de la mienne ; plus d'amour, plus de galanterie, pas la moindre petite déclaration !

VALMONT.

C'est comme moi !... voilà la dernière... (S'essuyant le front.) cela donne trop de peine !

TOUS.

Oui, que l'amour nous guide,
Qu'il charme notre cœur,
L'amant le plus timide
Bientôt n'aura plus peur.

FIORELLA

OPÉRA-COMIQUE EN TROIS ACTES

MUSIQUE DE D.-F.-E. AUBER.

Théatre de l'Opéra-Comique. — 28 Novembre 1826.

PERSONNAGES.	ACTEURS.
RODOLPHE, jeune officier françois . . . . MM.	Lafeuillade.
ALBERT, jeune seigneur napolitain.	Lemonnier.
PIÉTRO, lazzarone.	Valère.
ARPAYA, majordome de l'hospice de San-Lorenzo	Féréol.
FIORELLA . . . . Mmes	Pradher.
ZERBINE, camériste de Fiorella	Boulanger.

Domestiques. — Convives. — Musiciens. — Jeunes Filles. — Pèlerins.

Dans les environs de Rome.

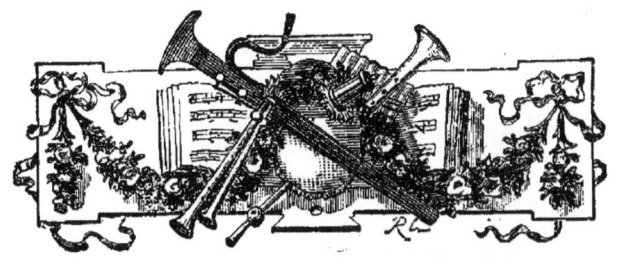

FIORELLA

ACTE PREMIER

Un riche salon. — Au fond l'on aperçoit des jardins.

SCÈNE PREMIÈRE.

FIORELLA, ALBERT, Convives, Musiciens, Jeunes Filles.

(Au lever du rideau, Fiorella est assise à table; Albert est à sa gauche; à droite et plus loin, d'autres convives; à gauche, sur le second plan, est un orchestre; des jeunes filles dansent autour de la table, en tenant des guirlandes de fleurs. Tous les convives tiennent à la main des verres remplis de vin de Champagne.)

INTRODUCTION.

LE CHŒUR.
Plaisir des dieux! douce ambroisie,
Enivre mon âme ravie!
En ces lieux célébrons tour à tour
La beauté, le champagne et l'amour.

UN CONVIVE.
Fiorella, je bois à la plus belle!

ALBERT, de même.
Moi, je bois à la plus cruelle!

FIORELLA, souriant.
Vraiment, seigneur, c'est par trop généreux.

ALBERT, montrant son verre de vin de Champagne.
Puisse ce vin de France
De ce pays lui donner l'inconstance,
Et combler enfin tous mes vœux!

LE CHŒUR.
Plaisir des dieux! douce ambroisie, etc.

FIORELLA.
Messieurs... messieurs, silence.
J'aime à voir par des chants le festin s'égayer.
Chacun son tour... Albert chantera le premier.

COUPLETS.

ALBERT.

Premier couplet.

Heureux climat, beau ciel de l'Italie,
Séjour des arts et de la volupté,
Ton seul aspect séduit l'œil enchanté
Et semble dire à notre âme attendrie :
    Au plaisir, à l'amour
    Ne soyons pas rebelles ;
    Le plaisir a des ailes,
    Et l'amour n'a qu'un jour!

Deuxième couplet.

Peut-être ici, sur la lyre sonore,
Tibulle, Horace ont chanté leurs amours ;
Imitons-les, et répétons toujours
Ce doux refrain que l'écho dit encore :
    Au plaisir, à l'amour
    Ne soyons plus rebelles ;
    Le plaisir a des ailes,
    Et l'amour n'a qu'un jour!

Troisième couplet.

FIORELLA.

Jeunes beautés, aimables et coquettes,
Gardez-vous bien de vous laisser charmer,
Contentez-vous de plaire sans aimer,
Si vous voulez conserver vos conquêtes !...
    Ils fuiront sans retour
    Ces amants infidèles ;
    Le plaisir a des ailes,
    Et l'amour n'a qu'un jour !

(Un domestique entre par la droite du spectateur.)

SCÈNE II.

LES MÊMES ; UN DOMESTIQUE.

FIORELLA.

Eh bien ! que nous veut-on ?

LE DOMESTIQUE.

            Aux portes du palais,
Un malheureux, comme faveur suprême,
Demande à vous parler.

FIORELLA, se levant de table.

            Qu'il entre à l'instant même,
Que toujours en ces lieux le malheur trouve accès.

SCÈNE III.

LES MÊMES ; ZERBINE, entrant par la gauche.

FIORELLA l'aperçoit, se lève de table vivement, et à voix basse.

    C'est toi, Zerbine, te voilà !
    Quelles nouvelles ?

ZERBINE, de même.

        Signora,

Discrètement j'ai rempli mon message;
Je l'ai vu!

FIORELLA, très-émue.

Tu l'as vu! mon cœur tremble et frémit!

ZERBINE, toujours à voix basse.

Il doit au bal masqué se trouver cette nuit,
De sa parole j'ai le gage!
Et l'on apporte dans l'instant
Votre habit.

FIORELLA.

Est-il bien?

ZERBINE.

Rien n'est plus séduisant.

FIORELLA, vivement.

Ah! courons vite admirer ma toilette.

ALBERT, se levant et l'arrêtant.

Et le pauvre qui vous attend?

FIORELLA, à Albert.

Il a raison. Pour acquitter ma dette,
Daignez ici le recevoir...

(Aux autres convives.)

Messieurs, messieurs, à ce soir!
Sur vous je compte pour ma fête.

(Tous se lèvent et sortent de table.)

ALBERT.

A de tels rendez-vous jamais on n'a manqué!

FIORELLA.

(Regardant Zerbine.)

Et puis nous irons tous après... au bal masqué.

LE CHŒUR.

Plaisir des dieux! amour, tendresse,
Sur ses pas nous guident sans cesse.
En ces lieux célébrons tour à tour
La beauté, le plaisir et l'amour!

(Pendant le chœur précédent, les domestiques ont enlevé les chaises et la table. Fiorella entre dans l'appartement à gauche. Tous les convives sortent par les jardins. Albert reste seul en scène.)

SCÈNE IV.

ALBERT, puis PIÉTRO et ZERBINE.

ZERBINE, amenant Piétro.

Venez, vous pouvez entrer.

ALBERT.

Voilà une singulière tournure! Qui es-tu?

PIÉTRO.

On me nomme Piétro, et je suis Napolitain. Autrefois lazzarone et maintenant honnête homme.

ALBERT.

Je vois que tu donnes dans les extrêmes; et gagnes-tu beaucoup dans ton dernier métier, celui d'honnête homme?

PIÉTRO.

Pas grand'chose, quoique cependant il y ait peu de concurrence; aussi je viens demander ici les moyens de continuer mon nouvel état, sans quoi je serai obligé de revenir à l'autre comme plus lucratif.

ZERBINE.

Voilà un coquin original.

PIÉTRO.

Coquin! non pas, signora. J'ai déjà dit à monseigneur que j'avais donné ma démission, et ma démarche va le lui prouver. Voici ce dont il s'agit: hier soir, à trois milles avant d'arriver à Rome, je me suis arrêté à l'hospice San-Lorenzo, où l'on accueille les pèlerins, et j'y ai rencontré un nommé Gennaio, un ancien camarade, un ex-confrère!

ALBERT.

J'entends, un lazzarone comme toi.

PIÉTRO.

Excepté qu'il exerce encore, mais pas pour longtemps, car il est bien malade. Or vous saurez que Gennaio et moi avons eu autrefois des relations d'affaires, et par suite de ces relations, il a entre les mains des papiers qui peuvent compromettre le duc de Farnèse dans ses biens et dans sa réputation; mais loin de vouloir faire du tort à une famille honorable, j'ai décidé mon camarade à un arrangement pour lequel j'ai ses pleins pouvoirs. Alors je suis arrivé ce matin au palais Farnèse; et me voilà. Vous comprenez maintenant?

ALBERT.

Parfaitement! Mais à qui crois-tu parler?

PIÉTRO.

Au fils ou à quelque parent du duc de Farnèse.

ALBERT.

Du tout; je suis Albert de Sorrente, Napolitain comme toi.

PIÉTRO.

Pardon, monseigneur, je vous prierai alors de me faire parler au duc de Farnèse.

ALBERT.

J'aurais de la peine, attendu que depuis un an le duc n'existe plus.

PIÉTRO.

Il serait vrai?

ALBERT.

Cela dérange tes projets et ceux de Gennaio ton associé; mais le duc de Farnèse est mort à soixante ans, sans héritiers, laissant son immense fortune à une maîtresse qu'il adorait, la signora Fiorella.

PIÉTRO.

Fiorella? je ne la connais pas, mais si elle est héritière de tous ses biens, cela doit la concerner, et nous pouvons faire affaire.

ALBERT.

Non pas avec elle, mais avec moi. Combien veux-tu de ces papiers?

PIÉTRO.

Deux mille ducats.

ALBERT.

Je te les donne, à condition que tu remettras ces papiers pour rien à la signora Fiorella, et sans lui parler de moi.

PIÉTRO.

Je comprends, c'est une galanterie de monseigneur?

ALBERT.

Enfin, acceptes-tu?

PIÉTRO.

C'est dit. Vous êtes de Naples, je suis de Naples : entre compatriotes on doit s'entendre. Ce soir je retourne à l'hospice San-Lorenzo, je décide Gennaio, et demain j'apporte ces papiers à la signora.

ALBERT, lui offrant une bourse.

Tiens, veux-tu d'avance?...

PIÉTRO, prenant la bourse.

Du tout, entre honnêtes gens la parole suffit. Je dis honnêtes, quoique ma probité soit encore d'une origine récente, mais la date n'y fait rien. Adieu, Excellence. (A Zerbine.) Adieu, signora.

SCÈNE V.

ALBERT, ZERBINE.

ZERBINE.

Que vous êtes bon et généreux! Quoi, monsieur Albert, vous ne voulez pas que ma maîtresse sache ce que vous faites là pour elle?

ALBERT.

Oui, oui, et j'ai du mérite à agir ainsi; car, Zerbine, je suis furieux contre Fiorella.

ZERBINE.

Et que vous a-t-elle fait?

ALBERT.

Ce qu'elle m'a fait? pourquoi ne veut-elle pas m'aimer?

ZERBINE.

Je l'ignore, et je le saurais que peut-être je ne vous le dirais pas. Quoi vraiment, monsieur Albert, vous en êtes amoureux?

ALBERT.

Le moyen de faire autrement? la beauté la plus séduisante et la plus coquette! tous les talents, toutes les grâces réunies; aujourd'hui douce, aimable et sensible, demain vive, légère, capricieuse. Enfin je venais ici à Rome pour un mariage superbe, Célina Manfredi, une riche héritière, une jeune personne charmante dont je suis aimé; eh bien! j'ai vu Fiorella, je l'ai vue pour mon malheur, et depuis ce temps ni les conseils de mon père, ni la colère des deux familles, ni les larmes de ma prétendue, rien n'a pu m'arrêter; je suis comme un insensé à solliciter un regard qu'elle ne m'accorde pas, qu'elle n'accorde à personne. Car des princes régnants ne sont pas mieux traités, et j'ai vu dans son palais des Altesses faire antichambre. Mais cela du moins, tu peux me l'avouer : pourquoi, depuis quelques jours, ne vient-elle plus à Rome, et reste-t-elle renfermée dans cette campagne? Pourquoi est-elle triste, rêveuse, préoccupée? elle a quelques chagrins, et la preuve c'est qu'elle multiplie autour d'elle les plaisirs et les fêtes qu'autrefois elle semblait éviter. Elle cherche non à s'amuser, mais à s'étourdir. Zerbine, j'en suis certain, j'ai un rival.

ZERBINE.

Vous pourriez penser?...

ALBERT.

Si je le savais !... écoute, je suis la douceur et la modération en personne ; mais je suis Napolitain, c'est-à-dire jaloux de naissance. Ce n'est pas ma faute, c'est dans le sang ! J'ai fait tout au monde pour changer mon caractère ; j'ai voyagé en France, j'ai vu des ménages parisiens, des maris philosophes, ça m'a bien fait, ça m'a été utile, car il n'y a vraiment que ce pays-là où l'on puisse se former. Eh bien ! malgré mon éducation française, le caractère napolitain reprend de temps en temps, et quand j'apprends une infidélité, mon premier mouvement est de porter la main à mon poignard, le second est d'en rire, mais de mauvaise grâce ; il faudra que je fasse un second voyage.

ZERBINE.

Vous avez bien raison.

DUO.

Pourquoi des belles
Être jaloux ?
Changer comme elles
Est bien plus doux.

ALBERT.

C'est ma devise,
Et désormais
Je veux qu'on dise :
C'est un Français !

ZERBINE.

C'est sa devise,
Et désormais
Il veut qu'on dise :
C'est un Français !

ALBERT.

Tu peux donc parler sans mystère.

ZERBINE.

Moi ? je n'ai point de secrets.

ALBERT.
N'importe, dis-moi tout, ma chère.

ZERBINE.
Monsieur, l'on prétend qu'un Français,
En pareil cas, n'interroge jamais.

ALBERT.
Oui, je comprends, la chose est claire,
Il est un rival qu'on préfère ?

ZERBINE, souriant.
Un rival !

ALBERT.
Quel est-il ? réponds, crains ma colère !

ZERBINE.
Que dites-vous, seigneur Français ?

ALBERT.
Non, non, ne crains rien,
Car, tu le sais bien :
Pourquoi des belles
Être jaloux ?
Changer comme elles
Est bien plus doux.

Ainsi donc, je puis tout entendre ;
Dis-moi, dis-moi si l'on m'a su trahir.

ZERBINE.
Ça vous fera-t-il bien plaisir ?

ALBERT.
Mais, oui ; je te promets d'apprendre
Gaîment mon sort infortuné.
Tu souris, tu souris...

ZERBINE.
Je n'ai pu m'en défendre.

ALBERT.
S'il est vrai, si l'on me trahit...

ZERBINE.
Y pensez-vous?

ALBERT.
Non, car je te l'ai dit :
Pourquoi des belles
Être jaloux,
Changer comme elles
Est bien plus doux.

(Zerbine sort.)

SCÈNE VI.

ALBERT, RODOLPHE, vêtu très-simplement.

RODOLPHE, se disputant à la porte.
Je ne demande point la signora Fiorella, mais le seigneur Albert de Sorrente, qui doit être ici.

ALBERT.
En croirai-je mes yeux? Un Français, le comte Rodolphe dans ce pays et sous un pareil costume!

RODOLPHE.
Albert! Je vous retrouve enfin! Vous ne m'avez donc point oublié?

ALBERT.
Vous oublier! moi qui pendant trois mois fus votre prisonnier, et qui sais par quels procédés généreux...

RODOLPHE.
Allons donc! ne rappelons pas le temps où nous étions ennemis. Le hasard m'a appris hier que vous étiez à Rome. J'ai couru à votre hôtel; mais impossible de vous rencontrer; et l'on m'a assuré que je vous trouverais à quelques lieues de Rome à la villa Farnèse, chez la signora Fiorella. Voilà pourquoi je suis accouru. Mais quelle est cette Fiorella?

ALBERT.
Quoi! vous ne la connaissez pas? La femme la plus célè-

bre de l'Italie, une enchanteresse que j'adore! C'est le vieux duc de Farnèse, riche seigneur et grand amateur du beau sexe, qui l'enleva, dit-on, à l'âge de quinze ans, qui prodigua ses trésors pour l'embellir, pour lui donner tous les talents, et qui, il y a un an, à sa mort lui laissa tous ses biens.

RODOLPHE.

Et depuis on ne lui connaît pas...

ALBERT.

D'autres faiblesses? Hélas! non; elle hésite encore à faire un nouveau choix, car vous sentez bien qu'ayant deux ou trois cent mille ducats de rente, ce n'est point tout à fait la fortune qui la déterminera; ce sont les grâces, l'esprit, l'amabilité, ce qui fait que je ne désespère pas, et que je reste toujours sur les rangs. Mais je vois que vous riez de mon extravagance, et que vous allez me faire de la morale; vous me parlerez raison, je vous parlerai amour, et nous ne nous entendrons plus; causons plutôt de vous et de vos aventures. Comment êtes-vous ici dans les Etats-Romains, quand la guerre continue toujours entre l'Italie et la France? Savez-vous que vous êtes bien imprudent ou bien hardi?

RODOLPHE.

Ni l'un ni l'autre; je suis le jouet des événements et je leur obéis. Depuis huit jours j'étais à Rome, ne connaissant personne et cherchant un protecteur. J'ai appris que vous étiez ici, et me voilà tranquille sur mon sort.

ALBERT.

Du moins, tout ce que je possède est à vous; en quoi puis-je vous être utile? Parlez, je veux tout savoir.

RODOLPHE.

Oh! très-volontiers. Vous vous rappelez que dans le commencement de cette guerre nos troupes restèrent longtemps en garnison à quelques lieues de Naples. Or, que voulez-vous que des Français fassent en garnison?...

ALBERT.

Je devine : vous devîntes amoureux, c'est de rigueur.

RODOLPHE.

A mes yeux du moins tout justifiait mon choix. Camille avait quatorze ans; c'était la vertu, l'innocence la plus pure ; et quant à sa beauté, je ne vous en parle pas, mais votre Fiorella, quels que soient ses attraits, n'approchera jamais de ma jolie villageoise de Portici, lorsqu'avec sa résille et son corset bariolés, elle allait à la ville portant sur sa tête sa corbeille de fruits. Alors la révolte de Naples vint à éclater; laissé pour mort sur le champ de bataille, je fus recueilli, fait prisonnier par les lazzaroni, et pendant trois années enseveli vivant dans un cachot du Château-Neuf; ma foi! préférant la mort à une pareille captivité, je risquai mes jours pour m'échapper; j'y parvins, je courus à Portici, mais je ne retrouvai plus ni Camille, ni son père; les campagnes avaient été ravagées, leur maison incendiée, ils étaient disparus, ils étaient morts sans doute! Je ne pensai plus qu'à m'éloigner de ces lieux, je traversai le royaume de Naples à pied, sous ce costume, n'ayant pour toute ressource qu'une guitare, qui me fit vivre tout le long de la route. C'est dans cet état que j'arrivai à Rome il y a huit jours, et c'est ainsi que je fis mon entrée dans l'ancienne capitale du monde.

ALBERT.

Sans ressources, sans ami?

RODOLPHE.

Il faut cependant que j'en aie d'inconnus, car dès le lendemain de mon arrivée je me promenais sur les bords du Tibre, lorsque du fond d'une voiture élégante qui passait près de moi, j'entends partir un cri de surprise... je m'élance, mais on avait baissé les stores, et la voiture avait disparu ; je continuai ma promenade, et en rentrant dans la misérable auberge qui me servait de réduit, je trouve un inconnu qui dépose devant moi un sac d'argent, en me disant : « Voici pour vous trois mille ducats. — De quelle part? — Je ne puis le dire. — Et moi je ne puis accepter... »

ALBERT.

Et vous n'avez pas le moindre soupçon ?

RODOLPHE.

J'ai bien en France un oncle grand seigneur, à qui j'ai écrit aussitôt ma sortie de prison, en le priant de m'envoyer des fonds à Rome ou à Milan ; mais je doute qu'il ait reçu ma lettre.

ALBERT.

D'ailleurs, un oncle n'y met pas de mystère ; il paie, c'est de droit ; (Déclamant.)

Un oncle est un caissier donné par la nature.

RODOLPHE.

Oh ! ce n'est rien encore ; ce matin, une soubrette, enveloppée d'une mante, m'apporte pour ce soir une invitation à un bal masqué.

ALBERT.

Et irez-vous ?

RODOLPHE.

Je le voulais d'abord par curiosité ; mais d'après divers renseignements que j'ai recueillis, je dois pour ma sûreté personnelle quitter Rome au plus vite.

ALBERT.

Vous avez raison, un Français qui y serait reconnu courrait les plus grands dangers ; il faut partir.

RODOLPHE.

Pour cela je compte sur vous. Car dans ce moment, comment traverser l'Italie entière sans un sauf-conduit ?

ALBERT.

C'est juste, vous seriez arrêté avant deux lieues ; je vais vous conduire chez le gouverneur de Rome, le baron de Walhen, le commandant autrichien, et quoiqu'il soit sévère en diable, nous le lui demanderons.

RODOLPHE.

Y pensez-vous? réclamer un sauf-conduit, moi, un Français, prisonnier de guerre depuis trois ans, et qui viens de m'échapper de la citadelle de Naples!

ALBERT.

C'est vrai; il faudrait pour bien faire que notre rigide commandant signât un laissez-passer en blanc et sans savoir à qui il est destiné.

RODOLPHE.

Quand vous obtiendrez cela du baron de Walhen...

ALBERT.

Attendez, je sais quelqu'un qui aura ce crédit.

RODOLPHE.

Et qui donc?

ALBERT.

Fiorella. Ses attraits ont triomphé du gouverneur lui-même et de la gravité allemande; la Germanie s'est laissé subjuguer, et apprenez que, si elle le voulait bien, elle n'aurait qu'un mot à dire.

RODOLPHE.

Je ne doute point du crédit de Fiorella. Mais comment reconnaître un pareil service?

ALBERT.

En venant ce soir la remercier.

RODOLPHE.

Y pensez-vous?

ALBERT.

Je comprends; c'est votre costume qui vous arrête; j'ai ici mes gens, ma voiture. (Appelant.) Holà quelqu'un! (Un domestique paraît. A Rodolphe.) On va vous reconduire à Rome, à mon hôtel. Vous choisirez ce qui pourra vous convenir. Point de refus. Autrefois, il vous en souvient, j'acceptai de vous et sans façon. Dans une heure vous serez de retour, je vous présente à Fiorella et vous serez bien accueilli; car si je n'obtiens rien de son amour, je peux du moins attendre tout de son amitié.

RODOLPHE.

Vous le voulez. Je cède, et je m'abandonne à vos soins.
(Il sort avec le domestique.)

SCÈNE VII.

ALBERT, seul.

Allons, je suis content de moi, cela s'annonce bien : un bal, une fête, le bonheur de voir Fiorella, et de plus, le plaisir d'obliger un ami. Voilà une bonne journée; mais on vient, c'est notre Armide. Elle me semble aujourd'hui plus séduisante que jamais ! C'est fini, pas un ce soir n'en réchappera !

SCÈNE VIII.

ALBERT, FIORELLA, en robe de bal.

FIORELLA, parlant à un domestique en livrée.

Eh! non vraiment, qu'il ne s'en avise pas! que ferais-je de lui?

ALBERT.

A qui en avez-vous donc?

FIORELLA.

C'est le baron de Walhen, dont la campagne est voisine de la mienne, et qui me fait demander la permission d'assister à notre soirée.

ALBERT.

Vous la lui accordez?

FIORELLA.
Non, sans doute; si j'avais voulu qu'il vînt, je l'aurais invité.

ALBERT.
Y pensez-vous? le gouverneur militaire!

FIORELLA.
Cela peut être fort utile ailleurs que dans un bal; c'est un homme d'une amabilité tranquille, qui dans son genre a de la grâce, de la légèreté... pour un Allemand, mais pas assez pour un danseur.

ALBERT.
Oui, mais, je vous en prie, faites-lui politesse, car j'a grand besoin de lui.

FIORELLA.
C'est différent. Que ne parliez-vous? Je l'inviterai. S'il faut même, je le trouverai aimable. Que voulez-vous de plus?

ALBERT.
Que vous vous mettiez ici à cette table, et que vous lui demandiez un sauf-conduit en blanc.

FIORELLA, écrivant.
Pour vous? Est-ce que vous nous quittez?

ALBERT.
Non, ce n'est pas pour moi.

FIORELLA.
Et s'il demande quelle est la personne?

ALBERT.
Comme je ne veux pas qu'il la connaisse, vous chercherez quelque bonne raison.

FIORELLA.
C'est bien, je lui dirai que je le veux!

ALBERT.
A merveille, il n'y a rien à répondre.

####### FIORELLA, sonnant.

J'y joins une invitation de bal. (A un domestique qui entre.) Faites porter cela au baron, et réponse sur-le-champ. (Se levant.) Mais moi, du moins, puis-je connaître la personne que j'oblige?

####### ALBERT.

C'est un ami intime que je vous demanderai la permission de vous présenter, car il doit ce soir venir vous remercier.

####### FIORELLA.

A la bonne heure! Mais avant qu'on vienne, Albert, j'ai à vous parler d'un objet plus important pour vous.

####### ALBERT.

Il s'agit donc de vous et de mon amour?

####### FIORELLA.

Non; mais d'une personne qui m'accuse, et dont, sans le savoir, je causais le malheur; enfin de Célina.

####### ALBERT.

Grand Dieu!

####### FIORELLA.

Celle qui vous était destinée. Pour vous détacher de moi, pour vous ramener à elle, savez-vous à qui elle s'adresse, à qui elle a recours?

####### ALBERT.

A qui donc?

####### FIORELLA.

A moi, monsieur, à moi-même. Elle a daigné m'écrire, et je me montrerai digne de sa confiance, en plaidant sa cause.

####### DUO.

Céline est d'illustre origine.

####### ALBERT.

L'amour consulte-t-il le rang!

####### FIORELLA.

On vante sa grâce divine.

ALBERT.
Moi, je l'oublie en vous voyant!

FIORELLA.
Elle a sur moi pourtant un avantage extrême
Qui devrait doubler ses appas.

ALBERT.
Quel est-il?

FIORELLA.
C'est qu'elle vous aime!...

ALBERT.
Eh bien?

FIORELLA.
Et moi, je ne vous aime pas.

Ensemble.

ALBERT.
Cruelle! cruelle!
Je ne peux vous fléchir;
L'amour le plus fidèle
Ne peut vous attendrir.

FIORELLA.
Oui, je suis cruelle,
Et tel est mon plaisir;
L'amant le plus fidèle
Ne saurait m'attendrir.

ALBERT.
Jamais votre cœur inflexible
D'aimer n'a connu le malheur!

FIORELLA.
Qui vous l'a dit?

ALBERT.
Quoi! vous seriez sensible?

FIORELLA.
Vous dois-je compte de mon cœur?

ALBERT.
Si vous partagiez ma tendresse,

Si vous daigniez sourire à mes projets,
Qu'avec ivresse à vos pieds je mettrais
　　　Mon rang, mes honneurs, ma richesse !...

FIORELLA.

Non... les trésors ont pour moi peu d'attraits;
Et tous les miens, je vous les donnerais,
　　　Si... si je vous aimais.

Ensemble.

ALBERT.

Cruelle ! cruelle !
Rien ne peut vous fléchir !
L'amour le plus fidèle
Ne peut vous attendrir.

FIORELLA.

Oui, je suis cruelle,
Et tel est mon plaisir;
L'amant le plus fidèle
Ne saurait m'attendrir.

Mais Zerbine revient... modérez ce transport.

SCÈNE IX.

Les mêmes; ZERBINE.

TRIO

ZERBINE, tenant à la main une lettre et un papier plié.

Le baron de Walhen, en esclave fidèle,
S'estime trop heureux de vous prouver son zèle.

FIORELLA.

C'est bien ! ce respect me plaît fort !
(A Albert, lui donnant le paquet.)
Tenez, lisez.

ALBERT, lisant.

« Beauté séduisante et cruelle... »

FIORELLA.

Vous l'entendez, c'est le même refrain.
Voyons pourtant jusqu'à la fin.

ALBERT, continuant à lire.

« Beauté séduisante et cruelle,
« Qui des plus tendres feux avez su m'embraser,
« Je n'ai, vous le savez, rien à vous refuser;
« Sur ce point seulement prenez-moi pour modèle. »

FIORELLA.

C'est très-bien! c'est charmant!
Rien ne manque à ma gloire!
Je rends tendre et galant
Un baron allemand!

(A Albert, lui montrant le papier.)

Ainsi, j'aime à le croire,
Votre ami sera content.

ALBERT.

Mais, moi...

FIORELLA.

Pour vous, silence!
Voici la fête qui commence.

Ensemble.

ALBERT.

Cruelle! cruelle!
Rien ne peut vous fléchir!
L'amant le plus fidèle
Ne peut vous attendrir.

FIORELLA, riant.

Cruelle! cruelle!
Oui, tel est mon plaisir:
L'amant le plus fidèle
Ne saurait m'attendrir.

ZERBINE.

Être belle et cruelle,
C'est vraiment un plaisir:

L'amour le plus fidèle
Ne saurait t'attendrir.

SCÈNE X.

Les mêmes; toutes les Personnes invitées pour le bal; puis
RODOLPHE.

LE CHŒUR.
Des plaisirs la troupe légère
Nous appelle dans ce séjour :
Nous accourons sous la bannière
De la folie et de l'amour.

ALBERT.
Pour animer leur danse et leurs concerts,
De notre heureux pays dites-nous quelques airs.

FIORELLA.
Zerbine, allons, ma compagne fidèle,
Des chansons du pays, des airs napolitains !

ALBERT.
Cette barcarolle nouvelle,
Nous en redirons les refrains.

(Tout le monde s'est assis en cercle.)

FIORELLA, en s'adressant à Albert, chante, et Zerbine l'accompagne sur la mandoline.

BARCAROLLE.

Premier couplet.

Pauvre napolitain,
La mer est belle;
Cherche au pays lointain
Meilleur destin.

ZERBINE.
Au bord américain
L'or étincelle,

Et promet au marin
Riche butin.

FIORELLA et ZERBINE.

Voilà ma nacelle;
Partons soudain.

ALBERT et LE CHŒUR.

Moi, quitter l'Italie
Pour un climat nouveau?
Le ciel de la patrie
Est toujours le plus beau!

Deuxième couplet.

FIORELLA.

Le Vésuve en son sein
Souvent recèle,
Même en un jour serein,
Trépas certain.

ZERBINE.

Si ton regard malin
Lorgne une belle,
Crains le fer inhumain
D'un spadassin.

FIORELLA et ZERBINE.

Voilà ma nacelle;
Partons soudain.

ALBERT et LE CHŒUR.

Moi, quitter l'Italie
Pour un climat nouveau?
Le ciel de la patrie
Est toujours le plus beau!

Troisième couplet.

FIORELLA.

Intrépide marin,
Beauté nouvelle
Va t'offrir en chemin
Attrait divin.

ZERBINE.

Vers ce pays charmant
Qui te rappelle,
Tu reviendras gaîment,
Riche et content.

FIORELLA et ZERBINE.

Voilà ma nacelle :
Partons gaîment.

ALBERT et LE CHŒUR.

Moi, quitter l'Italie
Pour un climat nouveau ?
Le ciel de la patrie
Est toujours le plus beau !

TOUS.

Brava ! brava,
Signora !

FIORELLA.

Maintenant du bal
Nous pouvons donner le signal.

(Les portes du fond se sont ouvertes, des lustres sont descendus du plafond ; les contredanses se forment ; tout présente l'image d'un bal animé. Fiorella parcourt les différents quadrilles et parle à tout le monde ; pendant ce temps, et toujours sur le même air de danse, entre Rodolphe, richement habillé ; Albert l'aperçoit, va à lui, et l'amène sur le devant du théâtre.)

ALBERT, à Rodolphe, à demi-voix.

Ah ! te voilà ; tu te fais bien attendre !
Arrive donc, tu vas être enchanté :
   (En confidence.)
C'est obtenu !

RODOLPHE.

Que viens-tu de m'apprendre ?
Je n'y puis croire en vérité !

ALBERT.

Moi, du succès je n'ai jamais douté !
Les destins sont toujours propices,

Lorsque l'on a pour protectrices
Et les grâces et la beauté.

RODOLPHE.

Ah! de cette femme charmante
Mon cœur se souviendra toujours.

ALBERT.

Viens alors, que je te présente
A la reine des amours!
(Apercevant Fiorella qui quitte le fond et qui s'avance vers eux.)
C'est elle! comme elle est belle!
(S'adressant à Fiorella, et se mettant devant Rodolphe.)
A vos genoux, madame, en chevalier fidèle,
Je vous amène ici votre heureux protégé!

FIORELLA.

Heureux... ah! je le suis de l'avoir obligé!
(Passant près de Rodolphe et lui remettant un papier.)
Oui, monsieur, retournez aux rives de la France.

RODOLPHE.

Ah! madame, comment, dans ma reconnaissance...
(Levant les yeux et la regardant.)
O ciel! il se pourrait?

FIORELLA.

Dieu! qu'est-ce que je voi?

RODOLPHE, à part.

C'est Camille! c'est elle!

FIORELLA, cachant sa tête dans ses mains.

A ses yeux cachez-moi!

Ensemble.

ALBERT, à Rodolphe.

O surprise! ô mystère!
Qu'as-tu donc? réponds-moi.
D'où provient ta colère?
(Montrant Fiorella.)
Et d'où vient son effroi?

RODOLPHE.

O surprise ! ô mystère !
Je ne puis, je le voi,
Réprimer la colère
Qui s'empare de moi.

FIORELLA.

O surprise ! ô mystère
Qui me glace d'effroi !
O, Dieu tutélaire,
Prenez pitié de moi !

ZERBINE et LE CHOEUR.

O surprise ! ô mystère !
Qui cause un tel émoi ?
(Montrant Rodolphe.)
D'où vient donc sa colère ?
(Montrant Fiorella.)
Et d'où vient son effroi ?

ZERBINE, à Fiorella.

Qu'avez-vous ? je vous vois interdite... éperdue...

FIORELLA.

Mon châtiment n'est que trop mérité !
Sa voix m'accable, et son aspect me tue !

RODOLPHE, regardant autour de lui.

O comble d'indignité !
Ce luxe... cet éclat... cet or qui l'environne...
Sortons, car, je le sens, la raison m'abandonne.
Mais avant de fuir pour jamais,
(Voulant donner le sauf-conduit à Fiorella qui refuse de le prendre.)
Qu'elle reprenne ses bienfaits !...

ALBERT.

Rodolphe, y penses-tu ? quelle est donc ta folie ?

RODOLPHE, déchirant le papier.

Plutôt mourir que lui devoir la vie !

Ensemble.

ALBERT.

O surprise ! ô mystère !

Qu'as-tu donc? réponds-moi.
D'où vient donc ta colère?
(Montrant Fiorella.)
Et d'où vient son effroi?

FIORELLA.

O surprise! ô mystère
Qui me glace d'effroi!
(A Zerbine.)
Éloignons-nous, ma chère;
A ses yeux cache-moi!

RODOLPHE.

O surprise! ô mystère!
Je ne puis, je le voi,
Réprimer la colère
Qui s'empare de moi!

ZERBINE et LE CHŒUR.

O surprise! ô mystère!
Qui cause cet émoi?
(Montrant Rodolphe.)
D'où vient donc sa colère?
(Montrant Fiorella.)
Et d'où vient son effroi?

(Le bal est interrompu. — Zerbine entraîne Fiorella. — Albert s'attache à Rodolphe et ne le quitte pas. — Tout le monde sort en désordre.)

ACTE DEUXIÈME

Une chambre de l'hospice de San-Lorenzo. — A droite, une large cheminée; à gauche, une table; au fond, une porte.

SCÈNE PREMIÈRE.

PIÉTRO, PLUSIEURS PÈLERINS.

(Au lever du rideau, plusieurs pèlerins sont près de la cheminée; d'autres, rangés autour de la table, boivent ou se reposent; d'autres sont debout.)

LES PÈLERINS.

Dans cet asile solitaire
Nous trouvons un toit protecteur;
Bénissons la main tutélaire
Qui prend soin du voyageur.

RONDE.

PIÉTRO.

Premier couplet.

Apres la richesse,
Joyeux pèlerin,
Moi, je cours sans cesse,
Et je cours en vain.
Quoique la coquette
M'échappe souvent,
Gaîment je répète
En la poursuivant :

Espérance,
Confiance,

C'est le refrain
Du pèlerin.

Deuxième couplet.

En route on s'ennuie,
Il faut être deux !
Que fille jolie
Paraisse à mes yeux ;
Quoique l' mariage
Ait maint accident,
J' tente le voyage,
En disant gaîment :

Espérance, etc.

Troisième couplet.

Je crois que ma belle,
M'aimant constamment,
Me sera fidèle ;
Et, chemin faisant,
Si de bons apôtres
En sont amoureux,
J' dirai comm' tant d'autres,
En fermant les yeux :

Espérance, etc.

LES PÈLERINS.

Mais du silence ! attention !
Car c'est monsieur le majordome,
Celui qui de cette maison
Est le concierge et l'économe !

SCÈNE II.

LES MÊMES ; ARPAYA, tenant une lampe à la main.

(Le théâtre qui jusque-là a été dans l'obscurité, s'éclaire en ce moment.)

ARPAYA.

Messieurs, messieurs, dix heures ont sonné ;
Suivant la règle et l'ordonnance,

Il est temps que chacun se retire en silence
Dans le réduit qui lui fut assigné.

LES PÈLERINS.

Partons, partons en silence.

ARPAYA.

Allez et bénissez toujours comme aujourd'hui
San-Lorenzo, puis moi, qui vous logeons ici.

LES PÈLERINS.

Dans cet asile solitaire, etc.

(Ils sortent.)

SCÈNE III.

PIÉTRO, ARPAYA.

PIÉTRO.

Et moi, seigneur Arpaya, où comptez-vous me loger? car je viens d'arriver.

ARPAYA.

Ah! ah! n'est-ce pas toi qui, tout à l'heure, t'es avisé de sonner par une pluie battante?

PIÉTRO.

Où est le mal?

ARPAYA.

Le mal est que j'ai été obligé d'aller t'ouvrir et de traverser une cour immense par un temps affreux. Tu ne pouvais peut-être pas attendre, pour sonner, que l'orage fût apaisé?

PIÉTRO.

C'est ça, gagner une fluxion de poitrine pour le bon plaisir de monsieur! L'hospice est fondé pour recevoir, héberger et coucher chaque nuit des pèlerins. Je suis pèlerin. Je suis en règle. Vous, votre devoir est de m'accueillir quelque temps qu'il fasse, et de me faire bonne mine. Or, dans ce moment, vous êtes en contravention, et je me plaindrai au supérieur.

ARPAYA.

Par exemple, voilà un gaillard bien hardi! (Le regardant.) Eh! mais, si je ne me trompe, tu es déjà venu loger ici hier au soir. Tu es donc toujours sur la route de Rome?

PIÉTRO.

Puisque je suis un pèlerin... Si tout le monde restait chez soi, vous n'auriez point de pèlerins.

ARPAYA, entre ses dents.

Ce ne serait pas un mal. Des fainéants! des vagabonds!... (Haut.) Enfin, voici une chambre vacante; restes-y, et grand bien te fasse!

PIÉTRO.

Non, elle ne me convient pas.

ARPAYA.

Comment? elle ne te convient pas?

PIÉTRO.

Je préfère celle où j'étais hier, et qui est occupée par un pauvre diable, Gennaio, qui, si j'ai bonne mémoire, doit être une ancienne connaissance à vous!

ARPAYA.

Une connaissance?... C'est-à-dire, quand j'étais intendant du duc de Farnèse... Du temps de mes erreurs, ce Gennaio venait souvent dans la maison, et Dieu sait ce que lui et monsieur le duc ont souvent manigancé ensemble; car, moi, je n'y étais pour rien.

PIÉTRO.

Que pour l'exécution.

ARPAYA.

J'obéissais à mon maître par devoir et pour mes appointements; mais je le blâmais intérieurement pour ma conscience.

PIÉTRO.

Il ne fallait donc pas rester à son service.

ARPAYA.

Il en aurait pris un autre. Autant valait que ce fût quelqu'un qui eût de la moralité; d'ailleurs, qu'est-ce que tu viens me parler du passé? Le ciel m'a fait la grâce d'oublier tout cela, et je n'y pense plus. Va retrouver Gennaio, et dépêche-toi, car aussi bien il paraît qu'il ne passera pas la nuit.

PIÉTRO.

Vous croyez?

ARPAYA.

C'est l'infirmier qui me l'a dit; moi je n'ai pas été le voir, ça me fait mal!

PIÉTRO.

Vous êtes si charitable! Adieu, seigneur Arpaya; et nous aurons peut-être quelques comptes à régler ensemble.

SCÈNE IV.

ARPAYA, seul.

Qu'est-ce qu'il a donc avec son air en-dessous? Certainement je suis charitable; je suis payé pour cela. J'espère bien par exemple qu'il ne viendra plus personne; car, au lieu de s'apaiser, l'orage redouble, et j'ai chez moi, dans ma chambre, auprès de mon feu, un bon souper qui m'attend, des ravioles et un macaroni au parmesan... *che gusto!*

COUPLETS.

Premier couplet.

J'entends et la grêle et la pluie
Qui viennent battre mes vitraux,
Et l'orage, dans sa furie,

Au loin dévaste les hameaux.
Mais sous ce toit qui me protége,
J'ai bon lit et repas choisi;
Qu'ailleurs il pleuve ou bien qu'il neige,
   Moi, je suis à l'abri :
   Que le ciel soit béni!

Deuxième couplet.

Moi, je ne suis pas égoïste,
Et quand les gens sont en danger,
Très-volontiers je les assiste,
S'il ne faut pas me déranger.
Mais, hélas! lorsque l'éclair brille,
Lorsque la foudre a retenti,
Je dis, près d'un feu qui pétille :
   On est si bien ici!
   Que le ciel soit béni!

(A la fin du couplet on entend sonner une cloche.)

La! si ce n'est pas comme un fait exprès! un pèlerin qui arrive... Dieu! qu'il en coûte pour être charitable; voyons cependant s'il est encore dans le délai fixé; hélas! oui; il n'est pas minuit; sans cela je jure par San Lorenzo hospitalier, qu'il serait resté à la porte. (Regardant par la fenêtre.) Quel bonheur! Géronimo, mon filleul, a été ouvrir, il m'a sauvé là d'un rhume dont je lui tiendrai compte; mais que vois-je? deux voyageurs! trop heureux encore qu'ils se soient entendus pour arriver ensemble!

SCÈNE V.

ARPAYA, ALBERT, RODOLPHE, vêtu très-simplement, une guitare derrière le dos et enveloppé dans un manteau.

ALBERT, secouant son manteau.

N'est-ce pas vous qui êtes le majordome?

ARPAYA.

Oui, monsieur; à qui ai-je l'honneur de parler?

ALBERT.

Il me semble que vous n'avez pas besoin de savoir qui nous sommes pour nous donner l'hospitalité; en tout cas, je suis le comte Albert de Sorrente.

ARPAYA.

Quoi! monsieur le comte nous ferait l'honneur?... combien je suis flatté de l'occasion !...

ALBERT.

Il n'y a pas de quoi; car il fait un temps affreux, et nous sommes trempés; tenez, faites sécher nos manteaux; vous avez encore des chambres vacantes?

ARPAYA.

Il n'en reste plus que deux : celle où nous sommes, et une autre un peu plus élégante.

RODOLPHE.

Celle-ci me suffit.

ARPAYA, à part, regardant son costume.

Je m'en doute bien, et je vais faire préparer l'autre pour monsieur le comte. (Haut.) Je tâcherai, messieurs, que vous soyez seuls chez vous, s'il est possible.

RODOLPHE.

C'est bien.

ARPAYA.

Je dis : s'il est possible; car si d'ici à minuit il survenait encore quelques voyageurs, comme il y en a déjà deux dans toutes les chambres, il faudrait bien... parce que mon devoir et la consigne...

ALBERT.

C'est trop juste.

ARPAYA.

Mais ça n'est pas probable; car onze heures et demie viennent de sonner; en tout cas, on sait les égards et les procédés qu'on doit à M. le comte de Sorrente, et l'on agirait en conséquence; je vais préparer la chambre de monsieur le comte, et je reviens.

(Il sort en emportant le manteau d'Albert et celui de Rodolphe.)

SCÈNE VI.

ALBERT, RODOLPHE.

ALBERT.

Vous voyez, mon cher Rodolphe, que votre voyage commence mal, et un ancien Romain aurait trouvé cela de mauvais augure; mais vous, rien n'a pu vous arrêter.

RODOLPHE.

Il me tardait de m'éloigner!

ALBERT.

Puisque vous étiez retourné à Rome, à mon hôtel, il fallait au moins y passer la nuit, et attendre jusqu'à demain!

RODOLPHE.

Attendre! pas une minute.

ALBERT.

Aussi quand j'ai appris que vous étiez parti, je suis monté à cheval pour courir après vous; et, ma foi, vous alliez bon train, car je ne vous ai rejoint qu'à quelque distance de l'hospice, où ce n'est pas sans peine que je vous ai forcé à demander asile. Voyons, Rodolphe, expliquons-nous un peu; car, en honneur, je ne puis rien comprendre à votre conduite.

RODOLPHE.

Albert, je n'oublierai jamais ce que je dois à votre amitié; mais ne parlons plus de ce qui vient de se passer.

ALBERT.

N'en plus parler! cela me serait impossible; demandez-moi toute autre chose, car vous me connaissez mal; ce n'est point par amitié que j'ai suivi vos traces, apprenez que... j'étais curieux... de savoir... c'est-à-dire curieux... au fait, entre amis, il n'est pas besoin de se gêner, et autant appeler les choses par leur nom... Eh bien! oui... je suis jaloux.

RODOLPHE.

De moi?

ALBERT, avec fureur.

De vous, de tout le monde; et si je n'avais écouté que mon premier mouvement... (Se reprenant.) Mais je suis un insensé, un extravagant. Après tout, de quoi s'agit-il? d'une maîtresse, et je voulais seulement... vous demander quelles relations existaient entre vous et Fiorella, que vous disiez n'avoir jamais vue, et d'où provenait cette reconnaissance pathétique; car vous étiez tous deux admirables, et vous m'amusiez beaucoup!

RODOLPHE.

Non, je ne le pense pas, et maintenant encore...

ALBERT.

C'est vrai, c'est plus fort que moi; je suis au supplice.

RODOLPHE.

Eh bien! rassurez-vous; car si je suis parti ainsi, c'est pour l'éviter, c'est pour la fuir à jamais. Sachez donc que cette Fiorella est cette jeune Napolitaine dont, ce matin encore, je vous parlais avec tant d'amour!

ALBERT.

Il se pourrait! c'est Camille?

RODOLPHE.

Ce n'est plus Camille, c'est la maîtresse du duc de Farnèse. Ce mot seul doit vous suffire, et vous apprendre que je la déteste maintenant autant que je l'aimais; et vous-même, Albert, si vous réfléchissiez à votre folle passion...

ALBERT.

Vous avez raison, je pense comme vous, c'est indigne; mais c'est égal, je l'aime toujours, et pour mon repos, pour mon bonheur, je vous demande une seule grâce, que je croirai trop peu payer au prix de mon sang. Donnez-moi votre parole que jamais vous ne l'épouserez.

RODOLPHE, avec indignation.

Albert, y pensez-vous? une pareille supposition...

ALBERT.

M'est peut-être permise à moi qui l'aime, car après votre départ, si vous aviez vu cette beauté naguère si fière, si orgueilleuse, pâle, dans les larmes, près d'expirer de douleur... tout ce que j'ai pu savoir, c'est qu'elle a renvoyé tout le monde, s'est renfermée dans son appartement, et j'ignore quel dessein elle médite; mais elle vous aime encore, et c'est pour cela que j'ai besoin d'apprendre que vous la fuyez pour jamais.

RODOLPHE.

N'est-ce que cela? je le jure, et si je manque à mon serment, si jamais je la revois, je vous permets, Albert, de me plonger votre poignard dans le cœur.

ALBERT.

Voilà qui est parler, et maintenant je suis tranquille ; mais vous ne continuerez pas ainsi votre voyage, et de moi, du moins, vous pouvez accepter...

RODOLPHE.

Ni de vous ni de personne. Après ce qui m'est arrivé, on pourrait supposer encore que c'est d'une autre main que de la vôtre que me vient un pareil service... je ne veux rien devoir qu'à moi-même, je suis venu de Naples à Rome à pied, avec cette guitare ; grâce à elle, je retournerai dans mon pays.

ALBERT.

Y pensez-vous ?

RODOLPHE.

C'est ma seule ressource ; mais je peux du moins l'employer sans rougir, et si elle me manque, si je dois succomber en route, je dirai comme nous disons nous autres Français : adieu tout, hors l'honneur.

ALBERT.

Et moi je ne souffrirai pas...

RODOLPHE.

Silence, on vient.

SCÈNE VII.

LES MÊMES; ARPAYA, rapportant les manteaux.

ARPAYA.

La chambre de monsieur le comte est prête.

ALBERT.

C'est bien, je vous suis.

ARPAYA.

Si ces messieurs veulent à souper, je les prierai de le dire ; car ici on ne doit que le logement.

RODOLPHE.

Je n'ai besoin de rien ; d'ailleurs, s'il le faut, j'appellerai.

ARPAYA.

Il ne serait plus temps, car la règle de l'hospice veut qu'à minuit précis tous les voyageurs soient renfermés dans leur chambre, jusqu'au point du jour.

ALBERT.

Et pourquoi ?

ARPAYA.

La sûreté de la maison l'exige ; on n'a pas toujours aussi bonne compagnie qu'aujourd'hui, et l'on reçoit souvent, sans le savoir, des bandits de la Romagne, lazzaroni, etc.

RODOLPHE.

Cela suffit, je ne veux rien, enfermez-moi dès à présent si vous voulez.

ARPAYA.

Non, monsieur, à minuit seulement, c'est la règle, et la règle avant tout.

RODOLPHE, à Albert.

Adieu, à demain !

ALBERT.

Au point du jour je viendrai vous réveiller.

(Arpaya prend la lampe qui est sur la table, la donne à Albert en le reconduisant jusqu'à la porte. Le théâtre se trouve de nouveau dans l'obscurité.)

SCÈNE VIII.

RODOLPHE, ARPAYA.

RODOLPHE, à part.

Oui, quand un rival m'offrait une main secourable, j'ai dû la repousser. Je l'ai dû pour moi-même. (Montrant sa guitare qui est sur la table.) Et maintenant voilà mon seul espoir, ma seule ressource.

ARPAYA, qui a conduit Albert jusqu'à la porte, revient, regarde autour de lui et dit :

Maintenant que tout est dans l'ordre, je puis, je crois, retourner chez moi et aller retrouver mon souper qui m'attend. (On sonne.) Allons, encore du monde qui vient m'interrompre. Il n'y a pas moyen de vivre comme cela! Il semble qu'aujourd'hui ils se soient donné le mot. (Allant près de la porte qui est restée ouverte.) Par ici, par ici; Géronimo, fais monter par ici.

RODOLPHE, qui jusque-là est resté assis et plongé dans ses réflexions.

Qu'est-ce donc?

ARPAYA.

Encore un voyageur à qui je suis obligé de donner la moitié de cette chambre!

RODOLPHE.

Tant pis! j'aimais à être seul.

ARPAYA.

Je le crois; mais vous sentez bien que je vous dois la préférence, parce que de déranger M. le comte de Sorrente...

RODOLPHE, se rasseyant.

Fais comme tu voudras, mais laisse-moi.

ARPAYA.

Entrez, seigneur pèlerin. (Entre un jeune homme habillé en pèlerin.) Vous avez bien fait d'arriver, car un quart d'heure plus tard, toutes les portes auraient été fermées. (A part.) C'est décidé, dès demain je prends une mesure dans l'intérêt général, je ferai avancer l'horloge de l'hospice!

(Il sort.)

SCÈNE IX.

FIORELLA, habillée en pèlerin, RODOLPHE.

(Fiorella s'est approchée de la cheminée qui est à droite, tournant le dos à Rodolphe qui est à gauche près de la table.)

DUO.

RODOLPHE, assis.

En vain j'invoque le repos :
Sommeil, viens fermer ma paupière;
Puisse ton pouvoir tutélaire
M'apporter l'oubli de mes maux.

FIORELLA, assise de l'autre côté.

Plus de bonheur, plus de repos;
Toi, qui fuis mes yeux pleins de larmes,
O doux sommeil, viens par tes charmes
M'apporter l'oubli de mes maux.

RODOLPHE, écoutant.

C'est quelque malheureux! Il se plaint, ce me semble.

FIORELLA, écoutant.

Auprès de moi n'entends-je pas gémir?
(Se levant.)
Puisqu'en ces lieux le malheur nous rassemble...

RODOLPHE.

Dieu! quels accents!

FIORELLA.

Puis-je vous secourir?

RODOLPHE, se levant de son fauteuil.

Plus de doute! ô surprise extrême!

FIORELLA.

C'est lui! de terreur je frémis!

RODOLPHE, prenant son manteau pour partir.

Oui, c'est elle! c'est elle-même!

FIORELLA.

O Dieu vengeur! tu me poursuis!
(Allant à Rodolphe.)
Par pitié, je vous en conjure...

RODOLPHE.

Point de pitié pour la parjure!

FIORELLA.

Écoutez-moi.

RODOLPHE.

Non; plutôt le trépas!

FIORELLA.

Où fuyez-vous?

RODOLPHE.

Partout où vous ne serez pas!
(Il s'approche de la porte.)
Fuyons, fuyons ces lieux.
(En ce moment on entend sonner minuit, et l'on ferme en dehors la porte aux verrous.)
Grands dieux!

Ensemble.

FIORELLA.

O contre-temps funeste!
Rien ne peut le fléchir :
C'est lui qui me déteste
Et qui voulait me fuir.

RODOLPHE.

O contre-temps funeste!
Hélas! que devenir?
Il faut qu'ici je reste :
Je ne peux plus la fuir.

FIORELLA.

Daignez croire, monsieur, du moins je vous l'atteste,
Qu'en ces lieux le hasard a seul conduit mes pas;

RODOLPHE.

Il suffit, je vous crois; oui, je n'en doute pas.
Mais puisqu'il faut ici que malgré moi je reste,
(Montrant la gauche.)
Ce côté m'appartient;
(Lui montrant la droite.)
Vous, demeurez là-bas.

FIORELLA.

J'obéis : loin de vous, monsieur, je me retire...
Mais, du moins, je voulais vous dire...

RODOLPHE, avec plus de douceur.

Non, je ne puis; non, ne me parlez pas!

FIORELLA, se retirant à droite.

Taisons-nous; obéissons, hélas!

Ensemble.

RODOLPHE.

Oui, craignons de l'entendre,
Et sachons nous défendre :
Car, malgré ma fureur,
Cette voix que j'adore
Pourrait trouver encore
Le secret de mon cœur.

FIORELLA.

Il ne veut plus m'entendre.
Rien ne peut me défendre,
Et j'ai perdu son cœur!
Daigne, ô Dieu que j'implore,
De celui que j'adore
Adoucir la rigueur!

(Se laissant tomber sur son fauteuil près de la cheminée.)

Hélas!

RODOLPHE.

Vous souffrez. Qu'avez-vous?

FIORELLA.

Rien; j'ai froid.

RODOLPHE.

Grand Dieu! (Allant à elle.) En effet, ce manteau traversé par l'orage... (Il l'aide à se débarrasser de son manteau de pèlerin, et Fiorella paraît en robe blanche.) Ses doigts sont glacés! (Il lui prend la main pour la réchauffer dans les siennes, et la quitte vivement et avec crainte.) Si du moins je pouvais ranimer ce feu près de s'éteindre!

(Il va près de la cheminée attiser le feu duquel s'élève une flamme légère. Depuis ce moment on commence peu à peu à éclairer le théâtre.)

FIORELLA, qui s'est mise à genoux près de la cheminée pour se réchauffer.

Quoi! monsieur, vous daignez avoir pitié de moi!

RODOLPHE, lui offrant son manteau en détournant la tête.

Tenez, prenez encore ce manteau.

FIORELLA.

Je vous remercie. Ce feu, quelque faible qu'il soit, a ranimé mes forces. Seule, à pied, une si longue route; j'ai cru que j'en mourrais!

RODOLPHE.

Je le crois; vous surtout qui n'avez pas l'habitude de souffrir.

FIORELLA.

Rassurez-vous, d'aujourd'hui je commence.

RODOLPHE.

Pourquoi, je vous le demande, partir ainsi la nuit, et par un temps pareil?

FIORELLA.

Je vous le dirai, monsieur, si vous le voulez.

RODOLPHE.

Oui, sans doute, parlez.

FIORELLA.

Mais, pour vous expliquer les motifs qui m'ont déterminée à prendre ce parti, il faudrait commencer mon récit de plus loin. Ce serait presque chercher à me justifier à vos yeux, et vous ne voulez point que je me justifie.

RODOLPHE.

Moi?

FIORELLA.

Oui, puisque vous refusez de m'entendre.

RODOLPHE.

Je le devrais peut-être; mais, vous le voyez, je vous écoute.

FIORELLA.

Il y a bien longtemps, vous m'aimiez alors et j'étais digne de vous!... lorsque j'appris le combat fatal où vous aviez succombé, je fus bien malheureuse, moins qu'aujourd'hui cependant, car j'avais perdu l'objet de mon amour, mais je n'avais point perdu son estime. Plusieurs mois s'écoulèrent dans les larmes, dans le chagrin, dans la misère. La guerre nous avait tout enlevé. Je voyais mon père expirant de vieillesse et de besoin, lorsqu'un grand seigneur qui voyageait alors, le duc de Farnèse... (Voyant un geste que fait Rodolphe.) Que ce nom n'excite point votre colère!

RODOLPHE.

Lui ! cet indigne ravisseur ?

FIORELLA.

Monsieur, vous m'aviez promis de m'entendre !

RODOLPHE.

Eh bien ! continuez.

FIORELLA.

Voyant que ses offres étaient repoussées, que son nom, ses trésors étaient inutiles, il m'offrit de m'épouser.

RODOLPHE.

O ciel !

FIORELLA.

Pouvais-je ne pas accepter? Non pour lui, non pour moi, mais pour mon père dont je sauvais les jours. Mon cœur était toujours à vous, ma main restait. Je la lui donnai. Oui, je le jure ici, c'est en invoquant le ciel, c'est en présence d'un de ses ministres, que nous fûmes unis; et lorsqu'après la mort de mon père nous quittâmes l'Italie, lorsque je vins en France, c'était comme duchesse de Farnèse, du moins je le croyais. Les arts, le luxe et l'opulence m'environnaient de leur prestige ; un monde nouveau s'ouvrait devant moi. Jeune, sans expérience, j'étais entraînée, éblouie, lorsqu'un jour celui que je croyais mon époux m'apprend enfin la vérité. C'était un faux mariage, de faux témoins ; je n'étais point sa femme. Saisie d'indignation, mon premier mouvement fut de briser ces indignes chaînes, de fuir celui qui m'avait trompée, et de m'éloigner à jamais. Mais où aller?... J'avais perdu mon père; j'étais inconnue, sans asile, dans un pays étranger. Ah! si une main protectrice eût soutenu ma faiblesse, si la voix d'un ami eût ranimé mon courage, je pouvais tout alors; mais, sans appui, sans espoir, il fallait seule et à pied traverser la France, l'Italie entière. Je n'avais plus l'habitude du malheur, et l'aspect de la misère me glaçait d'effroi. Que vous dirai-je enfin? Ces plaisirs de l'opulence, ces brillants équipages, ces riches parures auxquelles j'étais accoutumée, tout cela peut-être était devenu nécessaire pour moi. Je restai, j'acceptai ma honte.

Voilà mon crime, voilà celui que rien ne peut justifier, le seul qui mérite votre colère.

RODOLPHE.

Grand Dieu !

FIORELLA.

Je quittai le nom de Camille, c'était celui sous lequel vous m'aviez aimée, et je n'étais plus digne de le porter. Mais, hier surtout, l'horreur que vous inspirait ma présence a fait tomber le voile de mes yeux; j'ai regardé autour de moi avec terreur, et j'ai vu qui j'étais. A l'instant mon dessein a été pris. Certaine que demain on s'opposerait à ma fuite, je suis partie cette nuit sans avertir personne, sans prévenir mes gens, j'espérais demain, avant le jour, arriver à un saint asile où, ignorée du monde, j'aurais désormais caché mon existence à tous les yeux. Mais ma punition n'eût pas été assez grande, et le ciel a voulu que je vous rencontrasse pour recevoir de vos mépris un nouveau châtiment.

RODOLPHE.

Quoi ! vous pouvez penser ?...

FIORELLA.

Maintenant je vous ai tout dit, et ne croyez pas que j'aie l'espérance de vous fléchir. Cet amour que j'ai gardé pour vous, que rien n'a pu détruire, vous ne pouvez plus l'éprouver pour moi, je le sais, et ce n'est point votre tendresse, mais votre pitié que j'implore. Prête à vous quitter pour jamais, je ne vous demande qu'un mot, Rodolphe : dites-moi que vous me pardonnez. Je suis bien coupable sans doute; mais enfin, je suis femme, je pleure, et je suis à vos pieds.

RODOLPHE, la relevant.

Camille, que faites-vous?

FIORELLA.

Camille, avez-vous dit? Vous n'avez donc point oublié ce nom?

SCÈNE X.

Les mêmes; ALBERT, en dehors.

ALBERT, frappant à la porte.
Rodolphe, allons, que l'on s'éveille,
Voici déjà venir le jour !

FIORELLA.
Quelle voix frappe mon oreille ?

RODOLPHE.
Ah ! grand Dieu ! c'est Albert ! il est en ce séjour !
(On tire en dehors les verrous, et Albert entre en scène.)

ALBERT.
Oui, déjà l'aurore vermeille
Dore le sommet de la tour :
Il faut partir, voici le jour.
(Apercevant Fiorella, qui lui tourne le dos.)
Mais qu'ai-je vu ? gentille pèlerine,
Pardon ! pardon ! moi, j'étais moins heureux
Et voilà pourquoi, j'imagine,
Monsieur n'est pas pressé de sortir de ces lieux.

RODOLPHE.
Le hasard le plus grand est cause...

ALBERT.
Je devine !
Ce sont de ces hasards que l'on arrange exprès ;
Mais voyons donc de plus près
Ses attraits !
(S'avançant et apercevant Fiorella.)
O ciel !

Ensemble.

ALBERT.
O trahison ! ô perfidie !
Redoutez mes transports jaloux.

8.

L'amitié par vous fut trahie,
Je n'écoute que mon courroux

RODOLPHE.

Écoutez-moi, je vous en prie,
Réprimez vos transports jaloux.
Votre amitié n'est point trahie :
Calmez un injuste courroux.

FIORELLA.

O ciel ! quelle sombre furie
Éclate en ses regards jaloux !
Écoutez-moi, je vous en prie,
Et modérez votre courroux.

RODOLPHE.

Je n'ai point trompé votre espoir;
Ma promesse me fut sacrée !

ALBERT.

Vous ne deviez plus la revoir,
J'en atteste la foi jurée.
Et je vous trouve dans ces lieux
En tête à tête tous les deux.

Ensemble.

ALBERT.

O trahison ! ô perfidie ! etc.

RODOLPHE.

Écoutez-moi, je vous en prie, etc.

FIORELLA.

O ciel ! quelle sombre furie, etc.

SCÈNE XI.

Les mêmes; ARPAYA, Pèlerins.

LES PÈLERINS.

Mais quel bruit, quel tapage
Retentit dans le voisinage !

ARPAYA.

Que vois-je ? une femme en ces lieux !
C'est un scandale
Que rien n'égale !
San Lorenzo, fermez les yeux !

ALBERT, s'approchant de Rodolphe et à voix basse.

« Si je pouvais manquer à ma promesse,
« Me disiez-vous, que ta main vengeresse
 « Enfonce un poignard dans mon sein. »
Eh bien ! j'ai ce droit sur ta vie ;
Je veux punir ta perfidie,
Mais ce sera les armes à la main.
Sortons.

RODOLPHE.

Ah ! c'en est trop.

ALBERT.

N'hésite plus ; sortons.

RODOLPHE.

Je ne sais point souffrir de tels affronts !

FIORELLA.

Que faites-vous ?

RODOLPHE, à Albert.

Suis-moi ; tu l'as voulu ; sortons.

ALBERT.

O trahison ! ô perfidie !
Redoutez mes transports jaloux.
L'amitié par lui fut trahie :
Je n'écoute que mon courroux !

FIORELLA.

O ciel ! quelle sombre furie
Éclate en ses regards jaloux !
Hélas ! je tremble pour sa vie !
Dieu tout-puissant, protége-nous !

RODOLPHE.

Il faut contenter ton envie ;
Je crains peu tes transports jaloux.

Oui, songe à défendre ta vie :
Redoute mon juste courroux.

ARPAYA et LES PÈLERINS.

O ciel! quelle sombre furie
Éclate en leurs regards jaloux!
Messieurs, messieurs, je vous en prie!
San Lorenzo, protége-nous!

(Albert et Rodolphe sortent ensemble ; tout le monde les suit en désordre.)

ACTE TROISIÈME

Le boudoir de Fiorella.

SCÈNE PREMIÈRE.

PIÉTRO, ZERBINE.

PIÉTRO.

La signora, votre maîtresse, est-elle visible?

ZERBINE.

Non, elle est dans son appartement, où elle a défendu de laisser entrer personne.

PIÉTRO.

Elle repose, sans doute?

ZERBINE.

Je ne sais, et je n'y puis rien comprendre. Madame est rentrée ce matin, pâle, tremblante, égarée, et ni moi, ni aucun de ses gens ne savions qu'elle était sortie.

PIÉTRO.

C'est bien cela. Une jeune et jolie femme vêtue de blanc, que j'ai vue traverser ce matin les corridors de l'hospice de San-Lorenzo, et l'on m'a dit : Tenez, la voilà, c'est Fiorella !

ZERBINE.

Que dites-vous? ma maîtresse à San-Lorenzo? et par quel événement?

PIÉTRO.

Cela ne me regarde pas, je ne me mêle jamais des affaires

des autres; j'ai bien assez des miennes. Je voulais voir la signora pour lui remettre ces papiers qu'hier le comte de Sorrente m'a payés d'avance.

ZERBINE.

Je sais! ces papiers qui pouvaient nuire à la mémoire du vieux duc. J'en ai déjà parlé hier à ma maîtresse qui ne veut pas que votre zèle soit sans récompense, et outre ce que vous avez reçu du seigneur Albert, elle doit ce matin vous donner trois mille ducats.

PIÉTRO.

Il se pourrait! C'est bien là ce qu'on m'a dit de la signora : la bonté, la générosité même! avec de pareilles gens, il y a du plaisir à être honnête, car ce qui décourage souvent la vertu, c'est le manque de gratification; c'est ce que me disait encore hier ce pauvre Gennaio, en me donnant une poignée de main, et celle-là ç'a été la dernière !

ZERBINE.

Il n'est plus !

PIÉTRO.

Oui, il a fait son temps; n'en parlons plus, parce que, voyez-vous, ça fait toujours quelque chose de voir un camarade qui part comme ça. Dites-moi à quelle heure je pourrais revenir pour voir la signora, car j'y tiens beaucoup.

ZERBINE.

A cause de la gratification?

PIÉTRO.

Non, et pour un rien j'y renoncerais volontiers.

ZERBINE.

Ce n'est pas possible !

PIÉTRO.

Je vous ai dit que je voulais me retirer des affaires, et depuis que j'ai vu Gennaio, j'y suis tout à fait décidé; franchement le camarade a eu peu d'agrément, et j'ai idée qu'il doit y en avoir davantage à mourir en honnête homme. Si votre maîtresse, dont on vante partout la bonté et la générosité, voulait me prendre à son service, moi et mes nouveaux principes, vrai! elle n'en serait pas fâchée.

ZERBINE.

J'entends, M. Piétro veut devenir mon camarade?

PIÉTRO.

Sans doute.

ZERBINE.

Et peut-être me faire la cour?

PIÉTRO.

Probablement.

DUO.

Vous plaire, je l'avoue, est ma seule espérance.

ZERBINE.

N'y pensez plus, et pour bonne raison,
Car, je vous en préviens d'avance,
A mes amants, moi, je dis toujours non!

PIÉTRO.

Toujours non!

ZERBINE.

C'est là mon système.

PIÉTRO.

Et jamais l'amour lui-même
Ne vous a trouvée en défaut?

ZERBINE.

Non, je ne connais pas d'autre mot!

PIÉTRO.

Puis-je au moins, et par politique,
Croire à votre protection?

ZERBINE.

Non!

PIÉTRO.

Comment, non?

ZERBINE.

Non.

PIÉTRO.

C'est unique.
Près de la signora du moins,
Vous me serez favorable?
Et je puis compter sur vos soins?

ZERBINE.

Non !

PIÉTRO.

Comment, non ?

ZERBINE.

Non.

PIÉTRO.

C'est aimable !
Vous ne voulez donc pas que dans cette maison
Auprès de vous je reste?

ZERBINE.

Non !

PIÉTRO.

Comment, non? non encor !
Vouloir me chasser, c'est trop fort !...
Songez donc quel destin pénible...
Il faudra loin de ce séjour
Et loin de vous mourir d'amour.
Allons, allons, c'est impossible ;
Vous ne serez pas insensible...

ZERBINE.

Non.

PIÉTRO.

Non, à la bonne heure au moins
(A part.)
Voilà parler, grâce à mes soins,
Je commence enfin à comprendre :
Il ne s'agit que de s'entendre !

(Haut.)
Vous ne refusez plus mes vœux?

ZERBINE.

Non.

PIÉTRO.

Loin de me mettre à la porte
Vous ne voulez plus que je sorte?

ZERBINE.

Non.

Ensemble.

PIÉTRO.

Ah! c'est charmant, c'est admirable!
Un pareil non veut dire oui!
Beauté cruelle, inexorable,
Refusez-moi toujours ainsi.

ZERBINE.

Qu'il est galant! qu'il est aimable!
Il veut me faire dire : oui;
Mais je dois être inexorable;
Car la vertu le veut ainsi.

PIÉTRO.

O doux espoir! ô charme extrême!
Mais on vous mettrait en courroux
Si l'on vous disait qu'on vous aime?

ZERBINE.

Non.

PIÉTRO.

Non?

ZERBINE.

Non!

PIÉTRO.

Que ce mot est doux!
Et si j'en réclamais un gage,
Si j'osais prendre cette main?
Oh! vous vous fâcheriez, je gage?

######## ZERBINE.

Non.

######## PIÉTRO.

Vraiment?

######## ZERBINE.

Non!

######## PIÉTRO.

Ah! c'est divin!
Mais vous ne pouvez pas, je pense,
D'un baiser vous formaliser?
Un seul! Ah! c'est en conscience,
Vous ne pouvez me refuser?

######## ZERBINE.

Non.

######## PIÉTRO.

Non?

######## ZERBINE.

Non.

Ensemble.

######## PIÉTRO.

Ah! c'est charmant, c'est admirable! etc.

######## ZERBINE.

Il est galant, il est aimable, etc.

En attendant votre nouvelle dignité, vous pouvez partir, car je vous répète que dans ce moment ma maîtresse ne recevra personne.

######## PIÉTRO.

N'est-ce que cela? maintenant que je suis de la maison, j'attendrai tant qu'on voudra, deux, trois heures, s'il le faut. (Lui donnant un paquet cacheté.) Remettez-lui seulement ces papiers, c'est tout ce que je vous demande, parce que, dès qu'elle les aura lus, elle me fera appeler. Je vais me promener au jardin. Sans adieu, signora.

SCÈNE II.

ZERBINE, seule.

A-t-on jamais vu un pareil original! Ah! mon Dieu! c'est ma maîtresse, dans quel trouble je la vois!

SCÈNE III.

ZERBINE, FIORELLA.

FIORELLA.

Je ne puis résister à mon impatience; le malheur même est moins terrible que l'incertitude. Zerbine, il n'est pas venu?

ZERBINE.

Qui, madame?

FIORELLA.

Lui! Rodolphe.

ZERBINE.

Non vraiment!

FIORELLA.

Il n'a pas envoyé?

ZERBINE.

Non, madame.

FIORELLA.

Il aura été blessé; peut-être même... c'est moi qui serai la cause de sa mort; et point de lettre, point de nouvelles; si j'ai suspendu mes projets, si je suis revenue ici chez moi, c'est que je ne pouvais m'éloigner sans savoir l'issue de ce combat, sans connaître au moins... (A Zerbine.) Et Albert, n'a-t-il point paru?

ZERBINE.

Non, madame.

FIORELLA, à part.

Tant mieux, je respire !

ZERBINE.

Depuis que madame est rentrée ce matin, il n'est venu ici...

FIORELLA, vivement.

Qui donc?

ZERBINE.

Que Piétro, ce Napolitain dont je vous ai parlé, et qui m'a remis pour madame (Les montrant sur la table.) ces papiers importants.

FIORELLA.

Tais-toi ; j'entends une voiture; oui, je ne me trompe pas ; elle s'arrête à la porte.

ZERBINE, regardant par la fenêtre.

Madame, madame, réjouissez-vous.

FIORELLA, avec joie.

Il se pourrait !

ZERBINE.

C'est M. Albert lui-même.

FIORELLA, tombant sur un fauteuil.

Albert !... c'est fait de moi ! Rodolphe n'est plus !

ZERBINE.

Eh bien ! madame, qu'avez-vous donc?

FIORELLA.

Rien ! laissez-moi.

(Zerbine sort.)

SCÈNE IV.

ALBERT, FIORELLA.

ALBERT.

Je vois à votre trouble que ce n'est pas moi que vous attendiez. (Gaiement.) Eh quoi! madame, est-ce là l'accueil que vous faites à un preux chevalier qui vient de combattre pour vous?

FIORELLA.

Monsieur, par pitié...

ALBERT, souriant.

Que vous réserviez votre colère pour le vainqueur, rien de mieux; mais on doit des consolations aux vaincus, et je les attendais de votre générosité.

FIORELLA, vivement et avec joie.

Quoi, monsieur, il serait vrai?...

ALBERT.

Ce mot seul nous a raccommodés, et vous ne m'en voulez plus, n'est-il pas vrai? Oui, madame, j'étais trop en colère pour remporter la victoire : pour bien se battre, il faut être de bonne humeur, et Rodolphe avait un sang-froid qui lui donnait l'avantage, c'était une véritable trahison; aussi après m'avoir désarmé : « Maintenant, me dit-il, expliquons-nous; » et il m'a raconté toute votre entrevue de la nuit dernière. Ce malheureux-là vous aime autant que moi, mais d'une autre manière; car certainement moi, à sa place, je n'aurais pas été si héroïque. Enfin nous nous sommes séparés, lui pour continuer sa route, et moi pour accourir près de vous. Tel est, madame, quoi qu'il en puisse coûter à mon amour-propre, le récit fidèle de notre campagne.

FIORELLA.

Quoi! il est parti?

ALBERT.

Oui, madame ; du moins je le crois...

FIORELLA, douloureusement.

Sans me voir!... Adieu, Albert, adieu.

ALBERT.

Que dites-vous ? Ce projet dont il m'a parlé serait-il réel? songeriez-vous encore à l'exécuter ?

FIORELLA.

Plus que jamais. Je ne serai ni à lui, ni à vous, et si j'ai une dernière grâce à vous demander...

ALBERT.

Parlez.

FIORELLA.

Réparez vos torts et les miens, retournez près de Célina, près de celle qui vous aime, et que vous avez abandonnée. Ah! je sens là qu'elle doit être bien malheureuse !

ALBERT.

Qu'exigez-vous de moi? Je ne serai donc plus rien pour vous!

FIORELLA.

Vous serez mon ami, et je vais vous en donner une preuve. Ces biens, ces richesses auxquelles je renonce, c'est à vous que je les confie, c'est vous que je chargerai d'en disposer. De plus, voici des papiers qui compromettraient, dit-on, l'honneur de mon plus cruel ennemi, de celui à qui je dois tous mes maux.

ALBERT.

Je sais, c'est un lazzarone qui vous les a remis.

FIORELLA.

Gardez-les, examinez-les, ou plutôt, tenez, soyons généreux même pour sa mémoire, et brûlez-les sur-le-champ.

ALBERT.

Je vous le promets; aussi bien, et d'après ce qu'on m'a

dit, il est une autre personne (Regardant Fiorella.) à qui ils pourraient nuire. Dans un instant ils n'existeront plus ; mais Rodolphe...

FIORELLA.

Pour mon bonheur, pour mon repos, je ne désire plus le revoir, je vous le jure ; et quand même je le voudrais, vous savez bien qu'il est parti, qu'il s'est éloigné ; car vous êtes bien sûr qu'il est parti?

ALBERT.

Je lui ai vu prendre la route de France.

FIORELLA.

Tant mieux ; car il reviendrait maintenant, que j'aurais la force de ne plus le recevoir.

SCÈNE V.

Les mêmes; ZERBINE.

ZERBINE.

Madame, il y a là quelqu'un qui vous demande.

FIORELLA.

Laissez-moi, je n'y suis pas, je ne suis pas visible...

ZERBINE.

Mais, madame, c'est lui.

FIORELLA.

O ciel !

ALBERT, avec force.

Lui ! je comprends. (Se reprenant.) Allons ! qu'allais-je faire ? (Haut.) Je ne serai point généreux à demi. (Montrant les papiers.) Je vais remplir mes serments, et je ne vous forcerai point à tenir les vôtres. Adieu, adieu, je me retire.

(Il sort par le fond.)

FIORELLA.

Va, Zerbine, va vite, fais-le entrer.

SCÈNE VI.

FIORELLA, RODOLPHE, amené par Zerbine, qui sort.

FIORELLA.

Quoi! monsieur, vous n'avez point voulu partir sans me dire un dernier adieu?

RODOLPHE.

Je l'ai voulu, je l'ai essayé du moins; c'est impossible, je suis revenu sur mes pas; car, malgré ma colère, je sens là que j'ai été envers vous injuste et cruel.

FIORELLA.

Vous voilà : tout est oublié.

RODOLPHE, sans l'écouter et avec égarement.

Oui, vous oublier, c'est ce que j'avais dit, je l'avais juré, mais je ne sais plus tenir mes serments. (Regardant autour de lui pour voir si on ne peut l'entendre.) Écoute, Camille, veux-tu renoncer à tes trésors, à ton opulence?

FIORELLA.

Je l'ai déjà fait, j'ai remis ma fortune entre les mains d'Albert; moi, je ne veux plus rien, et je pars.

RODOLPHE.

Oui, tu partiras, il le faut, mais avec moi.

FIORELLA.

Que dites-vous? il se pourrait?

RODOLPHE.

J'ai lutté en vain, je ne le puis, c'est au-dessus de mes forces, ma raison même y succomberait. Dérobons-nous à tous les regards, renonçons à ma famille, à mes amis, qu'ils oublient qui nous avons été, tâchons surtout de l'oublier nous-mêmes; et loin de notre patrie, loin de l'Europe, cherchons quelque endroit écarté où nous puissions cacher notre amour. (A voix basse et avec force.) Viens, je t'épouserai!

FIORELLA, portant la main à son cœur.

Dieu! (Avec ivresse.) Moi, Rodolphe, moi votre femme! et c'est vous qui me le proposez!... Ah! je ne croyais pas qu'un si grand bonheur me fût réservé. Oui, mon cœur est heureux et fier d'un pareil sacrifice; mais il n'en serait plus digne s'il pouvait accepter...

RODOLPHE.

Qu'osez-vous dire?

FIORELLA.

Que mon bonheur, que mon amour même, ne peuvent me faire oublier le soin de votre honneur! Moi vous priver de vos amis, de votre famille, de votre patrie! Non, d'autres destins vous attendent, votre pays vous réclame, la carrière des armes vous est ouverte. C'est là, Rodolphe, c'est au champ d'honneur que vous devez m'oublier.

DUO.

Partez, la gloire vous appelle!
Oubliez d'indignes amours!
L'honneur qui vous sera fidèle
Prendra soin d'embellir vos jours!

RODOLPHE.

Ce refus qui me désespère
Vous rend plus digne de ma foi.

FIORELLA.

Dans ma retraite solitaire
Votre nom viendra jusqu'à moi :
De vos succès je serai fière!
Heureuse de votre bonheur.

RODOLPHE.

Non, non, dans la nature entière
Plus d'espérance pour mon cœur!
Tu m'attaches seule à la vie,
Et si je ne peux te fléchir,
A tes pieds mes maux vont finir.

FIORELLA.

Ce n'est point à mes pieds, c'est pour votre patrie
Qu'il vous est permis de mourir!

Ensemble.

FIORELLA.

Partez, la gloire vous appelle!
Oubliez d'indignes amours :
L'honneur qui vous sera fidèle
Prendra soin d'embellir vos jours.

RODOLPHE.

Vainement la gloire m'appelle,
Camille est mes seules amours,
Tu le veux... tu le veux, cruelle?
Oui, je m'éloigne et pour toujours.

(Rodolphe va sortir, lorsqu'on entend en dehors la voix de Piétro, qui se dispute avec Zerbine.)

SCÈNE VII.

Les mêmes; PIÉTRO, ZERBINE.

PIÉTRO.

Oui, morbleu! j'entrerai malgré la consigne.

RODOLPHE, s'arrêtant.

Que veut cet homme?

FIORELLA.

Et quel est-il?

PIÉTRO, saluant.

Piétro, un Napolitain, qui désire humblement être admis devant vous. (Levant les yeux.) Quoi! signora, vous ne me remettez pas? Eh bien! ce n'est pas un mal, car, franchement, il n'y avait pas dans ce temps-là de quoi se vanter de ma connaissance. Maintenant, c'est différent. Mais alors, et quand vous portiez le nom de Camille Paluzzi, j'étais un lazzarone, un mauvais sujet prêt à vendre mes services à celui qui avait dix ducats pour les payer; et comme le duc de Farnèse avait beaucoup de ducats...

FIORELLA.

Quel souvenir! J'y suis maintenant; lors de ce faux mariage, tu étais un de nos témoins?

RODOLPHE.

Il se pourrait!

PIÉTRO.

J'avais cet honneur, moi et Gennaio.

RODOLPHE.

Et tu oses te présenter en ces lieux! Tu ne crains pas de recevoir le juste châtiment?...

PIÉTRO.

C'est ça, me faire pendre! comme vous y allez! chacun ses affaires, ne vous mêlez pas des miennes. C'est la signora envers laquelle je suis coupable, c'est elle qui seule doit disposer de mon sort.

FIORELLA.

Pars, éloigne-toi de mes yeux.

RODOLPHE.

Quoi! vous seriez assez bonne!...

FIORELLA.

Celui que j'avais le plus offensé a daigné me pardonner. J'imiterai son exemple. (A Piétro.) Va, tâche de vivre en honnête homme, et pour t'y aider, Zerbine va te donner ce que je t'ai promis.

PIÉTRO.

Quoi! c'est là votre vengeance? C'est bien, signora, c'est très-bien. Vous ne vous repentirez point de votre générosité. Et quant à ce gentilhomme qui parle si légèrement de pendre les gens, il en aurait été plus fâché que moi, s'il est possible.

RODOLPHE.

Que veux-tu dire?

PIÉTRO.

Que j'étais ce matin à San-Lorenzo lors de votre aventure, de votre combat; que j'ai appris que vous aimiez madame, que vous ne pouviez l'épouser. Eh bien, rassurez-vous, il n'y a maintenant qu'une personne au monde qui puisse rendre ce mariage possible, et cette personne-là, c'est moi.

FIORELLA et RODOLPHE.

Il se pourrait?

PIÉTRO.

Vous saurez que le feu duc de Farnèse se mariait souvent, car madame n'est pas la seule qu'il ait épousée, et dans ces prétendus mariages, Arpaya son intendant, Gennaio et moi servîmes plus d'une fois de témoins. Un jour (mais je suis loin de m'en vanter, car si j'ai fait là une bonne action j'en suis innocent, et mon seul motif était de tenir le duc lui-même dans notre dépendance), un jour qu'un de ces mariages devait avoir lieu, on m'avait chargé de tout disposer. Je le fis en conscience. J'amenai un véritable prêtre. C'est par lui, c'est en sa présence que cette union fut consacrée, et l'acte de célébration signé de lui, resta entre les mains de Gennaio, pour que nous pussions un jour en faire usage si notre protecteur devenait un ingrat. Ainsi donc, et sans qu'il s'en doutât, le duc de Farnèse était réellement marié, les preuves en sont dans les papiers que Zerbine vous a remis ce matin.

FIORELLA.

O ciel!

PIÉTRO.

Et sa légitime épouse, la duchesse de Farnèse, est là devant vous.

FINALE.

RODOLPHE et ZERBINE.
O bonheur!

FIORELLA.
O terreur!

RODOLPHE, ZERBINE et PIÉT.
Mon Dieu, je te remercie!

FIORELLA.
D'effroi mon âme est saisie!

RODOLPHE, ZERBINE et PIÉTRO.
Qu'avez-vous donc, je vous prie?

FIORELLA.
Je ne méritais point un semblable bonheur!

RODOLPHE.
Achevez, je vous en supplie!

FIORELLA.
Ces papiers, disait-on, compromettaient l'honneur
De ce duc de Farnèse?

PIÉTRO.
Il est vrai!

FIORELLA.
Sans les lire,
Entre les mains d'Albert je les ai tous remis,
Le suppliant de les détruire.

TOUS.
O ciel!

FIORELLA.
Et maintenant ils sont anéantis!

RODOLPHE.
Qu'avez-vous fait? courons, je puis encor peut-être...

FIORELLA.
Restez, c'est lui! Je n'ose, en le voyant paraître,
L'interroger.

SCÈNE VIII.

Les mêmes; ALBERT.

ALBERT, gaiement à Fiorella.

Par moi, votre esclave soumis,
Vos ordres souverains viennent d'être suivis !

TOUS.

Grand Dieu !

FIORELLA.

Quoi ! ces papiers que je vous ai remis !...

ALBERT.

Le vent a dispersé leur cendre.
(La regardant.)
Mais d'où vient cet effroi dont vous semblez saisie ?
Répondez-moi.

FIORELLA, avec désespoir.

Comment, ils sont détruits ?

ALBERT, lentement.

Oui, tous ! hormis un seul !

FIORELLA et RODOLPHE, vivement.

Dieu ! que viens-je d'entendre ?

ALBERT.

Qu'avez-vous donc ? il ne vous touche en rien ;
Il concerne une pauvre fille
Dont hier encor, si je m'en souviens bien,
Rodolphe me parlait, et qu'on nommait Camille !

RODOLPHE et FIORELLA.

Achevez ; à mon trouble, hélas ! rien n'est égal !

ALBERT.

En voyant cet écrit dont le secret fatal
Assurait à jamais le bonheur d'un rival,
J'en conviens, j'ai senti renaître dans mon âme
Le naturel napolitain,

Et deux fois ma tremblante main
Approcha malgré moi cet écrit de la flamme.

FIORELLA.

O ciel!

ALBERT.

Mais de l'honneur n'écoutant que la voix,
Le naturel français a repris tous ses droits,
Oui, me suis-je écrié, qu'ici l'amour se taise!
Et de peur d'un regret j'accours auprès de vous!
(Leur donnant le papier.)
Tenez, soyez heureux!

(A Fiorella.)
Duchesse de Farnèse,
Vous pouvez à présent l'accepter pour époux!

Ensemble.

RODOLPHE et FIORELLA.

Ah! quelle reconnaissance
Paîra jamais
Tant de bienfaits!
Jouissez pour récompense
Des heureux que vous avez faits!

ALBERT.

Ah! votre reconnaissance
Surpasse encor mes bienfaits.
Et je trouve ma récompense
Dans les heureux que je fais!

(Voyant entrer les personnages du premier acte.)
Mais voici venir vos amis,
Qui de votre bonheur par moi furent instruits.
(Bas à Fiorella et à Rodolphe.)
Pour moi, rassurez-vous, j'épouserai Céline.

RODOLPHE.

Et le bonheur que l'hymen vous destine
D'un autre amour vous dédommagera.

FIORELLA.

Notre amitié toujours vous restera.

ALBERT.

Son amitié me restera!
Faute de mieux; allons, c'est toujours ça!

LE CHŒUR.

Heureux amants, goûtez sans cesse
Un bonheur si bien mérité,
Car les honneurs et la richesse
Couronnent ici la beauté!

LE
LOUP-GAROU

OPÉRA-COMIQUE EN UN ACTE

En société avec M. Mazères.

MUSIQUE DE Mlle L. BERTIN.

THÉATRE DE L'OPÉRA-COMIQUE. — 10 Mars 1827.

PERSONNAGES.   ACTEURS.

LE COMTE ALBÉRIC............   MM. Chollet.
RAIMBAUD...................   Valère.
BERTRAND...................   Vizentini.
ALICE......................   Mmes Prévost.
CATHERINE..................   Boulanger.

Arquebusiers. — Paysans et Paysannes.

Dans un village, en Bourgogne.

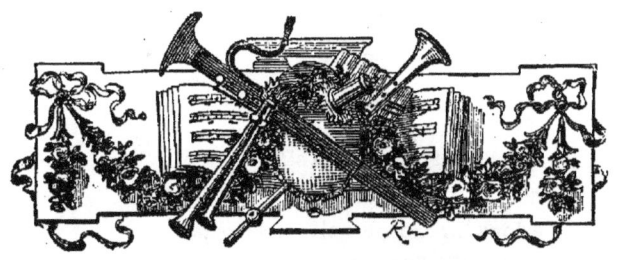

LE
LOUP-GAROU

Une salle dans la maison de Raimbaud. — Porte au fond, portes latérales.

SCÈNE PREMIÈRE.

ALICE, BERTRAND, RAIMBAUD, JEUNES FILLES.

(Alice est à droite du spectateur entourée de jeunes filles qui achèvent sa toilette de mariée; à gauche Raimbaud assis près de la table, Bertrand nettoyant une arquebuse.)

INTRODUCTION.

LES JEUNES FILLES.
Reçois, jeune fiancée,
Les vœux que forment nos cœurs.
Par nos mains que soit placée
Ta couronne de fleurs.

RAIMBAUD.
Eh bien! Bertrand, comment trouves-tu ma filleule?

BERTRAND.
Je dis, maître Raimbaud, qu'elle est digne de moi.

ALICE, à part.

Hélas ! sa présence seule
A glacé mon cœur d'effroi !

BERTRAND.

Partons !... faut-il, suivant l'usage,
Au château nous rendre d'abord ?

RAIMBAUD.

Mais à quoi bon ? le seigneur du village,
Le vieux comte Albéric est mort !
Et son fils, notre jeune maître,
Que le duc de Bourgogne avait, dit-on, banni,
Ne songe guères à paraître
Dans des lieux qui jamais ne l'ont vu jusqu'ici.

BERTRAND.

Eh bien, tant mieux ! les seigneurs de village
Ont des droits onéreux en fait de mariage !
Et pour ma part, moi, j'aime autant
Que l'on n'ait pas besoin de son consentement.
Partons !

LES JEUNES FILLES.

Reçois, jeune fiancée,
Les vœux que forment nos cœurs.
Par nos mains que soit placée
Ta couronne de fleurs.

(Ils vont pour sortir.)

SCÈNE II.

Les mêmes; CATHERINE, suivie d'Arquebusiers.

CATHERINE, entrant d'un air agité.

Quelle rumeur ! quel bruit dans le village !

RAIMBAUD.

Mais parle vite : qu'as-tu donc ?

CATHERINE.

Mon tuteur, vous savez... Cet animal sauvage...

Ce loup qui, l'an dernier, causa tant de ravage,
Il reparaît dans le canton.

LES JEUNES FILLES.

Grand Dieu! préserve-nous de sa dent assassine!...

CATHERINE.

Messieurs les échevins de la ville voisine
En magistrats fermes et résolus,
Ont promis deux cents carolus
A qui rapporterait sa tête.

TOUS.

Deux cents carolus!

CATHERINE.

Aussi pour le chasser tout le monde s'apprête.

BERTRAND.

Moi, je l'ai déjà vu de près,
Depuis longtemps je le connais...
Et si je vous apprenais...
Mais je n'en dis pas davantage,
Mon arquebuse, Dieu merci,
Soutiendra l'honneur du village...

UNE JEUNE FILLE.

Je vais de mon amant exciter le courage.

LES AUTRES JEUNES FILLES.

Nous aussi,
Nous aussi!

RAIMBAUD.

Allez!... allez exciter leur ardeur!

Ensemble.

RAIMBAUD et CATHERINE.

Courez!... le sort prospère
Va vous donner, j'espère,
La gloire et le salaire
Promis à la valeur!

BERTRAND et LES ARQUEBUSIERS.

Courons!... ô sort prospère!

Courons!... oui, pour lui plaire,
Bientôt, mon cœur l'espère,
Je vais être vainqueur.

LES JEUNES FILLES.

Courez!... ô sort prospère,
Déjà, mon cœur l'espère,
Celui que je préfère
Sera bientôt vainqueur!

(Raimbaud sort par la porte à gauche, Bertrand, les arquebusiers et les jeunes filles sortent par la porte du fond.)

SCÈNE III.

ALICE, CATHERINE.

CATHERINE.

Voilà M. Bertrand qui s'éloigne!... pourvu qu'il fasse une bonne chasse et qu'il gagne les deux cents carolus!

ALICE.

Ah! je n'y tiens pas...

CATHERINE.

Oh! sans doute, elle ne tient qu'à M. Bertrand son amoureux! Est-elle heureuse... je vous le demande!

ALICE, soupirant.

Heureuse!

CATHERINE.

Dame! quand on se marie! et si j'étais à ta place...

ALICE.

Y penses-tu? toi qui es une demoiselle noble!...

CATHERINE.

Je suis demoiselle, c'est vrai, du chef de ma mère, qui avait un peu dérogé en épousant un simple écuyer; mais cette noblesse-là, et les vingt écus de rente que j'ai pour la soutenir, ne m'auraient pas empêchée de mourir de faim, comme une simple vassale, si le concierge de ce château, maître Raimbaud, ton parrain et mon tuteur, ne m'avait pas prise avec lui.

ALICE.

C'est vrai... orphelines toutes deux, il nous a élevées... nous sommes à sa charge, et il ne serait pas fâché de nous établir... c'est tout naturel.

CATHERINE.

Oui, mais ce qui ne l'est pas, c'est qu'il commence par toi; et à cause des prérogatives de ma naissance... il me semble qu'il devait...

ALICE.

Quoi! tu voudrais épouser Bertrand?...

CATHERINE.

C'est un rustre, c'est vrai! mais ce rustre est le plus beau parti du pays; de bonnes terres au soleil... et de plus, fauconnier de messieurs les échevins de la ville de Vezelay.; c'est là une place qui donne de la considération, et quand on est noble on tient à la considération.

ALICE.

Eh bien! moi, je n'ai pas d'ambition, et si tu pouvais m'enlever mon prétendu...

CATHERINE, avec joie.

Que dis-tu?... (Se reprenant.) Certainement ce n'est pas que j'y tienne non plus, mais pour te rendre service... Dis donc, Alice, pendant que nous sommes seules, nous pouvons parler franchement... Est-ce qu'en outre de ton prétendu tu aurais encore un amoureux?...

ALICE, avec effroi.

Un amoureux! (Se rapprochant de Catherine, à demi-voix.) Je crois que oui.

CATHERINE.

J'en étais sûre... et où est-il?

ALICE.

Je n'en sais rien.

CATHERINE.

Qui est-il donc?

ALICE.

Je l'ignore.

CATHERINE.

Comment, tu ne le connais pas?

ALICE.

Eh non! vraiment.

CATHERINE.

Par exemple, je n'ai jamais entendu rien de pareil! et comment cela est-il arrivé?

ALICE.

Oh! mon Dieu, je m'en vais te le raconter. Tu sais bien, il y a deux mois, quand tu es partie avec ton tuteur Raimbaud pour ses vignes de Mailly...

CATHERINE.

Où nous sommes demeurés tout le temps des vendanges...

ALICE.

Moi, pendant votre absence j'étais restée seule ici... un jour, sans m'en douter, j'avais conduit mon troupeau près du torrent de Saint-Hubert, vis-à-vis l'île aux Loups.

CATHERINE.

Tu oses aller dans un endroit comme celui-là, un endroit qui est le rendez-vous de tous les esprits du pays, et où on dit que les sorciers tiennent leur sabbat tous les treize du mois?

ALICE.

Aussi lorsqu'en levant les yeux je me suis vue au bord du torrent... j'ai voulu m'enfuir... mais la tête m'a tourné, le pied m'a glissé...

CATHERINE.

Voilà comme les malheurs arrivent !

ALICE.

Et je suis tombée au milieu des vagues où je ne sais pas ce que je suis devenue, car j'avais perdu connaissance... Mais quand j'ouvris les yeux, j'étais assise sur le gazon... et près de moi un beau jeune homme... C'était à lui que je devais la vie, et je ne savais comment m'acquitter envers lui, lorsqu'il me dit : « Il faut que je m'éloigne, mais si vous croyez me devoir quelque reconnaissance, venez m'en remercier demain, ici, au même endroit. »

CATHERINE.

Et tu y es retournée ?

ALICE.

Il aurait fallu avoir bien mauvais cœur pour y manquer ! Est-ce que tu aurais été assez ingrate pour cela ?...

CATHERINE.

Dame ! c'est selon !... Quel air avait-il ?

ALICE.

Un air si noble et si distingué !

CATHERINE.

Ah ! c'est différent !

ALICE.

Et une voix si douce, surtout quand il me disait qu'il m'aimait !...

CATHERINE.

Ah ! il te l'a dit ?

ALICE.

Dès le lendemain, et après cela tous les jours.

CATHERINE.

C'est-à-dire que tous les jours tu te rendais à la fontaine ?

ALICE.

Eh ! mon Dieu, oui, sans savoir comment ! mais un jour...

ROMANCE.

Premier couplet.

Le soleil dans la plaine
Apparaissait à peine...
Auprès de la fontaine
Je courus tout d'abord !
Inquiète, éperdue...
Rien ne s'offre à ma vue !
La nuit était venue,
Et j'attendais encor !

Deuxième couplet.

O funeste présage !
Hélas ! est-il volage ?
Ou loin de ce village
A-t-il fini ses jours ?
Après si longue absence
Je n'ai plus d'espérance !...
Et cependant j'y pense,
Et je l'attends toujours !

Et c'est tout cela, vois-tu, qui fait, je crois, du tort à Bertrand.

CATHERINE.

Je comprends, tu n'aimes que les absents...

ALICE.

Et Bertrand est toujours là !

CATHERINE.

C'est lui qui est dans son tort.

ALICE.

Mais comment faire pour ne pas l'épouser ? c'est aujourd'hui les fiançailles, c'était même aujourd'hui que la noce devait avoir lieu ; mais Bertrand, qui a des idées, n'a jamais voulu se marier un vendredi, et voilà pourquoi le mariage est remis à demain.

CATHERINE.

Alors il n'y a qu'un moyen : dis tout bonnement à Bertrand que tu ne l'aimes pas... ça l'effraiera peut-être, puisqu'il a des idées !...

ALICE.

Si tu le crois, je vais essayer ! mais taisons-nous, car le voici qui vient ainsi que mon parrain.

SCÈNE IV.

LES MÊMES; BERTRAND, entrant par le fond, RAIMBAUD, sortant de la porte à gauche.

RAIMBAUD.

Eh bien, Bertrand ! quelles nouvelles ? et la récompense promise ?

BERTRAND.

Ah bien oui !... notre gratification court encore et le loup aussi ; nous avons battu la forêt sans le voir ! mais maintenant j'en sais la raison, et bien fin qui l'apercevra le jour...

RAIMBAUD.

Et pourquoi ?

BERTRAND.

Parce que les loups de cette espèce-là ne se montrent que la nuit !

CATHERINE.

Les loups...

BERTRAND.

Oui, voilà justement l'erreur où vous êtes tous ! vous croyez que celui dont il s'agit est un loup pur et simple ? Eh bien ! pas du tout, c'est un loup-garou... un vrai loup-garou !

RAIMBAUD.

Tu crois ?

BERTRAND.

Et de la plus haute espèce !... j'en suis sûr... puisque maintenant je sais qui...

CATHERINE et ALICE.

Ah! mon Dieu!

RAIMBAUD.

Bah! bah! on en dit peut-être là-dessus plus qu'il n'y en a...

BERTRAND.

Allons, voilà qu'il va être assez superstitieux pour ne pas croire aux loups-garous!

RAIMBAUD.

Sais-tu ce que c'est?

BERTRAND.

Par exemple! ce serait fameux si un fauconnier, qui passe sa vie dans les bois, ne savait pas ce que c'est qu'un loup-garou. Un loup-garou, c'est tout simplement un homme sur lequel on a jeté un sort pour quelque grand crime ou tout autre chose, et qui est condamné à se changer en loup tous les soirs et à vivre comme tel jusqu'au lendemain matin, où alors il reprend sa forme humaine! J'en ai eu trois dans ma famille! deux mâles et...

RAIMBAUD.

Allons! tais-toi... et n'effraie pas ces jeunes filles; je sais bien qu'il y en a... mais on exagère toujours.

BERTRAND.

Il ne veut pas... il ne veut pas qu'il y ait des loups-garous!... C'est inconcevable, il y a des gens bornés... et je vous dis, moi, que si nous ne le tuons pas, il arrivera quelque malheur à nos femmes ou à nos filles... car il rôde dans le bois, près de la Tourelle.

ALICE.

C'est fini, je n'irai plus!

CATHERINE.

Ni moi non plus.

RAIMBAUD.

Eh! laissez-moi donc tranquille!... vous êtes tous plus

poltrons les uns que les autres; quand on a été arquebusier dans l'armée du duc de Bourgogne, quand on a fait les campagnes de Flandre sous le comte Albéric, et sous son fils, qui est un brave chevalier... on ne s'effraie pas si aisément... et loup-garou ou non, qu'il vienne, il trouvera à qui parler.

BERTRAND.

C'est ça... on le recevra!

RAIMBAUD.

En attendant, songeons à notre noce de demain, car je suis trop heureux d'avoir marié une de mes pupilles... en voilà toujours une de placée!... Il ne reste plus maintenant que mademoiselle Catherine... celle-là, je ne sais pas comment je ferai, parce qu'avec ses idées de noblesse et de grandeur, c'est d'une défaite plus difficile.

CATHERINE.

Je ne vois pas cela... et si vous le vouliez bien...

RAIMBAUD.

C'est ça, je vais te trouver des comtes et des barons... dans ce pays-ci surtout où il n'y en avait qu'un... notre jeune maître, le comte Albéric! et depuis qu'il est exilé, depuis que, sous peine de mort, il ne peut reparaître dans ses domaines... il n'y a plus que des roturiers dans le canton... ainsi il faut te résigner.

CATHERINE.

Mais, qui est-ce qui vous dit que je ne me résigne pas?

RAIMBAUD.

Tais-toi, nous parlerons de ça plus tard. Tous nos convives sont-ils arrivés pour le repas des fiançailles?

CATHERINE.

Oh! mon Dieu, oui... les quatre témoins et le tabellion

BERTRAND.

Cinq.

10.

CATHERINE.

Le pasteur.

BERTRAND.

Six.

CATHERINE.

Les trois arquebusiers qui sont venus pour la chasse.

BERTRAND.

Neuf.

RAIMBAUD.

Et quatre que nous voilà...

BERTRAND.

C'est juste!... Ah! mon Dieu, quelle imprudence!

RAIMBAUD.

Qu'est-ce que tu as donc?

BERTRAND.

Comment, ce que j'ai?... neuf et quatre, qu'est-ce que ça fait?

RAIMBAUD.

Ça fait treize...

BERTRAND.

Et vous croyez que j'ai envie de m'asseoir à une table de treize, pour qu'il y en ait un qui meure avant les autres!

RAIMBAUD.

Arrange-toi comme tu voudras; on ne peut renvoyer personne.

BERTRAND.

Je ne dînerai plutôt pas.

CATHERINE.

C'est ça, un repas de fiançailles... sans le fiancé.

BERTRAND.

Mais un repas pareil, mademoiselle, ce serait un repas de funérailles, et non pas de fiançailles. Vous ne vous souvenez donc plus du grand Thomas, le boiteux? il était treize à table, lui! eh bien, juste quarante-sept jours après... votre serviteur, de tout mon cœur!

RAIMBAUD.

Eh! laisse-nous donc tranquilles... comment veux-tu que nous fassions?...

BERTRAND.

Ce n'est pas malin... vaut mieux avoir un convive de plus qu'un de moins; faut envoyer inviter un quatorzième; un voisin, le premier venu, n'importe... il mangera pour sauver la vie aux autres...

RAIMBAUD.

A la bonne heure! et que ça finisse. Catherine, charge-toi de cela, si toutefois ta dignité te le permet, parce que l'invitation d'une jolie fille, ça ne se refuse pas...

CATHERINE.

Oui, mon tuteur.

RAIMBAUD.

Et moi je vais retrouver nos convives.

CATHERINE, bas, à Alice.

Allons, du courage, c'est le moment.

ALICE, bas, à Bertrand qui va pour sortir.

Monsieur Bertrand... monsieur Bertrand, avec la permission de mon parrain, j'aurais deux mots à vous dire...

RAIMBAUD.

Comme tu voudras, mon enfant... la veille des noces, c'est permis. (Bas à Bertrand.) Je n'aurais pas cru qu'elle t'aimât autant que cela...

BERTRAND.

Ni moi non plus.

CATHERINE.

Et moi, je vais chercher le quatorzième convive. J'amènerai celui qui aura l'air le plus comme il faut.

(Elle sort ainsi que Raimbaud.)

SCÈNE V.

BERTRAND, ALICE.

BERTRAND.

Eh bien! mam'selle Alice, nous v'là seuls et en tête à tête... comme si nous étions déjà dans notre ménage. Qu'est-ce que vous vouliez me dire?...

ALICE.

Je le sais bien, monsieur Bertrand, mais je n'ose pas...

BERTRAND.

Vrai... eh bien! rien que cela c'est déjà gentil... parce que voilà comme j'étais le premier jour où je vous ai dit que je vous aimais, et dès que vous tremblez, je présume que c'est à peu près pour la même cause...

ALICE.

Oh! mon Dieu, non... au contraire...

BERTRAND.

Comment, au contraire... et pourquoi cela?

ALICE.

C'est qu'hélas!... je ne vous aime pas, et je ne sais comment vous le dire.

BERTRAND.

Il me semble cependant que c'est assez clair... et que ça ne vous gêne pas... Je vous répondrai à cela, mademoiselle, que j'en suis fâché pour vous, mais que je ne peux pas entrer dans ces considérations-là... fallait le dire plus tôt, ou ne pas en parler du tout... Voilà comme ça se pratique d'ordinaire chez les demoiselles bien élevées.

ALICE.

Ce n'est pas de ma faute, monsieur Bertrand, si je n'ai osé que d'aujourd'hui... car, allez, il y a assez longtemps que j'y pensais...

BERTRAND.

Ah! il y a assez longtemps?... Eh bien! j'y vois clair enfin, et je vous dirai depuis quel moment ces idées-là vous sont venues... C'est depuis deux mois... c'est depuis qu'un certain Hubert a paru mystérieusement dans le pays...

ALICE.

C'est vrai...

BERTRAND.

Et vous ne craignez pas d'en convenir!... un étranger... un vagabond... tranchons le mot... un individu dont on ne connaît ni la famille ni les intentions; car enfin, moi je suis fauconnier, je suis Bertrand, né natif de Saint-Nicolas, près Vezelay... Je ne me cache pas, j'ai un état que j'exerce en plein jour... Mais lui, il s'en garderait bien... il craindrait trop les arquebuses des gardes forestiers.

ALICE.

Que dites-vous! est-ce qu'il n'est pas honnête homme?...

BERTRAND.

Honnête... homme... Non, il n'est ni l'un ni l'autre...

ALICE.

Qu'est-ce que cela signifie?

BERTRAND.

Que vous l'avez échappé belle, et que ça vous apprendra à aimer les gens sans les connaître! Excepté vous, à qui a-t-il parlé dans le village? quand il apercevait un archer ou un garde-chasse, ne semblait-il pas se cacher aussitôt, et où se cachait-il? dans les bois... où habitait-il toute la journée? dans les bois... où l'avez-vous rencontré pour la première fois? dans un endroit de sorcellerie... au torrent de Saint-Hubert, vis-à-vis l'île aux Loups.

ALICE.

Dieux! vous me faites frémir.

BERTRAND.

Vous y êtes donc enfin... et si vous en doutez encore...

je vous dirai, moi, que je l'ai vu, que je l'ai suivi, et que je connais le lieu de sa demeure, de sa caverne... Oui, mademoiselle... ce jour où vous causiez tendrement avec lui, et où il s'est enfui en m'apercevant... je ne l'ai pas quitté de l'œil, tout en me tenant à distance... j'étais toujours sur ses pas... il est entré dans le plus épais de la forêt... s'est tapi derrière un buisson... En ce moment-là, neuf heures sonnaient à l'horloge du village... c'est là l'heure où il se change, et à la faveur de la lune qui donnait dans la clairière, je l'ai vu sortir du taillis sous son autre forme... un gros brun... qui trottait sur ses quatre pattes...

ALICE.

O ciel! je suis toute tremblante!

BERTRAND.

J'en ai d'abord fait autant... mais ensuite, saisissant mon arquebuse, je vous l'ai ajusté...

ALICE.

Vous avez voulu le tuer?

BERTRAND.

Certainement... mais je n'ai pas réussi, quoique je sois sûr de l'avoir touché à la patte... et la preuve, c'est que le lendemain, au marché de Vezelay, où j'avais affaire... qu'est-ce que je rencontre, notre homme!... Je dis notre homme, car alors c'en était un qui, enveloppé de son manteau, causait mystérieusement avec un échevin... mais il était pâle et souffrant, et boitait de la patte... de la jambe droite; il disait que le matin il s'était laissé tomber de cheval; mais moi qui savais ce qui en était... je me suis approché d'un air malin, il a encore disparu, et l'échevin à qui je voulais en parler, m'a dit à voix basse : « Si tu le connais et que tu tiennes à la vie, tais-toi! »... Voilà pourquoi, mademoiselle Alice, voilà pourquoi depuis deux mois vous êtes la première personne à qui j'en aie ouvert la bouche; mais puisqu'il a reparu dans le pays, nous allons voir... et si ce matin je l'avais rencontré au bout de mon arquebuse... son affaire était bonne...

ALICE.

Comment! monsieur Bertrand, vous croyez que c'était...

BERTRAND.

Celui à qui ce matin nous donnions la chasse; je l'ai bien reconnu, il ressemble au dernier que j'ai tué.

ALICE.

Dieu! ça fait peur... rien que d'y penser! A qui se fier désormais?... un si beau jeune homme, un air si doux!...

BERTRAND.

Vous le plaignez encore?

ALICE.

Sans doute, et si c'en est un, il fallait qu'il n'eût pas un mauvais naturel... car ce jour où j'étais tombée dans le torrent, c'est lui qui m'a sauvée!... ce jour où je conduisais mon troupeau... il avait là une belle occasion, une centaine de moutons bien beaux et bien gras. Eh bien! il n'y a seulement pas fait attention.

BERTRAND.

Je crois bien... ce n'était pas des moutons... c'est de la bergère qu'il avait faim. Et ce jour où vous avez eu l'imprudence de vous laisser embrasser, si je n'étais pas arrivé, ça allait commencer... Aussi, jusqu'à ce qu'il soit mort... je ne serai pas tranquille dans mon ménage... Mais écoutez... on vient, c'est Catherine avec un étranger... on peut alors se mettre à table. (Criant et entrant dans la chambre à droite.) Maître Raimbaud, on peut servir!

SCÈNE VI.

ALICE, CATHERINE, ALBÉRIC, enveloppé dans son manteau.

QUINTETTE.

CATHERINE, à Albéric.

Entrez, entrez, beau chevalier!
Entrez chez nous, je vous en prie!...

ALBÉRIC.

D'une pareille courtoisie
Comment donc vous remercier?
Bon repas!... et fille jolie
Qui daigne ici me convier!

CATHERINE, à Alice.

Tu le vois, ma chère, j'arrive
Avec notre nouveau convive,
Regarde-le donc... Dieu merci!
J'espère que j'ai bien choisi?

ALICE, levant les yeux et le regardant.

Grand Dieu!

CATHERINE.

Qu'as-tu donc?

ALICE.

C'est Hubert!... c'est lui!

Ensemble.

ALICE.

O surprise extrême!
C'est lui!... c'est lui-même!
Ah! de frayeur je tremble, hélas!
Et n'ose plus faire un seul pas.

ALBÉRIC.

O bonheur extrême!
C'est celle que j'aime!
Dieu! que de grâces et d'appas!
Que j'aime ce doux embarras!

CATHERINE.
O bonheur extrême !
C'est celui qu'elle aime !
Ils n'osent plus faire un seul pas !
Je conçois bien leur embarras.

ALBÉRIC, s'avançant vers Alice.
Ah ! c'est donc vous que je revoi !

ALICE, reculant vers la porte à droite.
Hélas ! hélas ! c'est fait de moi !
(Appelant.)
Bertrand ! Bertrand !

SCÈNE VII.

Les mêmes; BERTRAND.

BERTRAND.
D'où vient un bruit semblable ?
Venez... on va se mettre à table,...
(Apercevant Albéric.)
O ciel ! qu'ai-je vu devant moi ?...
Tout mon sang se glace d'effroi !

CATHERINE.
Qu'a-t-il donc ? le voilà qui tremble aussi, je croi !

Ensemble.

ALICE.
O surprise extrême !
C'est lui !... c'est lui-même !
Oui, de frayeur je tremble, hélas !
Et n'ose plus faire un seul pas.

CATHERINE.
O bonheur extrême !
C'est celui qu'elle aime !
Ils n'osent plus faire un seul pas.
Je conçois bien leur embarras.

ALBÉRIC.
O bonheur extrême!
C'est celle que j'aime!
Dieu! que de grâces et d'appas!
Que j'aime ce doux embarras!

BERTRAND.
O surprise extrême!
C'est lui!... c'est lui-même!
Ah! de frayeur je tremble, hélas!
Et n'ose plus faire un seul pas.

(Appelant près de la porte à droite.)
Maître Raimbaud!... un ancien homme d'armes,
Lui, du moins, il est brave!

SCÈNE VIII.

LES MÊMES; RAIMBAUD, sortant de la porte à droite.

RAIMBAUD.
A qui donc en as-tu?

BERTRAND.
A qui j'en ai? Tenez...

RAIMBAUD, regardant Albéric.
Ah! grand Dieu! qu'ai-je vu?
Quelle imprudence! ô mortelles alarmes!

BERTRAND, à part.
Allons, allons, voilà, je crois,
Qu'il tremble encore plus que moi!
(Bas à Raimbaud.)
Vous savez donc qui c'est?

RAIMBAUD.
Sans doute.
Et si tu le sais comme moi,
Et si tu tiens à vivre... écoute,
Regarde, et surtout tais-toi!

Ensemble.

ALICE et BERTRAND.

O surprise extrême !
C'est lui !... c'est lui-même !
Oui, de frayeur je tremble, hélas !
Et n'ose plus faire un seul pas.

ALBÉRIC.

O bonheur extrême !
C'est celle que j'aime !
Dieux ! que de grâces et d'appas !
Que j'aime ce tendre embarras !

CATHERINE.

O bonheur extrême !
C'est celui qu'elle aime !
Ils n'osent plus faire un seul pas :
Je conçois bien leur embarras.

RAIMBAUD.

O surprise extrême !
C'est lui !... c'est lui-même !
Je crains quelques fâcheux éclats,
Et pour lui seul je tremble, hélas !

(A Albéric.) Oserais-je vous demander au moins par quelle imprudence... je veux dire par quel hasard nous vous voyons en ces lieux ?

ALBÉRIC.

L'événement le plus simple... j'avais à parler à un ancien serviteur du comte Albéric... au brave Raimbaud.

BERTRAND, à part.

Oui, brave... pas plus que nous...

ALBÉRIC.

Et en entrant dans ce village, j'allais m'informer de sa demeure, lorsqu'une gentille demoiselle est venue avec courtoisie me prier de vouloir bien dîner chez lui... en famille... Vive Dieu ! j'ai accepté sur-le-champ ; d'abord, parce que dans mon état de chevalier errant je n'ai jamais refusé une jolie fille... et puis ensuite, s'il faut vous le dire, j'ai un appétit d'enfer.

BERTRAND, bas à Alice.

C'est ça ; c'est la faim qui le chasse hors du bois.

ALBÉRIC.

Et si vous en doutez, bientôt j'espère vous en donner la preuve. Mais qu'as-tu donc ? d'où vient cet air d'inquiétude ?

BERTRAND, à part.

Il n'y a peut-être pas de quoi !...

RAIMBAUD.

Qui ? moi ?... je n'ai rien... mais je voulais seulement vous faire observer, pour vous et dans votre intérêt, que nous avons beaucoup de monde à ce repas... l'intendant de messieurs les échevins...

ALICE.

Trois arquebusiers !...

BERTRAND.

Et moi, qui suis là... (A part.) Faut l'effrayer pour qu'il s'en aille.

ALBÉRIC.

Tant mieux ; j'aime la bonne société, et nous ferons connaissance... car, excepté toi, je présume que personne ici ne me connaît.

RAIMBAUD.

Il peut s'en trouver d'autres, et il serait prudent, peut-être...

ALBÉRIC, regardant Alice.

De quitter ces lieux... je m'en garderai bien... j'y suis trop heureux... Seulement, je te demanderai de me placer à table à côté de cette gentille enfant.

BERTRAND, bas à Catherine.

Oui, gentille à croquer !... Eh bien ! c'est sans gêne... Est-ce qu'il se croit ici chez lui ?... Est-ce que nous sommes dans un bois ?...

CATHERINE, bas.

Aimez-vous mieux qu'il soit à côté de vous?

BERTRAND, de même.

Non pas, non pas ; surtout après la pointe d'appétit qu'il a manifestée ; parce que, dans ce cas-là, on n'est pas difficile et on prend ce qu'on trouve... Mais quand je pense, mademoiselle Catherine, que c'est vous qui l'avez mené dans la bergerie...

CATHERINE, de même.

Qu'est-ce que vous dites donc?

BERTRAND, de même.

C'est bon, mademoiselle, je m'entends... car, ces jeunes filles, qui ne pensent à rien, vont comme ça, sans s'en douter, se jeter à la... tête du... (Haut.) Allons, allons, à table! Venez, vous autres.

RAIMBAUD.

Mais, un instant, il faut procéder d'abord à la cérémonie des fiançailles.

ALBÉRIC.

Des fiançailles... Et qui donc ici se marie? (A Catherine.) Est-ce vous, ma belle enfant?

CATHERINE.

Oh! non, monsieur; je ne suis pas assez heureuse pour cela... c'est Alice qui épouse Bertrand, le fauconnier...

ALBÉRIC.

Qu'entends-je?

BERTRAND, à part.

Est-elle bavarde !

ALICE, de même.

Elle avait bien besoin de lui dire cela!

ALBÉRIC.

Je ne puis le croire encore... et ce qu'on vient de me dire, Alice, est-ce la vérité?

ALICE.

Oui, monsieur Hubert.

RAIMBAUD.

Hubert !...

ALBÉRIC, à Raimbaud.

Tais-toi ! (A Alice.) Oui, Hubert... Ce nom-là ne rappelle-t-il rien à votre souvenir ? et avez-vous oublié qu'il y a deux mois...

ALICE.

Non, monsieur, je n'ai pas oublié...

ALBÉRIC.

Comment se fait-il donc que dans ce moment vous soyez la fiancée d'un autre ?

ALICE.

Parce que je n'étais pas ma maîtresse... parce que mon parrain a commandé, et que mon devoir était d'obéir.

ALBÉRIC.

Et si votre parrain vous laissait libre de votre choix ?

RAIMBAUD.

Que dites-vous ?

ALBÉRIC.

Je sais qu'elle est orpheline, qu'elle n'a rien ; je sais aussi que Bertrand est le plus riche parti du village, et moi, inconnu, étranger, je n'ai aucun bien à offrir. Mais je veux être aimé pour moi-même, et c'est pour cela que je me présente... Parlez donc, Alice, et prononcez sans crainte ; je vous réponds d'avance du consentement de votre parrain.

BERTRAND.

C'est ce que je voudrais bien voir...

RAIMBAUD.

Et c'est ce que tu verras... parce qu'enfin, puisque tu le connais... tu dois savoir, comme moi, que j'y consens de grand cœur.

BERTRAND, à part.

Dieu! est-il poltron!

QUINTETTE.

Qu'entends-je?

CATHERINE, à Albéric.

Quel bonheur pour vous!

(Bas à Alice.)
Allons, Alice, réponds vite,
Et choisis-le pour ton époux!
(A part.)
Mais, vraiment, je crois qu'elle hésite?

CATHERINE et RAIMBAUD, bas à Alice.

Accepte-le pour ton époux!

BERTRAND, de même.

Refusez-le pour votre époux!

ALBÉRIC.

Sans avenir, sans espérance,
Je ne puis t'offrir en ce jour
Ni les honneurs, ni l'opulence;
Mon seul trésor est mon amour.
Veux-tu, loin du fracas des villes,
Recevoir mon cœur et ma main,
Et dans les lieux qui me servent d'asiles,
Quel qu'il soit, suivre mon destin?
Eh quoi! tu gardes le silence?

ALICE, à part, le regardant.

S'il devait toujours être ainsi,
Je ne dis pas... mais quand j'y pense,
La nuit... dans les bois... près de lui...
Et le suivre dans les forêts...

ALBÉRIC.

Eh bien! répondez?

ALICE.

Jamais!
Non, je ne le pourrai jamais!

Ensemble.
ALBÉRIC.
Jamais ! ah ! quelle offense !
Voilà ma récompense !
Il n'est plus d'espérance
Pour moi qui l'adorais !

ALICE.
Hélas ! à sa vengeance
Je me livre d'avance ;
Mais je souffre en silence
De crainte et de regrets.

CATHERINE.
Jamais ! à sa constance
Moi qui croyais d'avance !
Refuser l'alliance
Que je lui conseillais !

RAIMBAUD.
Jamais ! ah ! quelle offense !
Grand Dieu ! quelle imprudence !
Refuser l'alliance
Que je lui conseillais !

BERTRAND.
C'est moi qui suis le plus aimable :
C'est moi qui l'emporte sur lui !

CATHERINE, à part.
Elle n'a fait un choix semblable
Que pour m'enlever un mari.

Ensemble.
ALBÉRIC.
O trahison ! ô perfidie !
Un autre obtient le nom d'époux !
Qu'il redoute ma jalousie !
Qu'il craigne mon juste courroux !

ALICE.
Il m'accuse de perfidie,
Et j'ai mérité son courroux ;

Mais de peur mon âme est saisie.
Je ne puis prendre un tel époux !

RAIMBAUD.

Voyez, voyez quelle folie !
Refuser un pareil époux !
Lorsque cet hymen que j'envie
Faisait notre bonheur à tous !

CATHERINE.

Voyez, voyez la perfidie !
Venir m'enlever un époux,
Lorsque d'un autre elle est chérie !
C'est affreux... c'est indigne à vous !

BERTRAND.

J'ai déjoué sa perfidie :
C'est moi qui serai son époux ;
Mais je crains fort sa jalousie,
Et je crains surtout son courroux.

(Bertrand donne la main à Alice et ils sortent avec Raimbaud par la porte à droite.)

SCÈNE IX.

ALBÉRIC, CATHERINE.

ALBÉRIC.

Je n'en puis revenir encore... et je ne me serais jamais attendu à une pareille trahison !

CATHERINE.

Ni moi non plus... Quand elle pouvait choisir celui qu'elle aimait et me laisser épouser Bertrand... C'était là ce qu'elle devait faire, ne fût-ce que par procédés.

ALBÉRIC.

Croyez donc aux amours des champs...

CATHERINE.

Et aux amitiés de village... C'est une indignité !

11.

ALBÉRIC.

N'est-il pas vrai ?

CATHERINE.

Oui, monsieur Hubert ; je ne vous connais que d'aujourd'hui ; mais je suis aussi fâchée que vous de ce qui arrive, et quoiqu'elle soit mon amie intime... je ne peux pas l'excuser, ni la défendre ; c'est une conduite trop affreuse !

ALBÉRIC.

N'est-ce pas, c'est affreux ? Mais... il est dans ma destinée d'être toujours trahi des femmes que j'aime.

CATHERINE.

Il se pourrait ?

ALBÉRIC.

Eh ! oui vraiment, c'est pour une belle dame qui me trompait que, dernièrement encore, j'ai eu des duels, des rivaux ; que deux ou trois familles irritées m'ont poursuivi, ont demandé mon exil... Enfin on me rappelle... on me pardonne ; mais à la condition expresse de me corriger, de me marier, de ne reparaître aujourd'hui même qu'avec ma femme ; et en pensant à Alice, cette obligation me semblait bien douce... lorsque sa trahison... une trahison aussi imprévue...

CATHERINE.

Pauvre jeune homme !

ALBÉRIC.

Vous, du moins, vous prenez part à mes peines... en voilà une qui ne m'aurait pas trahi ; mais rassurez-vous... elle se repentira de son infidélité... Je me vengerai d'elle en faisant le bonheur d'une autre... d'une autre qui m'aimera pour moi-même, si je peux en trouver... dans ce pays !...

CATHERINE.

Eh bien ! franchement, je ne le crois pas.

ALBÉRIC.

Et pourquoi ?

CATHERINE.

Parce que toutes ces petites gens ont si peu d'élévation, si peu de noblesse dans les sentiments ; ce n'est pas comme nous autres qui tenons ça de naissance.

ALBÉRIC.

Que dites-vous, Catherine... est-ce que vous êtes noble ?

CATHERINE.

Et pourquoi pas?... tout comme une autre ; demandez plutôt à maître Raimbaud, mon tuteur.

ALBÉRIC.

Vous, la pupille de Raimbaud, la compagne d'Alice... Eh bien ! pour punir l'infidèle, pour qu'elle connaisse ce qu'elle a refusé... pour qu'elle puisse un jour avec dépit voir une de ses compagnes occuper la place qui lui était destinée... Catherine... vous avez un bon cœur, vous seule avez pris part à mes chagrins... et quoique vous me connaissiez à peine... quoique vous ne sachiez pas encore qui je suis.. voulez-vous de moi pour votre mari ?

CATHERINE.

Que dites-vous? comment, monsieur Hubert !

ALBÉRIC.

Oui ou non? Il faut que je me venge d'Alice.

CATHERINE.

Vous êtes bien bon, mais on ne se décide pas ainsi, et il faut savoir avant tout... si les distances ne sont pas telles que mon tuteur veuille bien accorder son consentement.

SCÈNE X.

LES MÊMES; RAIMBAUD.

RAIMBAUD.

Mon consentement ! à quoi ?

CATHERINE.

A ce que M. Hubert devienne mon mari.

RAIMBAUD.

Qu'est-ce que tu me dis là ?

CATHERINE.

Je sais bien que dans un village et à cause des mauvaises langues, il n'est pas agréable d'épouser quelqu'un qu'une autre a refusé...

RAIMBAUD.

Veux-tu te taire ! es-tu folle ?

ALBÉRIC, bas à Raimbaud.

Non, mon vieux camarade ! pour des raisons que tu connaîtras, je suis obligé de me marier ; demain, je l'ai promis, je dois présenter ma femme au duc de Bourgogne ! mon rappel est à ce prix !... et s'il est vrai que ta pupille soit de noble extraction...

RAIMBAUD.

Je vous l'atteste... mais pas un sou vaillant, et je ne peux croire encore...

ALBÉRIC.

Eh bien ! je vais te le prouver... et par ma foi de chevalier, à moins qu'elle ne renonce à moi, rien ne peut nous dégager.

COUPLETS.

ALBÉRIC.

Premier couplet.

Dame de ma pensée,
Gentille fiancée,
Reçois ici de moi
Ce gage de ma foi !
Voyant tant d'innocence,
Et surtout ces beaux yeux,
Je sens que la vengeance
Est le plaisir des dieux !

CATHERINE.

Deuxième couplet.

A vos lois enchaînée,
J'accepte l'hyménée
Que vous daignez m'offrir,
Pour vous faire plaisir !

Ensemble.

ALBÉRIC.

Voyant tant d'innocence,
Et surtout ces beaux yeux,
Je sens que la vengeance
Est le plaisir des dieux !

CATHERINE.

Ah ! quelle différence
Avec l'autre amoureux !
Mais... de l'obéissance :
Prenons, faute de mieux.

ALBÉRIC.

Troisième couplet

Quoique discrète et sage,
Fillette qui s'engage
Ne saurait refuser
D'amour un seul baiser.

(Il l'embrasse.)

Ensemble.

ALBÉRIC.

Voyant tant d'innocence,
Et surtout ces beaux yeux,
Je sens que la vengeance
Est le plaisir des dieux !

RAIMBAUD.

Ah ! quelle différence
Avec l'autre amoureux !
Va... de l'obéissance :
Il vaut bien tes aïeux

CATHERINE.

Ah ! quelle différence
Avec l'autre amoureux !
Mais... de l'obéissance :
Prenons, faute de mieux.

RAIMBAUD.

Ah ! j'en perdrai la tête... moi qui cherche à placer ma pupille... pouvais-je jamais espérer?...

ALBÉRIC.

Raimbaud, du silence ! c'est la seule condition que j'y mets ; viens tout préparer pour mon départ ! ce soir à neuf heures, ta pupille et toi viendrez me trouver à la Tourelle... au milieu du bois ; (Bas à Raimbaud.) c'est là que j'ai donné ordre à ma suite de venir nous attendre.

CATHERINE.

A neuf heures, à la Tourelle...

RAIMBAUD.

Oui, morbleu ! et garde-toi d'y manquer, parce que, vois-tu bien, Catherine, ou plutôt... quand je dis Catherine... c'est-à-dire, madame... Non, non, non, je ne dis rien, mais seulement prends garde de lui déplaire ou de le fâcher en rien ; car il y va de notre avenir à tous deux... (A Albéric.) Voilà, voilà, je vous suis... je m'en vais avec vous.

(Il sort en ôtant son chapeau à Catherine, et en saluant respectueusement.)

SCÈNE XI.

CATHERINE, puis BERTRAND.

CATHERINE.

Qu'est-ce qu'il a donc, mon tuteur?... lui qui est d'ordinaire si calme et si tranquille ; on dirait qu'il n'y est plus, et qu'il a perdu la tête... Voilà M. Bertrand ! comme il a l'air rêveur ! monsieur Bertrand... monsieur Bertrand.

BERTRAND, sortant de sa rêverie.

Ah! c'est vous, mademoiselle Catherine! pardon de ne pas avoir... c'est l'effet du trouble...

CATHERINE.

Et lui aussi? qu'est-ce qu'ils ont donc tous!

BERTRAND.

Il y a... il y a que mon mariage me donne des idées de toutes les couleurs. Voilà ma prétendue qui se désespère, et qui ne m'épouse que par frayeur, et ça m'en donne aussi... à cause des suites. Cet autre n'a qu'à vouloir se revenger, comme il l'a dit, ou sur elle ou sur moi...

CATHERINE.

C'est bien fait, vous voilà jaloux...

BERTRAND.

Oui, jaloux! si ce n'était que cela? Si c'était un homme comme un autre, un ami, par exemple, je ne dis pas... c'est tout naturel... ça se voit tous les jours, et on n'en meurt pas... Mais être inquiété dans son ménage par un individu pareil, avoir un rival de cette espèce-là, c'est ça qui est déshonorant... c'est là le vrai déshonneur... sans compter le danger... parce qu'enfin, je m'entends, on tient à ce qu'on a, on tient à vivre tout entier... et si ce n'était la crainte de fâcher Alice et surtout maître Raimbaud, j'aurais déjà renoncé à un mariage aussi équivoque...

CATHERINE.

Il serait possible?

BERTRAND.

Ah! mon Dieu, oui... Ce n'est pas d'aujourd'hui, mademoiselle Catherine, que j'ai eu de l'affection pour vous! ça aurait toujours empiré si le respect dû à votre naissance ne m'avait pas retenu, et puis si cette petite Alice n'était pas venue me jeter un sort... car c'en est un, que vous seule pouvez rompre...

CATHERINE.

Moi... monsieur Bertrand?...

BERTRAND.

Certainement... il ne tient qu'à vous que tout cela s'arrange, parce que maître Raimbaud ne peut pas m'en vouloir d'épouser une de ses pupilles, au lieu de l'autre.

CATHERINE, avec joie.

Que dites-vous ! comment, monsieur Bertrand, vous voulez que je sois votre femme?...

BERTRAND.

Je vous le demande en grâce... par pitié et par mesure de sûreté générale...

CATHERINE.

Eh! mon Dieu, c'est qu'il n'est plus temps...

BERTRAND.

Qu'est-ce que cela signifie?

CATHERINE.

Que ce jeune homme que tantôt j'ai amené ici, ce M. Hubert...

BERTRAND.

Eh bien?

CATHERINE.

Eh bien... il m'a fiancée... et je dois l'épouser...

BERTRAND.

Là! encore une!... il est donc enragé!... Mais j'espère que votre oncle Raimbaud, qui sait ce qui en est, ne consentira pas à une union aussi périlleuse?...

CATHERINE.

Au contraire... c'est qu'il y consent, c'est qu'il me l'a ordonné... et je n'ai jamais vu un trouble pareil au sien, il ne savait plus ce qu'il disait !

BERTRAND.

Et lui aussi aura eu peur des suites... Il y a des gens qui

n'ont pas plus de caractère... laisser entrer dans sa famille un être qui n'a ni feu ni lieu!... donner son nom à des louveteaux! oh!... Mais enfin, mademoiselle, achevez; quand ce beau mariage-là doit-il avoir lieu?...

CATHERINE.

Demain probablement... car ce soir, près de la Tourelle, je dois aller retrouver mon fiancé...

BERTRAND.

Qu'entends-je?... ce soir... dans le bois, près de la Tourelle... il vous y a donné rendez-vous?

CATHERINE.

Oui, sans doute... à neuf heures.

BERTRAND.

Neuf heures! juste au moment fatal, le moment... le moment où son autre caractère se développe... votre tuteur a pu y consentir?... Fraîche et appétissante comme vous êtes, il a pu vous exposer... il faut ne pas être homme pour souffrir une pareille idée, et je ne la souffrirai pas.

CATHERINE.

Que voulez-vous dire?

BERTRAND.

Que je puis vous sauver la vie en délivrant le pays et gagner la récompense promise... parce que, grâce au ciel, voilà enfin une occasion, et je ne la laisserai pas échapper... Les arquebusiers et les forestiers sont là; ils n'attendent plus que le signal...

SCÈNE XII.

Les mêmes; ALICE, une lampe à la main.

ALICE, effrayée.

Oui... ils sont à l'entrée du bois... ils vont partir!

BERTRAND, prenant son arquebuse.

Où est mon arquebuse?

ALICE.

Comment! Bertrand... vous allez...

BERTRAND.

A la chasse de mon rival!...

CATHERINE.

Quoi!... ce M. Hubert?...

BERTRAND.

Oui, mam'selle, c'en est un!... et un fameux! Mais je connais ses habitudes de nuit... Nous nous mettrons à l'affût près de la Tourelle... et c'est moi qui aurai la gloire de le tuer!... la gloire, et deux cents carolus!... c'est de l'argent de plus... et un rival de moins!... Soyez tranquille, je me charge de son affaire!... je veux perdre la tête si je ne vous rapporte pas la sienne.

(Il sort.)

SCÈNE XIII.

ALICE, CATHERINE.

ALICE.

Pauvre jeune homme! lui qui sera surpris... la nuit... à l'improviste... impossible qu'il leur échappe! Catherine, je t'en prie, cours après Bertrand, empêche-le d'aller à cette chasse.

CATHERINE.

Je ne demanderais pas mieux, je ne veux la mort de personne, au contraire, et encore moins la sienne, car il vient de me fiancer!

ALICE.

Qui donc?

CATHERINE.

Eh bien... lui... je ne sais comment l'appeler... au fait, il est encore M. Hubert! Tiens, voilà son anneau.

ALICE.

L'infidèle!... donne-le-moi, il ne me quittera plus, et s'il doit périr, que ce souvenir du moins me reste de lui.

CATHERINE.

Il ne périra pas... je l'espère... j'ai toujours entendu dire que, la nuit, ces animaux-là avaient peur du feu... Je vais dire à Jean d'allumer des fagots de sarments aux environs de la Tourelle : la vue des flammes l'empêchera d'approcher...

ALICE.

A la bonne heure; mais va vite et ne perds pas de temps!

CATHERINE.

Sois donc tranquille, huit heures viennent à peine de sonner... et tu sais bien qu'on dit qu'il ne change qu'à neuf heures...

ALICE.

C'est égal, va toujours... si aujourd'hui, par hasard, il allait avancer!...

CATHERINE.

C'est bien, j'y cours.

(Elle sort.)

SCÈNE XIV.

ALICE, seule.

Pourvu qu'elle arrive à temps! pourvu surtout que cela suffise pour l'effrayer! mais c'est qu'il n'a pas l'air d'un naturel peureux, et c'est là ce qui me fait trembler; un coup d'arquebuse est sitôt parti! Ah! grand Dieu, le voici!

SCÈNE XV.

ALBÉRIC, ALICE.

ALBÉRIC.

Eh bien! Alice, ma vue vous effraie?

ALICE.

Oui, d'abord... dans le premier moment; (A part.) mais maintenant, au contraire... (Haut.) J'ai une grâce à vous demander.

ALBÉRIC.

Et laquelle?

ALICE.

C'est de ne pas aller ce soir dans la forêt...

ALBÉRIC.

Et pourquoi?

ALICE.

Pourquoi?... il me le demande! apprenez qu'ils sont tous partis pour la chasse... la chasse au loup...

ALBÉRIC.

Eh bien! qu'est-ce que ça me fait?

ALICE.

Comment! ça ne lui fait rien... (A part.) Il paraîtrait qu'ils ne connaissent pas leur état! il faut le sauver malgré lui.

(Elle va doucement fermer la porte à droite.)

ALBÉRIC, se retournant.

Eh bien! que faites-vous?

ALICE.

C'est la seule porte qui donne sur le bois, et je l'ai fermée pour que vous ne puissiez pas sortir... Vous allez rester seul ici jusqu'à demain matin; parce que, voyez vous, voilà neuf heures, et si elles venaient à sonner pendant que

je suis là avec vous... je crois que j'en mourrais de frayeur...
Adieu, ne me retenez pas... (Reprenant la lampe.) Adieu, bonne
nuit ; maintenant que je vous sais ici, je dormirai plus
tranquille.

ALBÉRIC.

Je n'y comprends rien, et à moins que sa tête...
(Neuf heures sonnent, Alice pousse un cri et laisse tomber sa lampe; une obscurité totale règne sur le théâtre et au même moment on entend le bruit des cors de chasse et des fanfares.)

DUO.
ALICE.

Hélas! hélas!
N'approchez pas!
Monsieur le loup, ne me dévorez pas!

ALBÉRIC.

Qu'entends-je? ô ciel!... est-il possible?
Pour qui me prenez-vous?

ALICE.

Pour ce loup si terrible,
Que l'on poursuit en ce moment!

ALBÉRIC.

Qui vous l'a dit?

ALICE.

Mais c'est Bertrand,
C'est le village entier qui tremble et vous redoute!

ALBÉRIC.

Et ce matin, voilà pourquoi, sans doute,
Par vous mes vœux ont été repoussés?

ALICE.

Oh! oui vraiment!... n'est-ce pas bien assez?

ALBÉRIC, à part.

Moi qui voulais être aimé pour moi-même,
Je vais bien voir si c'est ainsi qu'on m'aime!
(Haut.)
Eh bien!... le sort en est jeté,

Et sur ce funeste mystère,
Hélas ! je ne puis plus me taire...
On vous a dit la vérité !

ALICE.

Ah ! ciel !

ALBÉRIC.

Oui, dans mon sort funeste,
Tout change, hormis mon cœur ;
Et l'amour qui me reste
Double encor mon malheur.

ALICE.

Ah ! son destin funeste,
Hélas ! touche mon cœur ;
Et de lui, je l'atteste,
Déjà je n'ai plus peur.

ALBÉRIC, ouvrant la porte.

Oui, de mon sort telles sont les rigueurs,
Que je me livre à vos chasseurs !

ALICE, l'arrêtant.

O ciel ! que dites-vous ?

ALBÉRIC.

J'y cours à l'instant même,
Si je ne puis ici fléchir celle que j'aime !

ALICE.

Mais que demandez-vous ?

ALBÉRIC.

Rien... qu'un seul mot d'amour !

ALICE.

Pas à présent ! demain ! lorsque viendra le jour !

Ensemble.

ALBÉRIC.

Mon amour, je le vois,
Dissipe son effroi ;
Ce n'est plus la frayeur
Qui fait battre son cœur !

ALICE.

Oui, sa voix, malgré moi,
Dissipe mon effroi;
De trouble et de bonheur
Je sens battre mon cœur.

ALBÉRIC.

Tu m'appartiens, Alice, et ton cœur est à moi!
Que ta main soit ici le gage de ta foi!

ALICE.

La voici... Ciel! eh! mais... vraiment... je crois
Que c'est comme autrefois!

ALBÉRIC.

Je devais revenir à ma forme première
Du moment où ton cœur me serait engagé!

ALICE.

Ah! cela n'est pas vrai.

ALBÉRIC.

Mais pourquoi donc, ma chère?

ALICE.

C'est que voilà deux mois que vous seriez changé!

Ensemble.

ALBÉRIC.

Mon amour, je le voi,
Dissipe son effroi;
Ce n'est plus la frayeur
Qui fait battre son cœur.

ALICE.

Non, je n'ai plus d'effroi,
Je suis auprès de toi!
De trouble et de bonheur
Je sens battre mon cœur.

SCÈNE XVI.

ALICE, ALBÉRIC, RAIMBAUD, CATHERINE, BERTRAND, TOUT LE VILLAGE.

FINALE.

LE CHOEUR.

Victoire ! victoire !

BERTRAND, une tête de loup à la main.

Ah ! pour moi quelle gloire !
J'ai tué mon rival ! le voici.

(Apercevant Albéric.)

Grand Dieu !... c'est encor lui !

(Prenant son arquebuse.)

Mais cette fois, du moins...

RAIMBAUD.

Que fais-tu ? malheureux !

C'est le comte Albéric !

BERTRAND.

En croirai-je mes yeux !

TOUS.

Monseigneur en ces lieux ?
O surprise extrême !
Monseigneur lui-même
Est parmi-nous ?
Pardonnez-nous !

RAIMBAUD, à Catherine.

C'est monseigneur dont l'auguste tendresse
Vient de te fiancer.

ALBÉRIC.

O fatale promesse !

RAIMBAUD.

Et son anneau ?...

ALICE.
Le voici.

ALBÉRIC.

Quelle ivresse !
Envers lui seul je dois acquitter ma promesse.

BERTRAND, à Catherine.

Ah! quel excès d'amour et de vertu !
Elle a donc refusé pour moi d'être comtesse !

CATHERINE.

Oui, c'est bien vrai ;

(A part.)
Mais si je l'avais su!

LE CHOEUR.

Fêtons leur hyménée !
Que ce moment est doux!
Chantons la destinée
De ces heureux époux !

LA FIANCÉE

OPÉRA-COMIQUE EN TROIS ACTES

MUSIQUE DE D.-F.-E. AUBER.

Théatre de l'Opéra-Comique. — 10 Janvier 1829.

| PERSONNAGES. | ACTEURS. |

M. DE SALDORF, chambellan . . . . MM. Tilly.
FRÉDÉRIC DE LOWENSTEIN, colonel . .   Lemonnier.
FRITZ, marchand tapissier, fiancé d'Henriette. .   Chollet.

Mme CHARLOTTE, modiste et marchande lin-
  gère. . . . . Mmes Lemonnier.
HENRIETTE, une de ses ouvrières . . . . . .   Pradher.
MINA, autre ouvrière de madame Charlotte . . .   Mariette.

Demoiselles de magasin. — Soldats de la milice bourgeoise. — Seigneurs et Dames de la cour. — Un Notaire. —
Domestiques, etc.

En Autriche, à Vienne.

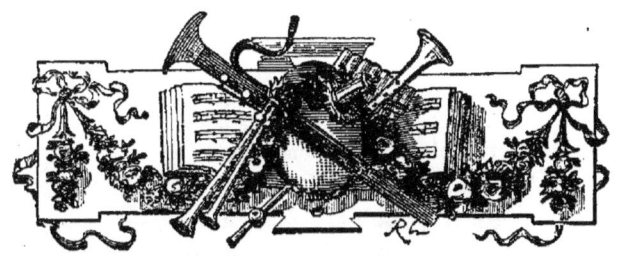

LA FIANCÉE

ACTE PREMIER

Un des boulevards de Vienne. — Au fond, une allée d'arbres. Sur le premier plan, à droite du spectateur, l'hôtel de M. de Saldorf; au-dessus de la porte cochère, une fenêtre avec un balcon. A gauche, le magasin de madame Charlotte; au-dessus de la porte, un auvent en coutil sous lequel travaillent, en plein air, les demoiselles du magasin. Sur le second plan, et toujours à gauche, la façade d'un hôtel avec des colonnes.

SCÈNE PREMIÈRE.

HENRIETTE, MINA, Demoiselles de magasin, occupées à travailler.

INTRODUCTION.

LES DEMOISELLES DE MAGASIN.
Travaillons, mesdemoiselles;
Grâce à nos heureux talents,
Les dames sont bien plus belles
Et les messieurs plus galants.

MINA.
C'est en chantant que l'ouvrage s'avance.
Henriette, dis-nous la romance
De Brigitte et de Julien.

TOUTES, *regardant autour d'elles.*
Madame n'est pas là... Silence ! écoutons bien.

HENRIETTE.
BALLADE.
Premier couplet.

« Si je suis infidèle,
« Même après ton trépas,
« Pour me punir, dit-elle,
« Julien, tu reviendras ! »
Il partit, et Brigitte
Un grand mois le pleura,
Et puis le mois d'ensuite
Elle se consola.
Dans ce temps-là
C'était déjà comm' ça.

Deuxième couplet.

Mais alors en Autriche
Était un beau seigneur,
Jeune, amoureux et riche,
Toujours rempli d'ardeur.
Brigitte, toujours constante,
D'abord le repoussa ;
Puis la semaine suivante,
Brigitte l'épousa.
Dans ce temps-là
C'était déjà comm' ça.

Troisième couplet.

On fait le mariage ;
Mais voilà que le soir
Un spectre au noir visage
Près du lit vient s'asseoir.

(Toutes les jeunes filles se lèvent et se rapprochent d'Henriette.)

Et ce spectre effroyable,
C'est Julien, le voilà !
(Le montrant de la main.)
Et d'effroi la coupable
A sa vue expira.
Dans ce temps-là,
C'était toujours comm' ça.

SCÈNE II.

LES MÊMES; Mme CHARLOTTE, suivie d'une DEMOISELLE DE MAGASIN, portant un carton.

LES DEMOISELLES DE MAGASIN.
Mais taisons-nous ! c'est madame ! c'est elle !
(Se rasseyant et se mettant à l'ouvrage.)
Et vite redoublons de travail et de zèle.

Mme CHARLOTTE.
COUPLETS.
Premier couplet.
Que de mal, de tourments !
Et qu'il faut de talents,
Quand on est modiste et couturière !
Aux tendrons de quinze ans,
Et même aux grand' mamans,
A chacune, en un mot, il faut plaire.
— « Changez-moi ce bouquet,
« La couleur m'en déplaît ! »
— « Reprenez ce bonnet,
« Je le veux plus coquet. »
— « Le tour de ce corset
« Me paraît indiscret. »

Que de goûts différents !
Que de mal, de tourments,
Quand on veut satisfaire les femmes !

Il faudrait des secrets
Pour pouvoir à jamais
Conserver les attraits de ces dames!
On a tant d' mal déjà
A garder ceux qu'on a!

Deuxième couplet.

L'une veut s'embellir,
L'autre veut rajeunir,
Et chacune a le dessein de plaire
A l'amant, au mari :
Par bonheur celles-ci
Ne sont pas nombreuses d'ordinaire.
— « Que ce nœud séducteur
« Me ramène son cœur! »
— « Avec ces rubans bleus,
« Il me trouvera mieux! »
— « Le vert lui plaît beaucoup. »
— « Le rose est de son goût. »

Que de mal, de tourments!
Et qu'il faut de talents
Quand on veut satisfaire les femmes!
Il faudrait pour toujours,
Enchaînant les amours,
Conserver les amants de ces dames!
On a tant d' mal déjà
A garder ceux qu'on a!

(Elle se retourne, et ses ouvrières, qui s'étaient levées pour l'écouter, se rassoient vivement.)

LES DEMOISELLES DE MAGASIN.

Travaillons, mesdemoiselles, etc.

(Pendant la reprise de ce chœur, madame Charlotte examine le travail de chacune des ouvrières.)

Mme CHARLOTTE.

Ah! si on n'était pas là pour surveiller! (A Mina.) Qu'est-ce que vous faites là? quel est cet ouvrage?

MINA.

C'est pour madame de Saldorf, la femme du chambellan.

Mme CHARLOTTE.

Cette grande dame si vertueuse, si exemplaire! la protectrice d'Henriette! (S'approchant d'Henriette.) Et vous, mademoiselle, à quoi vous occupez-vous?

HENRIETTE.

C'est pour mon mariage.

Mme CHARLOTTE.

En effet; c'est demain qu'on vous marie. (Soupirant.) Pauvre enfant!

MINA.

Je ne vois pas qu'elle soit si à plaindre; épouser M. Fritz, un joli garçon et le plus riche tapissier de Vienne! certes, si j'étais à sa place!...

TOUTES.

Et moi aussi!...

Mme CHARLOTTE.

Silence! mesdemoiselles, on ne vous demande pas votre avis! Je conviens que M. Fritz n'est pas mal, et qu'il est changé à son avantage, surtout depuis quelques mois, depuis la mort de son oncle Dominique, dont il a hérité; mais il est si défiant, si soupçonneux, si jaloux!

HENRIETTE.

Lui, madame!

Mme CHARLOTTE.

Ah! je le connais mieux que vous! car tout le monde sait qu'autrefois il avait eu des intentions, et que certainement il n'aurait pas demandé mieux; mais c'est moi qui ai refusé, parce que, quelque vertu que l'on ait, elle court trop de dangers avec un mari jaloux, ne fût-ce que par esprit de contradiction. Du reste, ce que j'en dis, c'est pour vous prévenir et par amitié pour vous; car dès que ce mariage doit se faire, j'aime autant que ce soit demain.

MINA.

Vraiment?

Mme CHARLOTTE.

Oui, mademoiselle! (A Henriette.) Depuis un mois que M. Fritz vient ici tous les soirs pour vous faire la cour, c'est d'un très-mauvais effet dans une maison telle que la mienne, aux yeux de mes pratiques qui ne sont pas obligées de savoir qu'il s'agit de mariage, sans compter que cela peut donner des idées à ces demoiselles.

TOUTES.

Ah! madame!

Mme CHARLOTTE.

Silence! Je dois aussi vous prévenir que la noce se fait demain à l'hôtel et dans les jardins de M. de Saldorf, qui nous a toutes invitées!

TOUTES quittent leur ouvrage et se lèvent.

Ah! quel bonheur! quel bonheur!

Mme CHARLOTTE.

Et j'espère que, pour la tenue, la mise et la décence, vous ferez honneur à la maison où vous avez l'avantage de travailler; d'ailleurs, je serai là! (A Henriette.) Tenez, portez là-haut ces cartons; et vous, mesdemoiselles, il est temps de rentrer et de fermer le magasin, car voici le soir. (Regardant à droite du spectateur.) Dieu! encore M. Fritz que j'aperçois! (Aux jeunes filles qu'elle fait rentrer.) Allons, allons, dépêchons : m'avez-vous entendue?

(Elles rentrent toutes dans le magasin, et Mina, qui est restée la dernière, enlève l'auvent et ferme le contrevent de la boutique . tout cela sur la ritournelle de l'air suivant.)

SCÈNE III.

FRITZ, arrivant par la droite.

AIR.

O jour plein de charmes!
Le cœur rempli d'espoir, j'arrive au rendez-vous.

Plus de craintes, plus d'alarmes !
Enfin, demain je serai son époux !

Qu'elle est jeune et jolie,
Celle que j'ai choisie !
D'un tel trésor, d'un bien si doux,
Comment ne pas être jaloux ?

Un jour encore,
Un seul jour ! quel tourment,
Lorsque l'on s'adore,
Et lorsque l'on attend !

Qu'un tel hyménée
A pour moi d'appas !
Mais cette journée
Ne finira pas !

Un jour encore,
Un seul jour ! quel tourment,
Lorsque l'on s'adore,
Et lorsque l'on attend !

C'est elle ! je l'entends ! Ah ! mon Dieu, madame Charlotte est avec elle et ne la quitte jamais !

SCÈNE IV.

FRITZ, HENRIETTE, Mme CHARLOTTE, sortant du magasin.

Mme CHARLOTTE, à Fritz qui la regarde d'un air de mauvaise humeur, et parle à Henriette.

Eh bien ! monsieur Fritz, qu'avez-vous donc ? pour une veille de noce, vous avez l'air bien soucieux.

FRITZ.

C'est qu'il y a de quoi, madame Charlotte.

Mme CHARLOTTE, vivement.

Est-ce que votre mariage serait contrarié ?

FRITZ.

Le mariage? non pas; mais c'est le mari qui l'est beaucoup. Je disais à Henriette que je venais de recevoir un billet de garde pour ce soir.

Mme CHARLOTTE.

Vraiment!

FRITZ.

Passez donc toute la nuit au corps-de-garde! comme c'est agréable! comme je serai gentil demain pour mon mariage!

Mme CHARLOTTE.

Il faut bien que les honneurs coûtent quelque chose; quand on est, comme vous, caporal dans la landsturm, dans la milice bourgeoise de Vienne...

FRITZ.

Les honneurs, c'est bel et bon; mais je ne suis pas soldat, je suis bourgeois; je paie patente pour être tapissier, et non pas pour être brave; et depuis cette invention de garde urbaine, je ne sais pas si les grands seigneurs dorment mieux dans leur lit; mais nous autres ne sommes jamais sûrs de passer la nuit dans le nôtre; et c'est ça qui me fait trembler pour plus tard, (Regardant Henriette.) quand je serai marié.

Mme CHARLOTTE.

Qu'est-ce que je disais tout à l'heure? déjà de la jalousie!

FRITZ.

Oh! non; quand elle sera ma femme, quand elle sera chez moi, je n'en aurai plus; mais ici, dans ce magasin de nouveautés, qui est toujours fréquenté par des chambellans, des ducs, des marquis...

Mme CHARLOTTE.

Quand on tient du bon...

FRITZ.

Ça leur est bien égal, ils achètent toujours sans regarder; c'est-à-dire, si, ils regardent, mais c'est mademoiselle Henriette qu'ils ne quittent pas des yeux, et qui n'a pas même l'air d'y faire attention. Aussi, (Regardant madame Charlotte.) quoi qu'en puisse dire certaine personne, je suis bien tranquille sur son compte ; c'est honnête et désintéressé. (Regardant toujours madame Charlotte.) Ce n'est pas e le qui m'épouse pour ma fortune, ce n'est pas elle qui a eu des vues sur moi depuis l'héritage de mon oncle Dominique.

Mme CHARLOTTE, fièrement.

Qu'est-ce que c'est ?

FRITZ.

Ce n'est pas à vous que je parle, c'est à elle. Oui, mademoiselle Henriette, je sais tout ce que vous valez ; je suis trop heureux que vous vouliez bien m'aimer, et j'ai en vous autant de confiance que j'ai d'amour et de vénération.

HENRIETTE, lui tendant la main.

Pauvre Fritz !

Mme CHARLOTTE.

Que je ne vous dérange pas, je m'en vais. Mais j'oubliais, mademoiselle, de vous remettre une carte qu'on a apportée tantôt pour vous.

HENRIETTE.

Une carte pour moi ?

Mme CHARLOTTE.

Oui, un colonel, un beau jeune homme.

FRITZ, vivement.

Un jeune homme !

Mme CHARLOTTE.

Dans un superbe équipage attelé de quatre chevaux gris. « Madame, m'a-t-il dit, Henriette Miller est-elle ici ? »...

FRITZ, à Henriette.

Comment ! Henriette tout court ? moi qui vous dis toujours mademoiselle !

Mme CHARLOTTE.

« Monsieur, ai-je répondu, elle est ici en face, chez madame de Saldorf, la femme du chambellan. » Soudain je l'ai vu pâlir et changer de couleur. « Madame, a-t-il repris, d'une voix très-émue, dites-lui que c'était un ami qui était venu pour la voir, et qui reviendra demain. » Et il est parti en me laissant cette carte.

FRITZ, la prenant.

Donnez. (Lisant.) « Le comte Frédéric de Lowenstein. »

HENRIETTE, avec joie.

Frédéric !

FRITZ.

« Colonel des carabiniers. » Vous connaissez des carabiniers, et vous ne m'en parliez pas ! Eh ! mais, qu'est-ce que cela veut dire? et d'où vient le trouble où je vous vois?

HENRIETTE.

Moi !

Mme CHARLOTTE.

Pardon, ma chère Henriette, d'avoir commis une indiscrétion ; si j'avais su... si j'avais pu me douter...

HENRIETTE.

Il n'y a point de mal, madame ; depuis trois ans le comte de Lowenstein était prisonnier en Russie ; on l'avait cru mort, et je vous remercie du plaisir que vous m'avez causé, en m'annonçant son arrivée.

FRITZ.

Qu'est-ce que cela signifie? Parlez, je veux savoir...

HENRIETTE.

C'est ce que je voulais vous apprendre, monsieur ; mais à vous, à vous seul.

Mme CHARLOTTE.

C'est-à-dire que je suis de trop. Je m'en vais, mon voisin ; mais quoique vous ayez bien mal interprété jusqu'ici l'amitié que je vous porte, je ne vous donnerai qu'un dernier conseil : prenez garde à vous !

(Elle rentre dans la boutique à gauche.)

SCÈNE V.

FRITZ, HENRIETTE.

HENRIETTE, *s'approchant de lui, après un moment de silence.*
Fritz! croyez-vous que je vous aime?

FRITZ.
Mais, vous me le dites.

HENRIETTE.
Eh! si je ne vous aimais pas, qui me forcerait à vous le dire? qui m'obligerait à vous épouser?

FRITZ.
Personne, je le sais. Aussi, mademoiselle, je vous écoute, et je vous crois d'avance.

HENRIETTE.
Mon père, qui était un simple soldat, eut le bonheur, dans une bataille contre les Français, de sauver la vie au vieux comte de Lowenstein, qui lui fit avoir son congé, le nomma son jardinier en chef, et me fit élever au château avec son fils Frédéric, qui avait quelques années de plus que moi.

FRITZ.
Celui qui est colonel des carabiniers?

HENRIETTE.
Lui-même. Quoique grand seigneur, quoique seul héritier des titres et des richesses de l'une des premières familles de l'Allemagne, Frédéric était si bon qu'il me traitait comme une sœur, moi, pauvre paysanne et simple jardinière du château. Aussi, touchée de ses bienfaits, pénétrée de reconnaissance, je m'étais habituée dès mes jeunes années à le respecter, à le chérir comme mon protecteur, comme le fils de mes maîtres.

FRITZ.

Pas davantage?

HENRIETTE.

Je le croyais, du moins; et cependant je ne pouvais m'expliquer le serrement de cœur que j'éprouvais lorsqu'il venait au château de belles et nobles demoiselles, avec qui Frédéric était si galant et si empressé! et dans les jours de bal, lorsque ces jeunes comtesses, éclatantes d'attraits et de parures, dansaient avec lui dans les salons, tandis que moi et les gens du château les regardions de l'antichambre, je ne sais quelle tristesse venait me saisir. Je me trouvais au milieu de tout ce monde, seule, abandonnée, et le désespoir dans le cœur.

FRITZ.

Voyez-vous cela!

HENRIETTE.

Enfin, un jour, une jeune et belle héritière, mademoiselle de Rhetal, était au château, et au détour d'une allée, je l'aperçus auprès de Frédéric qui lui baisait la main. Ah! je crus que j'allais mourir! Mais que devins-je quand il me dit tout bas : « Henriette, va-t'en! » Je m'enfuis, je courus dans ma chambre, et me jetant dans les bras de mon père, je fondis en larmes. Il ne comprit que trop bien ma douleur. « Tu es de trop basse naissance, me dit-il, pour être jamais sa femme, et tu as le cœur trop fier pour devenir sa maîtresse; il faut t'éloigner, il faut l'oublier, ma fille. » Et c'est alors que je vins dans cette capitale près de la comtesse de Rhetal, près de sa fille qui m'avait prise en amitié.

FRITZ.

Et M. Frédéric?

HENRIETTE.

Il partit pour son régiment, et plus tard pour la campagne de Russie avec les Français, dont nous étions alors les alliés. Deux ans après, les parents de mademoiselle de Rhetal la marièrent à M. le baron de Saldorf, le chambellan, et ma jeune protectrice me plaça chez madame Charlotte, cette lingère dont le magasin est en face de son hôtel, de sorte que je ne passe pas un jour sans la voir; et si vous la connaissiez comme moi, si vous saviez quel ange de bonté, quel modèle de toutes les vertus!... Je retrouvai près d'elle l'amour de mes devoirs, le calme, le repos. C'est alors que vous vous êtes présenté, et que, d'abord indifférente à votre amour, j'ai fini par en être touchée et par vous plaindre.

FRITZ.

Serait-il vrai?

HENRIETTE.

Vous m'aimiez tant! et il doit être si cruel de ne pas être aimé de ceux qu'on aime! Vous aviez l'aveu de mon père, celui de madame de Saldorf, ma bienfaitrice; vous m'avez demandé le mien. J'ai compris alors quels étaient mes nouveaux devoirs; j'ai juré de faire le bonheur d'un galant homme qui me consacrait sa vie. Ce serment-là, je le tiendrai, monsieur Fritz, et vous aurez en moi une honnête femme.

FRITZ.

Cette franchise-là me le prouve, et je suis trop heureux. Oui, mademoiselle Henriette, si vous saviez... si je pouvais vous dire...

(On entend un roulement de tambour lointain, dont le bruit augmente peu à peu.)

DUO.

HENRIETTE.

Entendez-vous? c'est le tambour;
De votre garde voici l'heure.
Entendez-vous? c'est le tambour;
Il défend de parler d'amour.

FRITZ.

Qu'un instant encor je demeure;
Laissez-moi vous parler d'amour...

(Le bruit augmente.)

Maudit tambour, maudit tambour!
On ne peut plus se faire entendre.

HENRIETTE.

Il faut partir, c'est le signal!

FRITZ.

Et le premier je dois m'y rendre.
Ah! quel ennui! quel sort fatal
D'être amoureux et caporal!

Ensemble.

HENRIETTE, souriant.

Loin de sa belle,
L'honneur l'appelle.
Qu'il est cruel, mais qu'il est beau,
Guerrier fidèle,
De fuir sa belle
Pour l'honneur et pour son drapeau!

FRITZ.

Adieu, ma belle,
L'honneur m'appelle.
Qu'il est cruel, mais qu'il est beau,
Guerrier fidèle,
De fuir sa belle
Pour l'honneur et pour son drapeau!

HENRIETTE, lui tendant la main au moment où il va partir.

Plus de soupçons, plus de colère!

FRITZ.

Non, non, je n'en ai plus, ma chère;
Mais pourtant ce beau militaire,
Qui demain doit venir vous voir?

HENRIETTE.

S'il doit vous donner de l'ombrage,
Dès ce moment je m'engage
A ne plus le recevoir.

FRITZ.

Non, non, plus de défiance,

Car à l'amour, à l'espérance
Mon cœur se livre en ce jour.

(Le roulement redouble.)

HENRIETTE.

Entendez-vous ? c'est le tambour ;
De votre garde voici l'heure !

FRITZ.

Qu'un instant encor je demeure ;
Laissez-moi vous parler d'amour.
(Même bruit.)
Maudit tambour, maudit tambour !
On ne peut pas parler d'amour.
Ah ! quel ennui ! quel sort fatal
D'être amoureux et caporal !

Ensemble.

HENRIETTE.

Loin de sa belle, etc.

FRITZ.

Adieu, ma belle, etc.

SCÈNE VI.

LES MÊMES ; M. DE SALDORF, sortant de son hôtel.

SALDORF.

Eh bien ! eh bien, Fritz ! qu'est-ce que nous faisons là ? Est-ce que tu n'entends pas le rappel ? Tu n'as pas encore ton uniforme !

FRITZ.

Si, mon commandant ; je vais le chercher et me rends à mon poste. (A Henriette.) Ce soir, mademoiselle Henriette, je ne ferai la patrouille qu'autour de votre maison.

(Il sort en courant.)

HENRIETTE.

Comment! monsieur de Saldorf, vous êtes son commandant?

SALDORF.

Oui, ma belle enfant; colonel de la milice urbaine, j'y ai consenti; c'est un honneur que nous autres, grands seigneurs, faisons à la bourgeoisie. D'ailleurs, quoique chambellan, j'ai toujours eu les inclinations guerrières.

HENRIETTE.

C'est vrai; j'ai entendu parler de plusieurs affaires où vous vous êtes montré.

SALDORF.

Il faut cela dans ma position. Il y a une foule de gens qui en veulent aux honneurs et à la richesse, et qui disent : « Il est millionnaire, donc il est bête. » Eh bien! non, et je le prouve l'épée à la main. Pour cela, il ne faut que de l'adresse et du courage; on en achète à la salle d'armes, et quand une fois on a tué son homme, on vit là-dessus, et les railleurs vous laissent tranquille; tu comprends?

HENRIETTE.

En vérité, monsieur le baron, je vous admire; vous êtes toujours gai et content.

SALDORF.

C'est vrai; je suis content... de moi! et tu conviendras que ce n'est pas sans motif. De l'or, de la jeunesse, de la santé, une femme charmante, et baron par-dessus le marché! si avec cela on n'était pas gai, il faudrait être bien misanthrope, et je ne le suis pas; j'aime tout le monde, surtout les jolies femmes. Tu en sais quelque chose...

HENRIETTE.

Moi, monsieur?

SALDORF.

Oh! tu me tiens rigueur; tu fais la cruelle. Je devrais m'en fâcher; eh bien! pas du tout, j'aime cela, parce que c'est bizarre. C'est la première !... Aussi je suis de moitié avec ma femme pour te protéger, pour te doter. Tu n'as pas oublié que demain la noce se faisait chez moi, à l'hôtel. J'ai permis à Fritz, ton mari, d'inviter tous ses amis, tous ses compatriotes qui se trouvent en cette ville. Nous aurons des chants et des costumes tyroliens. Cela fera bien dans mes jardins; et, pour compléter la fête, j'ai invité en masse cette excellente madame Charlotte et toutes ses demoiselles.

HENRIETTE.

Je connais, monsieur, toutes vos bontés.

SALDORF.

Oui, moi je suis bon; cela m'amusera, parce que toutes ces petites filles, c'est gentil; et puis, un grand seigneur qui protége la candeur, l'innocence, c'est original. Si j'avais le temps, j'aurais des couplets là-dessus.

HENRIETTE.

Vous en faites aussi ?

SALDORF.

Parbleu ! on fait de tout, quand on est chambellan; mais aujourd'hui je ne serais pas en train; j'ai un chagrin affreux.

HENRIETTE.

On ne s'en douterait pas.

SALDORF.

Parce que je prends sur moi. Ma femme est malade.

HENRIETTE.

O ciel !

SALDORF.

Elle dit que non, de peur de me faire de la peine; mais je m'y connais. Elle est souffrante, et comme ça m'inquiète beaucoup, je te prierai de passer la nuit auprès d'elle, à l'hôtel, comme cela t'arrive souvent, parce que je suis obligé d'aller au bal.

HENRIETTE.

Dans un pareil moment, vous éloigner ?

13.

SALDORF.

Du tout, c'est à deux pas, là, en face ; l'hôtel du comte de Darmstadt, un bal paré et masqué, voilà pourquoi tu me vois en grande tenue. Tu sais que ma femme n'habite plus ce côté du boulevard, et j'ai dit qu'on te préparât la chambre à coucher...

HENRIETTE.

Qui est derrière la sienne? (Montrant le balcon à droite du spectateur.) qui donne sur ce balcon?

SALDORF.

Oui, de sorte que demain en t'éveillant, tu apercevras le boulevard de ta fenêtre.

HENRIETTE.

Je vous remercie, monsieur, d'avoir pensé à moi.

SALDORF.

Oh! moi d'abord je pense à tout. Adieu, ma toute belle. Adieu, madame Fritz. A demain, bonne nuit!

(Henriette entre dans l'hôtel à droite.)

SCÈNE VII.

M. DE SALDORF, seul, regardant sortir Henriette.

Elle est charmante, cette petite femme-là !

AIR.

Quel sourire enchanteur ! quel séduisant regard !
Que ce Fritz est heureux !... Mais nous verrons plus tard.

> De plaire aux plus rebelles,
> Je connais le secret.
> On parle de cruelles,
> Moi, je n'y crois jamais.
> Leur sagesse est un rêve,
> Comme on l'a dit déjà :

L'amour nous les enlève,
L'hymen nous les rendra.

Oui, l'amour m'est favorable ;
De succès il vous accable,
Lorsqu'on est riche, aimable,
Et lorsqu'on est chambellan ;
Devant ce talisman,
L'innocence
Se trouve bien souvent
Sans défense,
Et promptement
Elle se rend.

Oui, l'amour m'est favorable, etc.

SCÈNE VIII.

M. DE SALDORF, FRÉDÉRIC, qui entre pendant la ritournelle de l'air précédent.

SALDORF, l'apercevant.

Eh ! mais je ne me trompe point ; monsieur le comte de Lowenstein !

FRÉDÉRIC.

Monsieur de Saldorf !

SALDORF.

Je suis enchanté de vous trouver, car j'ai de grands reproches à vous faire. Comment ! colonel, depuis votre résurrection, vous vous êtes présenté dans les premières maisons de la capitale, et vous n'êtes pas encore venu chez moi !

FRÉDÉRIC.

Je n'aurais pas osé, monsieur le baron, sans votre invitation.

SALDORF.

Justement, voilà ce que j'ai dit à madame de Saldorf. Je

l'ai grondée, parce qu'elle ne voulait pas vous écrire ; mais elle vous écrira, et j'étais d'autant plus fâché contre elle et contre vous... que ce matin j'ai aperçu votre voiture à deux pas d'ici, à la porte du magasin de nouveautés, où vous n'étiez point venu sans quelque dessein.

FRÉDÉRIC.

Moi, monsieur!

SALDORF.

Vous êtes comme moi, vous êtes un amateur! et il y a là des petites filles charmantes : c'est peut-être pour l'une d'elles que vous êtes ici en héros espagnol? hem!... Mais, qu'avez-vous donc, mon cher? d'où vient cet air triste et glacé? est-ce un reste de la Sibérie? Il me semble au contraire que lorsqu'on vient de Russie, lorsque pendant trois ans on a été mort ou à peu près, car nous avons bien cru que vous l'étiez, on doit avoir envie de s'égayer et de vivre pour rattraper le temps perdu. Ne venez-vous pas ce soir au bal du comte de Darmstadt?

FRÉDÉRIC, vivement.

Vous y allez avec madame de Saldorf?

SALDORF.

Non; ma femme est un peu indisposée, et en bon mari, je l'ai engagée à rester chez elle, ce que j'aime autant, parce qu'il y a là de très-jolies femmes, et elle est très-jalouse, la chère baronne.

FRÉDÉRIC.

Jalouse!

SALDORF.

Oui; et moi qui suis volontiers aimable avec tout le monde, je crains toujours qu'elle ne se doute de quelque chose. Elle est triste, mélancolique; quelquefois, quand je rentre, elle a les yeux rouges, elle a pleuré; au point que je lui disais l'autre jour : « Chère amie, tu as une passion dans le cœur, une passion malheureuse : » ce qui est vrai elle m'aime trop, elle n'est pas raisonnable; mais voici l'heure, je me rends au bal. On vous verra ce soir?

FRÉDÉRIC.

Non, monsieur le baron, je n'y vais point.

SALDORF.

Je croyais que vous m'aviez dit...

FRÉDÉRIC.

Au contraire, je suis attendu ce soir chez le ministre de la guerre, et j'ai laissé mes gens à deux pas d'ici.

SALDORF.

Vous avez bien fait, car l'accès de ce boulevard est défendu aux voitures. Désolé de ne point passer la soirée avec vous. Mais je vous préviens, monsieur le comte, que c'est là ma demeure, et nous nous brouillerons si vous ne venez point. Mais qui est-ce qui sort là de chez moi?

SCÈNE IX.

Les mêmes; UN DOMESTIQUE.

SALDORF, au domestique.

Wilhem, où allez-vous?

LE DOMESTIQUE.

C'est une commission dont madame m'a chargé, une lettre pour monsieur le comte de Lowenstein, et je me rends à son hôtel.

SALDORF, prenant la lettre.

C'est inutile, donnez!

(Le domestique rentre dans l'hôtel.)

FRÉDÉRIC, à part.

O ciel!

SALDORF.

Vous le voyez, mon cher colonel, je n'ai qu'à parler pour

être obéi. J'avais dit à ma femme de vous écrire, et elle n'a pas voulu se coucher avant d'avoir exécuté mes ordres ; je vous remets son invitation.

FRÉDÉRIC, mettant le billet dans sa poche.

En vérité, monsieur le baron !...

SALDORF.

Que je ne vous gêne pas. Lisez, je vous prie ; moi je m'en vais au bal, parce qu'il ne faut jamais qu'un mari prenne connaissance des lettres de sa femme ; c'est plus prudent, n'est-il pas vrai ?

(Il entre, à gauche, dans l'hôtel de Darmstadt.)

SCÈNE X.

FRÉDÉRIC, seul.

Je craignais de trahir le secret de mon cœur.
(Regardant du côté par où Saldorf est sorti.)
C'est donc lui qui causa le malheur de ma vie !
(Regardant du côté des fenêtres de madame de Saldorf.)
Et toi, que j'adorais, toi, qui me fus ravie,
Comme moi, tu gémis en proie à ta douleur !
(Décachetant la lettre.)
Ah ! depuis que je l'aime, à ses devoirs fidèle,
Ce gage est le premier qu'hélas ! je reçus d'elle.
Lisons... Je ne le peux !
Ma main tremble, et les pleurs obscurcissent mes yeux.
(Il s'arrête, essuie ses yeux, porte la lettre à ses lèvres, puis il lit.)

« Frédéric, je fais mal en vous écrivant, et pourtant il le
« faut ; plaignez-moi et ne m'accusez pas !... » (S'interrompant.)
Moi, accuser la vertu la plus pure ! (Continuant.) « Lorsqu'il y
« a trois ans, votre général lui-même nous apprit la nouvelle
« de votre mort, je ne vous dirai pas quelle fut ma douleur ;
« vous la comprendrez sans peine, vous que j'aimais dès
« l'enfance, vous à qui je devais être unie ! Si j'avais été mai-

« tresse de mon sort, j'aurais voué à votre souvenir le reste
« de ma vie; mais mon père ordonnait, il fallut obéir, il
« fallut donner à un autre un cœur qui vous appartenait en-
« core. » (S'arrêtant et cachant sa tête entre ses mains.) Ah! malheureux que je suis! (Continuant.) « Une seule consolation
« dans mon infortune, c'est d'avoir rempli mes devoirs; ne
« m'ôtez pas le seul bien qui me reste! Aidez-moi vous-
« même à vous oublier! Qu'une autre union, qu'un autre
« hymen nous sépare encore plus; je le désire, je l'espère.
« Mais jusque-là, évitez les occasions de me voir et de me
« parler; je vous en supplie, Frédéric. Si vous m'avez jamais
« aimée, si vous m'aimez encore, fuyez-moi. »

AIR.

Ah! qu'ai-je lu!... m'éloigner d'elle!...
Cruelle! cruelle!
Donne-moi donc, s'il faut te fuir,
Le courage de t'obéir.
Toi que mon cœur adore,
Je veux suivre tes lois,
Obéir à ta voix;
Mais, une seule fois,
Que je te voie encore!
Et donne-moi, s'il faut te fuir,
Le courage de t'obéir.

Mais, qui sort là de chez elle?

SCÈNE XI.

FRÉDÉRIC, se tenant à l'écart. HENRIETTE, sortant de l'hôtel
de Saldorf.

HENRIETTE, sur le pas de la porte.

Il le faut; madame est plus tranquille, et veut absolument
que je rentre chez moi, que je dorme. Ah! mon Dieu! qui
vient là? (A Frédéric.) Ah! que j'ai eu peur!

FRÉDÉRIC.

O ciel! cette voix que je crois reconnaître, n'est-ce pas Henriette?

HENRIETTE, courant à lui.

Monsieur Frédéric! Comment! vous vous trouvez ici à une pareille heure, sur ce boulevard isolé?

FRÉDÉRIC.

Mais toi-même...

HENRIETTE.

Je rentrais à la maison, un peu tard il est vrai, car j'étais restée auprès de madame de Saldorf, qui est malade.

FRÉDÉRIC.

Et qu'a-t-elle donc?

HENRIETTE.

Elle est souffrante, elle est agitée. Elle a eu un peu de fièvre; et cependant elle m'a renvoyée, elle a renvoyé tous ses gens; elle a voulu rester seule.

FRÉDÉRIC, à part.

Seule!... (Haut.) Adieu, ma chère Henriette, je ne veux pas t'empêcher de rentrer chez toi; demain nous nous reverrons...

HENRIETTE.

Je sais, monsieur le comte, que vous avez eu la bonté de faire ce matin une visite à la fille de votre vieux jardinier.

FRÉDÉRIC.

Dis plutôt à une amie d'enfance; oui, je voulais voir une amie, j'en avais besoin, car je suis bien malheureux.

HENRIETTE.

Vous qui avez tout en partage, la naissance, la fortune, l'estime publique, vous, que chacun envie!

FRÉDÉRIC.

Ah! s'ils savaient ce que je souffre!

HENRIETTE.

Que dites-vous?

FRÉDÉRIC.

Demain, ma bonne Henriette, nous causerons; nous parlerons de toi, de ton sort, et si je peux contribuer à l'embellir, tu sais que je suis toujours ton ami, ton frère.

HENRIETTE.

Ah! je n'ai rien à désirer! je suis heureuse, calme et tranquille. Mais ce n'est pas là le moment de vous parler de mon bonheur, à vous qui avez du chagrin. A demain, monsieur Frédéric.

FRÉDÉRIC.

Bonsoir, Henriette, bonsoir!

HENRIETTE, s'approchant de la maison à gauche.

Ah! mon Dieu! toutes ces demoiselles sont couchées depuis longtemps. Heureusement je demeure du côté de la cour. Tâchons de rentrer sans bruit, de peur de les réveiller. (Elle met la clef dans la serrure, ouvre la porte doucement et entre dans la maison à gauche. Pendant ce temps, Frédéric, qui a eu l'air de remonter le théâtre, s'approche à droite de la porte de l'hôtel de Saldorf, qui est restée ouverte depuis la sortie d'Henriette, et y entre vivement.)

SCÈNE XII.

FRITZ, à la tête d'une patrouille; SOLDATS de la milice bourgeoise. Ils ont tous l'uniforme de la landsturm.

COUPLETS.

Premier couplet.

Garde à vous! garde à vous!
Avançons en silence.
Surtout de la prudence,
Sur mes pas marchez tous.
Garde à vous!

Veillez, d'un pas docile,
Au repos de la ville,
Et vous, adroits filous,
  Garde à vous !
Nous voici ; garde à vous !

Deuxième couplet.

Garde à vous ! garde à vous !
Séducteurs qui, sans crainte,
La nuit, portez atteinte
Au repos des époux,
  Garde à vous !
Et vous, jeune fillette,
Qui le soir, en cachette,
Donnez des rendez-vous,
Nous voici ; garde à vous !

(Ils chantent en marchant ; la ronde continue, et ils sortent par le fond.)

SCÈNE XIII.

M. DE SALDORF, sortant, à gauche, de l'hôtel de Darmstadt.

Ah ! le beau bal ! ah ! la belle soirée !
Un jeu d'enfer ! C'est divin, c'est charmant !
Moi, j'ai déjà perdu tout mon argent.
Contre moi maintenant la veine est déclarée.
Pour ce soir, je le crois, c'est assez de plaisir,
Dansera qui voudra ; moi, je m'en vais dormir.
Ah ! le beau bal ! ah ! la belle soirée !

(Il frappe à la porte de son hôtel. La porte s'ouvre, se referme sur lui, et un instant après, on entend les verrous de la grande porte, que tire le suisse de l'hôtel.)

SCÈNE XIV.

FRÉDÉRIC, paraissant sur le balcon à droite.

Il est rentré ! que devenir ?
De ces lieux je ne puis sortir.

O mortelles alarmes!
C'est ma coupable ardeur
Qui fait couler ses larmes,
Et cause son malheur!
(Regardant dans la rue au-dessous de lui.)
Je n'entends rien! personne! Allons, quoi qu'il arrive,
Il s'agit, avant tout, de sauver son honneur.
(Il attache au balcon sa ceinture d'officier, et s'apprête à descendre.)

SCÈNE XV.

FRÉDÉRIC, descendant du balcon; FRITZ et LES SOLDATS composant la patrouille paraissent au fond.

FINALE.

FRITZ.

Doucement, mes amis, et que votre valeur
Soit toujours sur la défensive.
Ah! mon Dieu!

LES SOLDATS.

Qu'est-ce donc?

FRITZ.

J'ai cru voir un voleur!
Le long de ce balcon, le voyez-vous? — Qui vive!

FRÉDÉRIC.

O ciel!

LES SOLDATS.

Qui vive! qui vive!
Il se tait, il a peur.
(Arrêtant Frédéric qui vient de sauter à terre.)
Au voleur! au voleur!

FRÉDÉRIC, à voix basse.

Tais-toi, tais-toi, crains ma fureur!

FRITZ et LES SOLDATS.

Au voleur! au voleur!

FRÉDÉRIC, de même.
Tais-toi, tais-toi, c'est une erreur.
Ensemble.

FRITZ et LES SOLDATS.
Plus de peur, plus d'alarmes,
Nous tenons le voleur.
Quel succès pour nos armes !
Et pour nous quel honneur !

FRÉDÉRIC, à part.
O mortelles alarmes !
C'est ma coupable ardeur
Qui fait couler ses larmes,
Et cause son malheur !

FRITZ.
La patrouille, je crois, ce soir s'est bien montrée.
(A Frédéric.)
Au corps-de-garde, allons, suivez-nous promptement.

FRÉDÉRIC, à part.
O ciel ! quand on saura qui je suis !

(Haut.)
Un instant !

FRITZ et LES SOLDATS.
Non, non, suivez-nous sur-le-champ.
(Au moment où ils vont l'entraîner, la porte de l'hôtel de Saldorf s'ouvre ; deux domestiques en sortent au bruit ; puis paraît M. de Saldorf.)

SCÈNE XVI.

LES MÊMES ; M. DE SALDORF.

SALDORF.
Quel est ce bruit ? La terrible soirée !
Pour reposer on n'a pas un instant.
(Apercevant la patrouille qui entoure Frédéric, et qui va l'emmener.)
Mais c'est Fritz qu'en guerrier je vois ici paraître.
Qu'as-tu donc fait ?

FRITZ.
Un coup de maître.

SALDORF, montrant Frédéric qui lui tourne le dos et qui cache sa figure.

Et ce captif?

FRITZ.
C'est un fripon.

SALDORF.
Où l'as-tu pris?

FRITZ.
A la fenêtre.

SALDORF.
D'où venait-il?

FRITZ.
De ce balcon.

SALDORF.
Mais c'est chez moi, c'est ma maison !
Je veux le voir. Qui peut-il être ?
(Le regardant.)
C'est Frédéric !

FRÉDÉRIC, à part.
Tout est perdu
Par son mari me voilà reconnu.

SALDORF, riant.
Ah ! l'aventure est singulière !
(A Fritz.)
Mais je me charge de l'affaire.
(Bas à Frédéric, qu'il prend à part.)
Je suis au fait. Comment ! fripon,
Vous descendiez de ce balcon,
De la chambre où repose une jeune ouvrière

FRÉDÉRIC, à part.
O ciel !

SALDORF.
Qui, je le vois, a déjà su vous plaire.

FRÉDÉRIC, à part.
Que dit-il ?

SALDORF.
Allons donc, entre nous, sans façon,
Convenez-en.

FRÉDÉRIC, troublé.
Moi, je ne dis pas non.
Mais c'était...

SALDORF, gaiement.
Oh ! c'était à bonne intention !
(A demi-voix.)
Car c'est toujours ainsi. C'est bon, c'est bon !

Ensemble.

FRÉDÉRIC.
O moment plein de charmes !
Je renais au bonheur.
Pour mon cœur plus d'alarmes,
J'ai sauvé son honneur.

SALDORF.
Dissipez vos alarmes.
Bientôt, heureux vainqueur,
Vous reverrez les charmes
Qui touchent votre cœur.

FRITZ et LES SOLDATS.
Plus de peur, plus d'alarmes,
Nous tenons le voleur.
Quel succès pour nos armes !
Et pour nous quel honneur !

SALDORF, à Fritz.
Noble guerrier dont j'aime la vaillance,
De ce voleur je me rends caution.
(Lui donnant la main.)
Je le connais, c'est un ami.

FRITZ, étonné.
C'est donc

LA FIANCÉE

Un voleur de bonne maison?
SALDORF.
Oui, sans doute.
(A part, regardant Fritz.)
Mais quand j'y pense,
Pauvre garçon ! cet ange d'innocence
Est celle que demain il devait épouser!
FRITZ, le regardant.
Qu'avez-vous donc ?
SALDORF, gaiement.
Moi ? rien.
(Lui frappant sur l'épaule.)
Tu peux te reposer;
L'aurore, qui bientôt s'avance,
De la retraite a donné le signal;
Chacun se retire du bal.

SCÈNE XVII.

LES MÊMES; TOUTES LES PERSONNES du bal, suivies de VALETS,
qui portent des flambeaux.

Ensemble.

LES GENS DU BAL.

Voici le jour. Ah ! quel dommage !
Pourquoi faut-il déjà partir ?
Mais de ce bal la douce image
Émeut encor mon souvenir.

SALDORF, regardant Fritz.
Oui, c'est demain son mariage.
Ah ! quel bonheur ! ah ! quel plaisir !
Le bon époux ! dans son ménage
Tout doit vraiment lui réussir.

FRÉDÉRIC, regardant le balcon.
O doux objet de mon hommage!
O mon unique souvenir !

Soutiens ma force et mon courage
Plutôt mourir que te trahir !

FRITZ.

Je suis content de mon courage;
Mais la nuit est près de finir,
Et c'est demain mon mariage;
Dépêchons-nous d'aller dormir.

LES SOLDATS.

Nous avons montré du courage,
Mais la nuit est près de finir.
Retournons dans notre ménage;
Dépêchons-nous d'aller dormir.

LES DEMOISELLES DE MAGASIN, paraissant à gauche, aux croisées qui donnent sur la rue.

Quel bruit dans tout le voisinage !
Vraiment on ne saurait dormir.
Quelle rumeur et quel tapage !
C'est le bal qui vient de finir.

UN LAQUAIS, annonçant.

La voiture
De monsieur le baron.

SALDORF, à part.

Cette aventure
Servira dans l'occasion.

LE LAQUAIS.

La voiture
De monsieur le marquis.

FRÉDÉRIC, à part.

Ah ! je le jure,
De frayeur encor j'en frémis !

LE LAQUAIS.

Le tilbury d' monsieur le chevalier.

LES GENS DU BAL.

Ah ! quelle nuit heureuse !

LES SOLDATS et **LES DEMOISELLES DE MAGASIN.**
Ah! quelle nuit affreuse!
Impossible de sommeiller.

LE LAQUAIS.
La dormeuse
De monsieur le conseiller.

Ensemble.

LES GENS DU BAL.
Voici le jour. Ah! quel dommage! etc.

FRITZ.
Je suis content de mon courage, etc.

SALDORF.
Oui, c'est demain son mariage, etc.

FRÉDÉRIC.
O doux objet de mon hommage! etc.

LES SOLDATS.
Nous avons montré du courage, etc.

LES DEMOISELLES DE MAGASIN, aux fenêtres.
Quel bruit dans tout le voisinage! etc.

ACTE DEUXIÈME

Les jardins de l'hôtel de Saldorf. — A gauche du spectateur, un pavillon qui communique aux appartements; une croisée fermée par une persienne fait face aux spectateurs. Au lever du rideau et sur le premier plan, des jeunes filles forment plusieurs contredanses, tandis que d'autres, au fond du théâtre, jouent à la balançoire ou à d'autres jeux. A droite un orchestre. Un buffet dressé et couvert de rafraîchissements.

SCÈNE PREMIÈRE.

Mme CHARLOTTE, MINA, TOUTES LES JEUNES FILLES DU MAGASIN, occupées à danser, FRITZ et HENRIETTE, en habits de mariés, le bouquet au côté, M. DE SALDORF, parcourant tous les groupes, et parlant à tout le monde.

LE CHŒUR.
Sous ce riant feuillage,
Sous ces ombrages frais,
Un jour de mariage,
Que la danse a d'attraits!

SALDORF.
De ces jeunes fillettes
Que j'aime l'enjoûment!
D'honneur, rien n'est charmant
Comme un bal de grisettes!
Dansez donc, mes amours,
Dansez, dansez toujours!

LE CHŒUR.
Sous ce riant feuillage, etc.

(A la fin de ce chœur, et pendant que Fritz commence une figure, Henriette fait signe à madame Charlotte de prendre sa place, et entre dans le pavillon à gauche, vers lequel ses yeux se sont souvent tournés avec inquiétude.)

SALDORF.

Dans mon hôtel, un bal champêtre!
C'est charmant
Pour un chambellan!
Je m'amuse, c'est singulier,
Comme un simple particulier.

LE CHOEUR.

Sous ce riant feuillage, etc.

Mme CHARLOTTE, dansant en face de Fritz qui s'arrête.

Mais allez donc, vous n'allez pas.

FRITZ.

Je n'en peux plus, hélas!

Mme CHARLOTTE.

Quoi! le marié se repose!

TOUTES LES JEUNES FILLES, se moquant de lui.

Le marié qui déjà se repose!

FRITZ.

Oui, oui, mesdames, et pour cause;
On n'a pas de cœur à danser
Lorsque, hélas! on vient de passer
Sous les armes la nuit entière!
(A madame Charlotte, se tâtant les bras et les jambes.)
Je suis rompu, brisé, ma chère,
Dans toutes les dimensions.

Mme CHARLOTTE.

Eh bien! chantez, nous valserons.

FRITZ.

Ah! dès qu'il faut rester sur place,
Je le veux bien.

SALDORF.

Cela délasse.

FRITZ.

Je vais vous dire un air de notre sol,
Une valse du Tyrol.

TYROLIENNE.

Premier couplet.

Montagnard ou berger,
Votre sort peut changer;
Comme moi, dans la garde
Il faut vous engager.
Quel état fortuné
Vous sera destiné!
Vous aurez la cocarde
Et l'habit galonné.
— Non, non, vraiment! m'engager?
Je crains trop le danger.
Mieux vaut encor vivre et rester berger.

Dans mon hameau restons sans cesse;
Son aspect fait battre mon cœur :
C'est là qu'est ma maîtresse,
C'est là qu'est le bonheur!

LE CHŒUR.

Loin du danger, loin du combat,
Plus de bonheur et moins d'éclat.
Sachons à la richesse
Préférer notre état.
Dans nos hameaux restons sans cesse;
C'est bien plus sûr et moins trompeur :
C'est là qu'est ma maîtresse,
C'est là qu'est le bonheur!

Deuxième couplet.

FRITZ.

Dans les champs de l'honneur
Brillera ta valeur.
Là, pour que l'on parvienne,
Il ne faut que du cœur.
On obtient le chevron,
Et de simple dragon

On devient capitaine,
Au doux son du canon.
— Non, j'aime peu le fracas ;
Le canon peut, hélas !
Me prendre en traître ; adieu, jambes et bras !

Dans mon hameau restons sans cesse, etc.
LE CHŒUR.
Dans nos hameaux restons sans cesse, etc.

Troisième couplet.

Un soldat, franc luron,
Sans chagrin, sans façon,
Est toujours sûr de plaire
Dans chaque garnison.
De séjour en séjour,
Et d'amour en amour,
Toujours un militaire
Est payé de retour.
— Oui, dès qu'il part dans les camps,
Gare les accidents !
On prend sa place, et malheur aux absents !

Dans mon hameau restons sans cesse ;
C'est bien plus sûr et moins trompeur :
C'est là qu'est ma maîtresse,
C'est là qu'est le bonheur !
LE CHŒUR.
Dans nos hameaux restons sans cesse, etc.

SCÈNE II.

LES MÊMES ; HENRIETTE, sortant du pavillon à gauche.

HENRIETTE.
Quel bruit ! quelle rumeur soudaine !
SALDORF.
Eh ! oui, je l'oubliais, ma femme a la migraine ;

Taisons-nous.

HENRIETTE.

Non, vraiment;
Madame ne veut pas interrompre la fête ;
Mais pour elle du moins chantons plus doucement.

SALDORF.

S'il est ainsi, belle Henriette,
Donnez l'exemple en ce moment.

TRIO.

HENRIETTE, FRITZ, et Mme CHARLOTTE.

Où trouver le bonheur?
Est-ce en la richesse?
Où trouver le bonheur?
Est-ce en la grandeur?
Loin de vous il fuira;
Car ce n'est pas là
Qu'on le trouvera.
D'un objet
Qui nous plaît
Fixer la tendresse :
Ce secret, le voilà,
Le bonheur est là.

SALDORF et LE CHŒUR, regardant Henriette.

Sa grâce enchanteresse
Charme et séduit nos yeux ;
Fritz a sa tendresse;
Que Fritz est heureux!

SCÈNE III.

Les mêmes ; LE NOTAIRE.

SALDORF.

Mais qui vient là ? c'est monsieur le notaire.

TOUS, se retournant.

Le notaire!

SALDORF.

Personnage très-nécessaire,
Mais peu divertissant.

(Aux jeunes filles et à madame Charlotte.)
Aussi, mes chers amours,
Dans ces jardins promenez-vous toujours,
Pendant que nous allons parler dot et douaire,
Et dresser le contrat dans la forme ordinaire.
(Au notaire.)
Nous, passons chez ma femme.

(Lui montrant la porte du pavillon.)
Allons, monsieur, entrons.
Fritz, tu viendras ; nous t'attendons.

LE CHŒUR.

Sous ce riant feuillage,
Sous ces ombrages frais,
Un jour de mariage,
Que la danse a d'attraits !

(Elles sortent toutes en courant et en dansant, et disparaissent dans les bosquets; Saldorf et le notaire entrent dans le pavillon à gauche.)

SCÈNE IV.

FRITZ et HENRIETTE, restant seuls en scène.

HENRIETTE.

Eh bien ! monsieur Fritz, vous ne suivez pas monsieur le baron ? vous n'allez pas à ce contrat ? c'est vous que cela regarde ; car moi je n'y entends rien.

FRITZ.

Oui, cela vous ennuierait ; nous allons le rédiger, l'écrire ; et puis on vous appellera pour la lecture et surtout pour la signature, ce qui ne sera pas long, car tout ce que j'ai je vous le donne ; mais auparavant j'étais bien aise de rester un instant avec vous ; on ne peut pas s'aimer quand il y a tant de monde. (Faisant un geste de douleur.) Aïe ! les épaules !

HENRIETTE.

Qu'est-ce donc?

FRITZ.

Rien! dans une heure nous serons mariés, mariés pour toujours; et puis il faut croire que je ne serai pas de garde tous les jours.

UNE VOIX, appelant du pavillon.

Monsieur Fritz!

FRITZ.

On y va! Adieu, ma petite femme.

HENRIETTE.

Adieu, Fritz; adieu, mon ami... (Le regardant sortir.) Ah! je m'en veux de ne pas l'aimer encore autant qu'il le mérite.

SCÈNE V.

HENRIETTE, FRÉDÉRIC.

FRÉDÉRIC, à part.

Oui, je lui ai juré de partir; mais après la scène d'hier, le puis-je sans savoir au moins de ses nouvelles?

HENRIETTE.

Monsieur Frédéric!

FRÉDÉRIC, à part.

Henriette! c'est le ciel qui me la fait rencontrer.

HENRIETTE.

Vous ici!

FRÉDÉRIC.

Voilà plusieurs fois que M. de Saldorf m'a fait l'honneur de m'inviter, et je venais lui rendre ma visite, ainsi qu'à madame; est-elle visible?

HENRIETTE.

Non, monsieur, elle est souffrante.

FRÉDÉRIC, à part.

O ciel! (Haut.) Je ne demande pas à la voir; mais dis-lui que je suis venu m'informer de ses nouvelles, je t'en prie, je t'en supplie.

HENRIETTE.

Rassurez-vous, il n'y a pas de danger.

FRÉDÉRIC, avec joie.

Vraiment! (A part.) Je respire. (Haut.) C'est égal, vas-y toujours.

HENRIETTE.

Tout à l'heure, monsieur, car dans ce moment madame de Saldorf est occupée : elle assiste, ainsi que son mari, à la rédaction d'un contrat.

FRÉDÉRIC.

D'un contrat! et lequel?

HENRIETTE.

Le mien, monsieur.

FRÉDÉRIC, la regardant.

En effet, je n'avais pas encore remarqué ce costume; comment! Henriette, tu te maries?

HENRIETTE.

Oui, vraiment. Hier soir vous étiez si pressé, vous aviez tant de chagrin, que je n'ai pas osé vous parler de mon bonheur; mais aujourd'hui, vous voilà, et en l'absence de mon père, qui, faible et souffrant, n'a pu quitter le pays, j'espère bien que vous daignerez assister à mon mariage, que vous me ferez cet honneur?

FRÉDÉRIC.

Oui, ma chère enfant, oui, ma bonne Henriette, et de grand cœur. Que je suis coupable de t'avoir négligée à ce point! Pardonne-moi; depuis mon retour j'ai eu tant de tourments. Qui épouses-tu? quel est ton mari?

HENRIETTE

M. Fritz, un tapissier.

FRÉDÉRIC.

Un pareil mariage...

HENRIETTE.

Eh! que puis-je désirer de mieux?

FRÉDÉRIC.

Toi, si jolie, si distinguée, et avec l'éducation, les talents que t'a donnés madame de Saldorf...

HENRIETTE.

Ma bienfaitrice m'a traitée comme son enfant, et c'est peut-être un tort ; car toutes ses bontés n'empêchaient point que je ne fusse la fille d'un simple soldat, et ce que je puis faire de mieux est d'épouser mon égal ; mon mari est un excellent homme, qui m'aime beaucoup, que j'aime aussi, qui me rendra heureuse : vous voyez donc bien que c'est un bon mariage ! et bientôt, monsieur le comte, j'espère que vous ferez comme nous.

FRÉDÉRIC.

Moi !

HENRIETTE.

Oui, sans doute, il faut vous marier.

FRÉDÉRIC.

Jamais! cela n'est pas possible.

HENRIETTE.

Pourquoi donc? J'ignore vos chagrins et ne puis les partager; mais, croyez-moi, il n'est point d'éternelles douleurs ; et avec votre nom, vos richesses, qui ne serait heureuse et fière de vous appartenir ?

FRÉDÉRIC.

Bonne Henriette, c'est toi qui me consoles ; toi, du moins, tu seras toujours mon amie.

HENRIETTE.

Dame ! je suis la plus ancienne, la première en date! Allons, mon jeune maître, du courage !... qui plus que vous mérite d'être heureux? (En souriant.) Cela viendra. Vous ferez un beau mariage, vous prendrez ici un bel hôtel, et vous donnerez votre pratique à mon mari.

FRÉDÉRIC.

Chère Henriette! j'espère bien faire mieux que cela pour vous. C'est à moi de te doter.

HENRIETTE.

Ma bienfaitrice s'est chargée de ce soin.

FRÉDÉRIC.

Je serai de moitié avec elle. Je vais en parler tout à l'heure à M. de Saldorf; mais en attendant...

ROMANCE.

Premier couplet.

Aux jours heureux que mon cœur se rappelle,
J'ai vu par toi mon printemps embelli,
O toi, qui fus ma sœur, ma compagne fidèle,
(Otant une chaîne d'or qui est à son cou.)
De ma mère reçois ce souvenir chéri!
Je jure ici devant Dieu, devant elle,
D'être toujours ton frère et ton ami.
(Sur la ritournelle de l'air il passe la chaîne au cou d'Henriette.)

Deuxième couplet.

Que tous tes jours s'écoulent sans nuage,
Que de ton cœur le chagrin soit banni!
Et si jamais sur toi vient à gronder l'orage,
Près de moi viens chercher un asile, un abri.
(L'embrassant sur le front.)
De mes serments reçois ici le gage,
C'est le baiser d'un frère et d'un ami.

SCÈNE VI.

Les mêmes; M. DE SALDORF, qui est sorti du pavillon avant la fin du second couplet.

SALDORF, à part.

Frédéric et la mariée ! ne les dérangeons pas.

HENRIETTE, un peu émue.

Je vous laisse ; je vais signer ce contrat, et en même temps je dirai à madame de Saldorf que vous êtes ici.

(Elle sort.)

SALDORF attend qu'elle soit sortie, et pousse un éclat de rire.

A merveille! J'espère que je suis discret.

FRÉDÉRIC, à part.

Dieu ! monsieur de Saldorf ! (Haut.) Vous voyez, monsieur, que j'ai été sensible à vos reproches, que je me rends à votre invitation.

SALDORF.

A d'autres, mon cher ami ; ce n'est pas à moi qu'on en fait accroire : je sais pour qui vous venez ici...

FRÉDÉRIC, à part.

O ciel!

SALDORF.

Et ce n'est pas pour moi.

FRÉDÉRIC.

Vous pourriez supposer ?...

SALDORF.

Des suppositions? vous êtes bien bon, je n'en suis plus là, j'ai des preuves.

FRÉDÉRIC, vivement.

Et moi, je puis vous attester...

SALDORF.

N'allez-vous pas dissimuler avec moi? Je vous ai vu tout à l'heure, ici même, embrasser la mariée.

FRÉDÉRIC, étonné et troublé.

Henriette? Eh bien! quel rapport?... et qu'est-ce que cela fait?

SALDORF.

Parbleu! à vous, cela ne fait rien, mais à Fritz, à cet honnête tapissier, qui n'était pas là comme hier pour vous arrêter...

FRÉDÉRIC.

Que dites-vous?

SALDORF.

Il se fâcherait et il aurait raison, parce qu'il faut des principes.

FRÉDÉRIC.

En vérité, monsieur, je ne vous comprends pas.

SALDORF, riant.

Admirable, sur ma parole! Il a déjà oublié son aventure de cette nuit. Il ne se rappelle plus que la jeune héroïne de chez qui il sortait si mystérieusement, cette beauté si prude et si sévère, c'était la belle Henriette.

FRÉDÉRIC.

Qui a osé dire?...

SALDORF.

Vous-même qui me l'avez avoué.

FRÉDÉRIC, à part.

Grand Dieu!

SALDORF.

Est-ce vrai? ou n'est-ce pas vrai? Eh! mais, qu'avez-vous donc? vous voilà tout troublé! Vous y tenez donc beaucoup?

FRÉDÉRIC.

Ah! plus que je ne puis vous le dire, et l'idée seule de l'avoir compromise sera pour moi un remords éternel.

SALDORF.

Y pensez-vous?

FRÉDÉRIC.

C'est à vous que je me confie, monsieur; je vous le demande, je vous en conjure, au nom du ciel, que ce secret reste à jamais entre nous !

SALDORF.

Eh! mais, mon cher, remettez-vous! Je vois en effet que vous êtes bien amoureux, car la tête n'y est plus. Je n'en dirai rien à personne, je vous le jure sur l'honneur.

FRÉDÉRIC.

J'y compte, et me voilà plus tranquille.

SALDORF, à part.

Mais, par exemple, j'en profiterai.

FRÉDÉRIC.

Après cela, monsieur, je puis vous jurer que vous êtes dans l'erreur sur son compte, que l'affection que j'ai pour elle est ce qu'il y a de plus pur au monde...

SALDORF.

C'est toujours comme cela.

FRÉDÉRIC.

Qu'on n'a rien à lui reprocher.

SALDORF.

Cela va sans dire, témoin ce baiser de tout à l'heure! Et tenez, tenez, la voilà encore qui vous cherche et qui voudrait vous parler.

FRÉDÉRIC.

Monsieur, je vous jure encore...

SCÈNE VII.

Les mêmes, HENRIETTE.

HENRIETTE, tenant une lettre à la main.

Monsieur Frédéric. (A part.) Dieu ! M. de Saldorf !

SALDORF, bas à Frédéric.

On ne s'attendait pas à me trouver ici, et cette lettre qu'on tenait à la main, et qu'on vient de cacher, vous doutez-vous pour qui elle était destinée ?

FRÉDÉRIC.

Monsieur, de grâce... (A part.) Ah ! que devenir ?

SALDORF.

Et puis, c'est singulier ; cette chaîne d'or qui brille à son cou ressemble exactement à celle que vous portiez hier ; mais ne craignez rien, j'ai promis d'être discret, et je le prouve en m'en allant. Adieu, mon cher Frédéric, à charge de revanche. Une autre fois ne craignez pas d'avoir confiance en vos amis.

(Il rentre dans le pavillon.)

SCÈNE VIII.

FRÉDÉRIC, HENRIETTE.

HENRIETTE.

Eh ! mais, monsieur Frédéric, comme vous êtes agité ! Votre main est tremblante.

FRÉDÉRIC.

Moi ? non, vous vous trompez. Que me voulez-vous ? Que veniez-vous me dire ?

HENRIETTE.

Eh! mais, qu'avez-vous donc contre moi? vous ne me tutoyez pas?

FRÉDÉRIC, à part.

Je n'ose plus, je n'ose pas la regarder. Pauvre enfant! (Haut.) Henriette, Henriette, ne m'en voulez pas.

HENRIETTE.

Et de quoi donc?

FRÉDÉRIC, revenant à lui.

Rien, pardon. Que venais-tu m'annoncer?

HENRIETTE.

J'ai dit à madame que vous étiez ici; mais ce qui m'effraie, c'est que maintenant elle est beaucoup plus mal que je ne croyais.

FRÉDÉRIC.

Grand Dieu!

HENRIETTE.

Elle a cependant voulu vous écrire, pour vous demander un service.

FRÉDÉRIC.

A moi!

HENRIETTE.

Oui, quelqu'un de bien malheureux pour qui elle implore votre pitié à l'insu de M. le baron; car elle m'a dit de vous remettre ce billet, sans lui en parler : le voilà; (Frédéric le prend vivement.) il ne contient que quelques lignes, et encore, après les avoir écrites, elle s'est trouvée dans un état affreux.

FRÉDÉRIC, à part.

Malheureux que je suis!

HENRIETTE, regardant du côté du pavillon.

Lisez vite, car j'aperçois M. de Saldorf; il cause avec Fritz mon mari.

FRÉDÉRIC, lisant le billet pendant qu'Henriette regarde du côté du pavillon.

« Que s'est-il passé cette nuit, après votre départ? Quelle
« est cette arrestation dont j'ai entendu parler? je veux tout
« savoir. Si mon nom a été prononcé dans cette affaire, s'il
« me faut perdre le seul bien qui me reste, si mon honneur
« est compromis, je n'ai plus qu'à mourir, et tel est mon
« dessein... » (S'interrompant.) Et c'est moi, moi qui en serais
la cause! (Continuant.) « Je ne puis, ni ne dois plus vous voir;
« mais tantôt, à deux heures, je serai dans le pavillon du
« jardin, derrière la jalousie; jetez-y votre réponse, et après,
« si mes jours vous sont chers, quittez-moi pour jamais! »

HENRIETTE.

Eh bien! la réponse?

FRÉDÉRIC.

Je vais la faire, et la lui enverrai. (A part.) Oui, à deux heures. (Montrant la fenêtre du pavillon.) Elle sera là, j'y viendrai.

HENRIETTE, regardant toujours à gauche.

Voici M. de Saldorf.

FRÉDÉRIC.

Adieu, adieu, Henriette.

(Il s'enfuit par la droite.)

SCÈNE IX.

HENRIETTE, puis FRITZ et M. DE SALDORF.

HENRIETTE.

Qu'il a l'air malheureux! et pourquoi donc? Pourquoi faut-il qu'aujourd'hui je voie souffrir tous ceux que j'aime?

FRITZ, entrant et causant avec M. de Saldorf.

Maintenant que tout est écrit, que tout est signé, je vous demande pourquoi nous ne partons pas pour l'église.

SALDORF.

Parce qu'on doit nous avertir quand tout sera prêt. Madame Charlotte et ses demoiselles doivent venir prendre la mariée en grande cérémonie.

FRITZ.

Des cérémonies ! je trouve qu'il y en a déjà trop comme cela, il n'en faut pas tant.

HENRIETTE.

Allons, monsieur Fritz, de la patience !

FRITZ.

Ça vous est bien aisé à dire; mais moi, qui me vois au moment d'épouser la plus belle fille de la ville... car regardez-la donc, monsieur le baron ; elle est si jolie comme ça, avec cet air modeste et les yeux baissés !

SALDORF, à part.

Pauvre garçon !

FRITZ.

Et puis cette parure, qui lui va si bien. Qu'est-ce que c'est que cette chaîne d'or que je ne vous connaissais pas ?...

HENRIETTE.

On vient de me la donner.

FRITZ.

Et qui donc ?

SALDORF.

C'est moi.

HENRIETTE, étonnée.

Vous, monsieur !

SALDORF, à demi-voix.

Taisez-vous donc ! (Vivement et passant près de Fritz.) Et en outre, j'ai quelque chose à dire à Henriette; ainsi, fais-moi le plaisir d'aller donner le coup d'œil du maître, de voir si rien ne manque au repas de noce.

FRITZ.

J'aime mieux qu'il y manque quelque chose, et rester ici.

SALDORF.

Et pourquoi?

FRITZ.

Parce que je ne serai pas fâché d'entendre ce que vous avez à dire à ma femme en particulier.

SALDORF.

C'est elle seule que cela regarde ; ce sont des avis, des conseils que ma femme voulait lui donner ; et comme elle est malade, c'est moi qui la remplace, c'est moi qu'elle charge de ce soin : ainsi, laisse-nous.

HENRIETTE, souriant.

Eh! oui, sans doute; n'avez-vous pas confiance?

FRITZ.

Si vraiment, confiance tout entière; aussi, je m'en vais.

SALDORF, se retournant et l'apercevant.

Où donc?

FRITZ.

Savoir des nouvelles de madame, car ce pavillon mène à ses appartements.

SALDORF.

Eh bien! tu n'es pas parti?

FRITZ.

Si vraiment, je m'en vais. (A part.) Je m'en vais écouter.
(Fritz entre dans le pavillon.)

TRIO.

(Fritz dans le pavillon; Saldorf et Henriette sur le devant du théâtre.)

SALDORF.

Près d'entrer en ménage,
Écoutez, mon enfant,
D'un ami tendre et sage
Le conseil bien prudent.

HENRIETTE.

Près d'entrer en ménage,

Mon cœur reconnaissant
D'un ami tendre et sage
Suivra l'avis prudent.

FRITZ, ouvrant la jalousie du pavillon, et paraissant à la fenêtre qui fait face aux spectateurs.

D'ici je puis entendre
Ce qu'il lui veut apprendre.

SALDORF.

Il faut aimer votre mari.

FRITZ, à part.

C'est bien! c'est très-bien jusqu'ici!

SALDORF.

Mais ses amis doivent aussi,
Mon enfant, devenir les vôtres.

FRITZ, à part.

Conseil qui me semble suspect.

HENRIETTE.

J'ai pour eux le plus grand respect.

FRITZ, à part.

Très-bien!

SALDORF.

Ils veulent plus encore.

HENRIETTE.

De tout mon cœur je les honore.

SALDORF.

Il m'en faut un gage bien doux;
Et cette main...

HENRIETTE.

Que faites-vous?

FRITZ, à part.

Veille sur moi, dieu des époux!

Ensemble.

HENRIETTE.

O ciel! ô ciel! je crains d'entendre

Et ses regards et ses discours!
Mais de lui comment me défendre?
A quel moyen avoir recours?

SALDORF.

Ne dirait-on pas, à l'entendre,
Qu'elle a toujours fui les amours?
Mais, quoique prude, l'on est tendre.
Allons, continuons toujours.

FRITZ, à part.

O ciel! ô ciel! je crains d'entendre
Et ses regards et ses discours;
Mais je suis là pour la défendre
Et pour venir à son secours.

HENRIETTE, voulant sortir.

Souffrez, monsieur, que je vous quitte.

SALDORF, la retenant.

Non, vraiment, encore un instant.

FRITZ, à part.

Sur sa vertu, sur son mérite,
Je suis bien tranquille à présent.

SALDORF.

Si j'étais moins discret, ma chère,
M'offensant de vos cruautés,
Je dirais... mais je dois me taire...
Que j'en sais qui sont mieux traités.

HENRIETTE, étonnée.

Que dites-vous?

FRITZ, à part.

Dieu! quel mystère!

SALDORF.

Oui, ce Fritz que vous épousez
N'est pas celui que votre cœur préfère.

FRITZ, à part.

Il est donc vrai!

HENRIETTE.
Quoi ! monsieur, vous osez !...
SALDORF.
Point d'éclat. Je sais tout. Je connais, chère amie,
Ce jeune homme qui, cette nuit,
Près de vous s'est glissé sans bruit.
HENRIETTE.
Quelle indigne calomnie !
FRITZ, à part.
Quelle perfidie !
SALDORF.
J'en fus témoin. Oui, j'ai vu l'imprudent,
Ce Frédéric, sortir de votre appartement.
FRITZ.
Frédéric !
(Il referme la jalousie, s'élance vers la porte, et au moment où il sort du pavillon pâle et tremblant de colère, il voit, en face de lui, madame Charlotte et tout le chœur qui l'entoure en lui offrant des bouquets.)

SCÈNE X.

Les mêmes; tous les Gens de la noce, Mme CHARLOTTE, MINA et ses jeunes Compagnes, tenant des bouquets.

FINALE.

LE CHŒUR, entourant Fritz et Henriette.
Voici l'instant du mariage.
Quel jour heureux ! quels doux moments !
Jeunes époux qu'amour engage,
Venez former ces nœuds charmants.

SALDORF.
Enfin, rien ne manque à la fête.

TOUTES LES JEUNES FILLES, offrant des bouquets à Fritz et à Henriette.
Partons, partons, la noce est prête.

HENRIETTE, se retournant et apercevant Fritz.

Vous voilà! Qu'avez-vous? D'où vient cette pâleur?

Mme CHARLOTTE.

Est-ce un effet de son bonheur?

FRITZ, à madame Charlotte.

On me trahit.

Mme CHARLOTTE.

Est-ce possible?

FRITZ.

On me trompait.

SALDORF.

Y penses-tu?

FRITZ.

Je sais tout, j'ai tout entendu.

Mme CHARLOTTE.

Tromper un cœur tendre et sensible!

FRITZ.

Je sais qu'un jeune homme, un amant,
Est sorti cette nuit de son appartement.

(Les compagnes d'Henriette, qui sont autour d'elle, à la droite des spectateurs, s'éloignent en ce moment, et passent toutes à gauche, du côté du pavillon.)

Ensemble.

FRITZ.

Après un tel outrage,
De mon aveugle rage
Redoutez les effets.
Non, plus de mariage ;
J'y renonce à jamais !

HENRIETTE.

Quel indigne langage !
D'un soupçon qui m'outrage
Suspendez les effets.
A lui l'amour m'engage ;

Recevez-en pour gage
Le serment que je fais.

SALDORF.

Quel malheur ! quel dommage !
Il la croyait si sage !
Je vois qu'il est au fait.
C'est quelque bavardage
Qui rompt son mariage.
Je fus pourtant discret !

Mme CHARLOTTE, et LES JEUNES FILLES.

Voyez donc, à son âge,
Le jour du mariage
Faire de pareils traits !
Avec cet air si sage !
A qui donc, en ménage,
Se fier désormais ?

MINA.

Quel indigne langage !
D'un soupçon qui l'outrage
Suspendez les effets ;
Si modeste et si sage !
Non, non, à cet outrage
Je ne croirai jamais.

SCÈNE XI.

Les mêmes ; FRÉDÉRIC.

(En ce moment on entend sonner deux heures à l'horloge de l'hôtel, et les gens de la noce, qui sont tous groupés à gauche, aperçoivent Frédéric que Fritz leur montre, et qui sort du bosquet à droite. A mesure qu'il redescend le théâtre, ils passent derrière lui et l'entourent.)

FRÉDÉRIC, à part, se dirigeant du côté du pavillon.
Voici l'heure du rendez-vous.
Dieu ! que de monde !

(Apercevant Saldorf.)

O ciel ! et son époux...

FRITZ, montrant Frédéric.

Oser venir encore ! Ah ! quelle audace extrême !
Cet amant, ce rival qu'elle aime,
Il est devant vos yeux,
Le voici !

TOUS, quittant la gauche du théâtre et achevant de passer à droite derrière Frédéric, de manière à laisser la fenêtre du pavillon entièrement en vue aux spectateurs.

Grands dieux !

Ensemble.

FRITZ.

Rien n'égale ma rage !
L'auteur de mon outrage,
Enfin je le connais !
Non, plus de mariage ;
Au serment qui m'engage
Je renonce à jamais !

HENRIETTE.

Que dit-il ? quel langage !
A cet excès d'outrage
Je ne croirai jamais.
A lui l'amour m'engage ;
Recevez-en pour gage
Le serment que je fais.

SALDORF.

Pauvre enfant ! quel dommage !
(Montrant Fritz.)
Mais aussi quelle rage
A parler l'obligeait ?
Rompre son mariage,
Et le nœud qui l'engage,
Malgré moi je l'ai fait !

FRÉDÉRIC.

Que dit-il ? quel langage !
Quoi ! c'est moi qui l'outrage ?

O funeste secret!
Je romps son mariage,
Et le nœud qui l'engage.
Malheureux, qu'ai-je fait!

Mme CHARLOTTE et LES JEUNES FILLES.

Voyez donc, à son âge,
Le jour du mariage
Faire de pareils traits!
Avec un air si sage!
A qui donc, en ménage,
Se fier désormais?

MINA.

Que dit-il? quel langage!
Ah! mon Dieu! quel dommage!
Leurs soupçons étaient vrais;
Elle, autrefois si sage!
Comment d'un tel outrage
Se consoler jamais?

FRÉDÉRIC, passant près de Saldorf.

Arrêtez! c'est une imposture!

HENRIETTE et MINA, avec joie.

Vous l'entendez!

FRITZ, montrant Saldorf.

Il l'a dit, je le jure.

FRÉDÉRIC.

C'est une erreur; oui, je l'atteste ici.

SALDORF, quittant sa place qui est à l'extrême droite, et passant devant tout le monde pour aller près de Frédéric.

Mais alors de chez qui sortiez-vous donc ainsi?

FRÉDÉRIC, troublé.

De chez qui?

SALDORF.

Répondez.

FRÉDÉRIC, à part.

Juste ciel! que lui dire?

(En ce moment, la jalousie du pavillon s'entr'ouvre, mais sans qu'on puisse voir la personne qui est derrière. On aperçoit seulement l'extrémité d'une écharpe bleue qui passe par-dessous la croisée. Frédéric, qui regarde de ce côté, aperçoit le mouvement de la jalousie, et croit voir madame de Saldorf.)

Elle écoute, elle est là. Si je parle, elle expire!

SALDORF, avec force.

De quel appartement veniez-vous donc?

FRÉDÉRIC, hors de lui, et regardant tour à tour du côté d'Henriette et du côté de la jalousie.

Eh bien!

TOUS.

Parlez, parlez!

(En ce moment, la jalousie se referme comme si la personne qui l'entr'ouvrait n'avait plus la force de la tenir et tombait en faiblesse. Frédéric veut s'élancer de ce côté.)

SALDORF, avec force.

De quel appartement?

TOUS, croyant qu'il veut s'échapper et le retenant.

Parlez.

FRÉDÉRIC.

Eh bien! eh bien!...

(Il cache sa tête dans sa main, et, étendant l'autre du côté d'Henriette, il dit :)

C'était du sien!

(Henriette pousse un cri, et Mina, qui est derrière elle, la reçoit dans ses bras au moment où elle tombe évanouie. Pendant le reste du finale, Mina et plusieurs de ses compagnes portent Henriette sur une chaise au milieu du théâtre, sur le second plan. A gauche de ce groupe, les gens de la noce sont redescendus devant la fenêtre du pavillon qu'ils cachent en ce moment. A droite, un autre groupe, formé par Fritz, madame Charlotte et les autres compagnes d'Henriette. Frédéric est sur le premier plan, à droite d'Henriette; Saldorf à sa gauche. Plusieurs des jeunes ouvrières qui entourent Henriette entrent dans le pavillon pour chercher des sels qu'elles lui font respirer; puis, voyant que tous leurs secours sont inutiles, elles vont chercher deux domestiques en livrée qui sortent du pavillon, et qui emportent Henriette dans leurs bras. Tout ce mouvement se fait pendant le commencement du finale ; et au moment où Henriette disparaît, les trois groupes indiqués ci-dessus se réunissent et n'en forment plus qu'un.)

Ensemble.

Mme CHARLOTTE, aux jeunes ouvrières.

Ah! quelle horreur! ah! quel scandale!
Profitez de cette leçon.
Dieu! quel outrage à la morale!
Et quel affront pour la maison!

FRÉDÉRIC.

C'est fait de moi! Non, rien n'égale
L'horreur de cette trahison.
Secret funeste! erreur fatale!
Pour mes remords point de pardon.

SALDORF.

J'en suis fâché pour la morale,
(Montrant Fritz.)
Et puis pour ce pauvre garçon.
(A Fritz.)
Mais tais-toi donc, point de scandale,
Il faut se faire une raison.

FRITZ.

J'en étais sûr! Non, rien n'égale
L'horreur de cette trahison.
Je maudis sa beauté fatale ;
Pour ses forfaits point de pardon!

(Madame Charlotte entraîne Fritz, et Frédéric reste sur le devant du théâtre, se cachant la tête dans ses mains, et absorbé dans sa douleur.)

ACTE TROISIÈME

L'intérieur d'un magasin de modes très-élégant, fermé par des vitrages qui donnent sur la rue. Porte au fond et deux portes latérales. A droite du spectateur, un guéridon en acajou. A droite et à gauche, des comptoirs en acajou et des étoffes déployées, des voiles, des cachemires.

SCÈNE PREMIÈRE.

Mme CHARLOTTE, FRITZ, assis près du comptoir à droite.

Mme CHARLOTTE, entrant par la porte à gauche.

Quel événement ! j'en suis encore indignée ! Compromettre la réputation, l'honneur de ma maison ! car cela se répandra, j'en suis sûre ; la vertu des lingères et des modistes a déjà eu tant de peine à s'établir, qu'une pareille aventure n'est pas faite pour augmenter la confiance.

FRITZ, toujours assis.

Je n'en puis revenir encore.

Mme CHARLOTTE.

Eh bien ! mon pauvre monsieur Fritz...

FRITZ.

Eh bien ! madame Charlotte, qu'en dites-vous ?

Mme CHARLOTTE.

Je dis que cela ne m'étonne pas, que je l'avais toujours prévu ; mais j'étais dans une si singulière position !... Une jeune veuve, votre voisine, maîtresse comme vous de ma liberté et d'une fortune indépendante, vous auriez pu me supposer des idées! A moi, des idées, grand Dieu!... Voilà pourquoi je ne vous disais rien de mes soupçons.

FRITZ.

Vous m'en parliez toute la journée.

Mme CHARLOTTE.

C'était donc malgré moi, et vous voyez si j'avais tort. Une demoiselle de comptoir, élevée comme une princesse; la lecture, le dessin, la musique; toujours dans l'hôtel de ce chambellan où madame de Saldorf l'avait prise pour demoiselle d'honneur, et je vous demande comme ce titre lui allait bien!

FRITZ.

Deux amants à la fois!

Mme CHARLOTTE.

Élevée dans le grand monde, elle en a pris les manières. Il faut dire aussi, pour l'excuser, car moi je ne demanderais pas mieux, qu'il était bien difficile de résister au comte de Lowenstein : un jeune seigneur si brave, si riche, si généreux! car hier, dans un instant qu'il est resté ici, il a acheté pour deux ou trois mille florins de tissus et de cachemires qu'on ne lui a même pas encore envoyés. Et vous pensez bien que ce sont là des moyens de séduction, même auprès de grandes dames qui y sont faites; à plus forte raison avec des vertus qui n'en ont pas l'habitude.

FRITZ.

Eh morbleu! qu'importe? il n'en est pas moins vrai qu'avec tout cela je suis abandonné, que je suis!... Enfin, madame Charlotte, je suis trahi, c'est un fait.

Mme CHARLOTTE.

Je ne dis pas non.

FRITZ.

Et ce qu'il y a d'incompréhensible, c'est que cette perfide, je l'aimais autrefois. Eh bien! depuis sa trahison, je crois que je l'aime encore plus!

Mme CHARLOTTE, à part.

Eh mon Dieu! ces pauvres hommes sont toujours comme cela.

FRITZ.

C'est comme une fièvre, avec des redoublements de rage; et vous, qui vous y connaissez mieux que moi, qu'est-ce qu'il y a à faire dans ces états-là?

Mme CHARLOTTE.

Il y a bien des partis à prendre.

FRITZ.

Mais enfin, si vous étiez à ma place, que feriez-vous?

Mme CHARLOTTE.

Ce que je ferais?

DUO.

Bannissant la tristesse,
Bannissant les regrets,
J'oublirais ma tendresse,
Et gaîment j'en rirais.

FRITZ.

Vous croyez qu'il faut rire?

Mme CHARLOTTE.

Il faut rire avec nous,
Et puis surtout vous dire...

FRITZ.

Voyons, que diriez-vous?

Mme CHARLOTTE.

Je me dirais : Lorsque l'on est aimable,
Jeune, riche et galant,
Un accident semblable
N'a rien de désolant.

FRITZ.

Lorsque l'on est aimable, etc.

Mme CHARLOTTE.

Fuyant une traîtresse

Indigne de mon cœur,
Près d'une autre maîtresse,
Pour trouver le bonheur,
J'offrirais ma tendresse,
Ma fortune et ma main.

FRITZ.

Ma fortune et ma main?

Mme CHARLOTTE.

Rien qu'à cette nouvelle,
Je vois votre infidèle
Expirer de chagrin.

FRITZ.

Expirer de chagrin!

Ensemble.

FRITZ.

Douce espérance!
Ah! quand j'y pense,
Que la vengeance
Offre de plaisir!
Oui, cœur volage,
Ce mariage
Où l'on m'engage,
Va te punir.

Mme CHARLOTTE.

Douce espérance!
Ah! quand j'y pense,
Que la vengeance
Offre de plaisir!
Oui, du courage!
Cette volage
Qui vous outrage,
Il faut la punir.

FRITZ.

Mais où trouver cette autre belle,
Si sage et surtout si fidèle?

Mme CHARLOTTE.

Oh! c'est facile, en cherchant bien.

FRITZ.

Pour moi, je cherche et ne vois rien.

Mme CHARLOTTE, baissant les yeux.

Il est mainte femme sensible
Qui peut-être, depuis longtemps,
Esclave d'un devoir pénible,
Cache ses secrets sentiments.

FRITZ.

Grand Dieu! qu'ai-je entendu?

Mme CHARLOTTE.

Oui, son âme pudique et fière
Aime mieux souffrir et se taire.

FRITZ.

O comble de vertu!
Mais dans le doute, hélas! encor je flotte,
Et je ne puis croire à tant de bonheur.
Vous m'aimeriez, vous, madame Charlotte?

Mme CHARLOTTE.

Ah! j'ai trahi le secret de mon cœur!

FRITZ.

Eh bien! tant mieux, l'occasion est belle,
C'est le moyen d'oublier l'infidèle.
Pour la punir, je prétends, devant elle,
Vous épouser, quand j'en devrais mourir,
Oui, oui, oui, quand j'en devrais mourir!

Ensemble.

FRITZ.

Douce espérance! etc.

Mme CHARLOTTE.

Douce espérance! etc.

SCÈNE II.

Les mêmes ; HENRIETTE, pâle et les yeux baissés, entrant par la porte à droite.

FRITZ.

La voici !

Mme CHARLOTTE.

Comment ! mademoiselle, après ce qui s'est passé, vous osez encore vous présenter dans une maison aussi respectable !

HENRIETTE, relevant la tête avec dignité.

Je n'ai rien fait, madame, qui puisse vous donner le droit de me traiter ainsi ; ce n'est pas vous qu'il m'importe de persuader, c'est M. Fritz.

FRITZ.

Moi !

HENRIETTE.

Je vous jure, monsieur, par ce qu'il y a de plus saint au monde, que je ne vous ai pas trompé, que je n'ai point trahi mes devoirs.

FRITZ.

Eh ! comment M. le comte de Lowenstein, que ce matin vous me peigniez si noble et si généreux, pourrait-il vous accuser lui-même ?

HENRIETTE.

Je l'ai entendu, et je ne puis le croire encore.

Mme CHARLOTTE.

Quand il aurait gardé le silence, il est des faits qui parlent d'eux-mêmes ; car enfin, cette chaîne d'or que M. Frédéric portait hier, n'est-ce pas lui qui vous l'a donnée ?

HENRIETTE.

C'est vrai.

FRITZ.

Et pourquoi l'avez-vous acceptée? et pourquoi M. de Saldorf soutenait-il qu'elle venait de lui? Vous vous entendiez donc pour me tromper, pour me trahir! c'était un complot général!

HENRIETTE.

Toutes les apparences sont contre moi, j'en conviens; et madame et tout le monde ont le droit de m'accuser. Mais vous, peut-être, vous ne le deviez pas.

FRITZ.

Et pourquoi cela?

HENRIETTE.

Vous m'aimiez, disiez-vous; vous vouliez mériter mon estime, mon amour. Eh bien! tout m'accable, tout m'abandonne; je suis sans protecteur, sans appui; je n'ai pour moi que ma propre conscience, que le témoignage de mon cœur; je n'ai point d'autres preuves à vous donner; êtes-vous assez généreux pour y croire, pour me défendre seul contre l'opinion qui m'accuse?

FRITZ.

Mam'selle Henriette!

HENRIETTE.

Vous n'aurez point à vous en repentir, je vous le jure; c'est acquérir à ma reconnaissance des droits éternels, c'est m'enchaîner à vous par un bienfait que ma vie entière pourrait à peine acquitter. Oui, Fritz, je ne vous ai point trompé, je suis digne de vous, je l'atteste devant Dieu qui m'entend. Me croyez-vous?

FRITZ.

Mais, écoutez donc!

Mme CHARLOTTE, bas à Fritz.

Seriez-vous encore sa dupe?

HENRIETTE.

Répondez; au fond du cœur, me croyez-vous?

FRITZ, hésitant et regardant madame Charlotte.

Eh bien! eh bien, non!

HENRIETTE, froidement.

Il suffit. Il ne m'importe plus maintenant de vous convaincre, et toute affection est éteinte en mon cœur.

FRITZ.

Oui, perfide! oui, vous l'avez voulu; je reprends ma foi pour l'offrir à quelqu'un qui en est plus digne que vous, à madame Charlotte, dont j'ai méconnu la tendresse; c'est elle que j'aime, que j'épouse.

Mme CHARLOTTE.

Pour vous, mademoiselle, je vous donne encore jusqu'à ce soir; d'ici là, vous pouvez chercher un autre asile, et je m'en vais écrire à votre père pour lui apprendre les motifs de votre départ.

HENRIETTE.

Mon père!

(Ils sortent.)

SCÈNE III.

HENRIETTE, seule.

Mon père! a-t-elle dit.

AIR.

De quels nouveaux malheurs vient-on m'épouvanter?
    Qu'ai-je fait pour les mériter?

    Un ciel serein et sans nuage
    Ne m'annonçait que d'heureux jours,
    Et ma vie exempte d'orage,
    S'écoulait paisible en son cours.
    Soudain éclate avec furie
    L'orage que j'avais bravé :
    L'honneur, le repos de ma vie,
    Hélas! ils m'ont tout enlevé!

Je n'ai plus d'amis sur la terre,
Chacun me fuit avec effroi ;
Et peut-être, de mon vieux père
Les bras vont se fermer pour moi !

Dieu puissant que j'implore,
Toi qui lis dans mon cœur,
Toi seul me reste encore,
Deviens mon protecteur !

SCÈNE IV.

HENRIETTE, FRÉDÉRIC.

HENRIETTE, l'apercevant et jetant un cri.

O ciel ! (Elle s'enfuit à l'autre bout du théâtre.) Vous, monsieur ! vous l'auteur de tous mes maux !... qui vous amène ici ? que vous manque-t-il encore ? est-ce le spectacle de ma douleur et la vue de mes larmes ?

FRÉDÉRIC, les yeux baissés et parlant lentement, avec peine.

Henriette, je suis un malheureux que le remords accable, qui n'ose lever les yeux sur vous, qui n'ose même implorer à vos pieds une grâce qu'il est indigne d'obtenir. J'ai détruit votre bonheur, celui de Fritz.

HENRIETTE, de même.

Il m'abandonne aussi ! il en épouse une autre ; je ne lui en veux pas. Puisqu'il a pu vous croire, il ne me méritait pas, et je ne puis aimer longtemps ceux que je n'estime plus !

FRÉDÉRIC.

Ah ! vous prononcez mon arrêt ! mais vous ne pouvez savoir, vous ne saurez jamais ce que je souffre, ni les tourments que j'éprouve.

HENRIETTE.

Et quels sont-ils ? Pour vous rendre le bonheur, pour adoucir vos chagrins, j'aurais sacrifié ma vie ; mais mon honneur, mais celui de mon père! pouvais-je vous les donner?

FRÉDÉRIC.

Écoute. (Regardant autour de lui et à voix basse.) Telle est l'horreur de mon sort, que je ne puis réparer mon crime sans en commettre un nouveau, sans mériter aux yeux du monde et aux miens les reproches que tu m'adresses.

HENRIETTE.

Que dites-vous?

FRÉDÉRIC.

Que je suis seul coupable, et que c'est à moi de m'en punir. J'irai loin de vous, de ma patrie, chercher la mort que j'ai méritée.

HENRIETTE, avec tendresse.

Frédéric!

FRÉDÉRIC.

Mais ces lieux que je quitte, tu ne peux y rester après l'éclat d'aujourd'hui! Retourne vers ton vieux père qui jadis a sauvé le mien, porte-lui cet écrit, cherchez tous deux dans un asile éloigné le repos et le bonheur; tu peux encore le retrouver, toi! (A voix basse.) tu n'as rien à te reprocher.

HENRIETTE.

Cet écrit doit-il au moins me justifier à ses yeux?

FRÉDÉRIC.

Cet acte est pour toi seule, il t'appartient. Décidé à mourir, je n'ai plus besoin de rien, et je t'abandonne dès ce moment tous mes biens, tout ce que je possède.

HENRIETTE, le repoussant.

Et vous pouvez croire?...

FRÉDÉRIC, d'un air suppliant.

Ah! ne m'accablez pas! Ne me refusez pas le seul moyen que le ciel m'offre encore de réparer mon crime.

HENRIETTE, avec fierté et jetant l'écrit loin d'elle.

Ce ne sont point vos trésors qu'il me faut; c'est la vérité, la vérité tout entière, qui seule peut me justifier à tous les yeux! Refuserez-vous une pauvre fille qui vous demande à genoux de lui rendre l'honneur?

DUO.

HENRIETTE.

Au nom du Dieu tout-puissant,
Du Dieu qui nous entend,
Ici je vous implore!

FRÉDÉRIC.

Ah! rien n'égale mon tourment!

HENRIETTE.

Ce matin vous disiez encore :
(Reprise du motif de la romance du second acte.)
« O toi qui fus ma sœur, ma compagne fidèle,
« De ma mère reçois ce souvenir chéri!...

FRÉDÉRIC, troublé.

O ciel!

HENRIETTE.

« Je jure ici devant Dieu, devant elle,
« D'être toujours ton frère, ton ami! »

FRÉDÉRIC, cachant sa tête dans ses mains.

Ah! malheureux!

HENRIETTE, lui montrant la chaîne qui est à son cou.

De votre mère
Ce souvenir, le voici.

FRÉDÉRIC, hors de lui.

Mon Dieu! que dois-je faire?

HENRIETTE.

Ah! rendez-moi mon frère,
Rendez-moi mon ami!

Ensemble.

FRÉDÉRIC.

Ah! quel trouble m'agite!
Et l'amour et l'honneur

Se disputent mon cœur.

HENRIETTE.

Il balance, il hésite.
Que la voix de l'honneur
Arrive à votre cœur !

FRÉDÉRIC, dans le dernier trouble.

Je n'y résiste plus. O justice suprême !
S'il faut pour te sauver perdre tout ce que j'aime,
Et moi-même avec elle... Apprends donc, tu le veux,
Apprends donc mon secret.

HENRIETTE.

Achevez !

FRÉDÉRIC, à part, apercevant M. de Saldorf qui entre.

Ah ! grands dieux !

Saldorf ! qu'allais-je faire ? (Bas à Henriette.) Je ne puis, ce secret n'est pas le mien ; mais je te sauverai, je le jure. Adieu, je reviens.

(Il sort.)

SCÈNE V.

HENRIETTE, M. DE SALDORF, qui est entré à la fin de la scène précédente.

SALDORF.

Monsieur le comte ! mon cher Frédéric ! Eh bien !... il disparaît sans me parler, sans vouloir m'entendre, il est fâché contre moi, et j'en suis désolé. Aussi je venais me justifier auprès de lui, et auprès de toi, ma chère Henriette.

HENRIETTE.

Vous, monsieur !

SALDORF.

Eh ! oui, j'avais juré au comte de Lowenstein de ne jamais parler de ce qu'il m'avait confié, et c'était bien mon dessein ; mais ce hasard que je ne pouvais prévoir, ce jaloux de Fritz qui nous écoutait... et puis, j'en conviens, j'ai eu tort, j'ai peut-être forcé le comte de Lowenstein à parler plus qu'il n'aurait voulu ; mais c'est que je suis susceptible en diable sur le point d'honneur, et il m'était venu un instant une idée... si absurde... (Apercevant le papier qui est à terre.) Eh ! mais, qu'est-ce que je vois là ? quel est ce papier ? (Lisant.) Une donation en bonne forme, signée du comte de Lowenstein ! (A part.) Donner à cette petite fille une somme aussi énorme ! décidément il en est fou, il en perd la tête. (A Henriette.) Tiens, mon enfant, voilà qui est à toi, qui est en ton nom.

HENRIETTE, le repoussant de la main.

Je le sais, monsieur, et je l'ai déjà refusé.

SALDORF.

Et pourquoi ?

HENRIETTE.

C'est que l'accepter, serait avouer que je suis coupable, (Prenant le papier des mains de M. de Saldorf et le déchirant.) et je vous le répète, monsieur, je ne le suis pas.

SALDORF, riant.

C'est très-bien ! et je le concevrais, si ces demoiselles, ou si Fritz étaient là... (Regardant autour de lui.) à moins qu'il ne nous écoute encore ! (A demi-voix.) Mais entre nous deux, à moi, qui suis au fait, tu peux bien avouer...

HENRIETTE.

Et quoi donc ?

SALDORF.

Avouer ce qui en est. Car enfin, ne nous fâchons pas, j'étais là quand on l'a arrêté au moment où il descendait du balcon.

HENRIETTE, étonnée.

Quel balcon ?

SALDORF.

Celui de mon hôtel, le balcon au premier, qui donne sur la chambre où tu as passé la nuit.

16.

HENRIETTE.

Mais je n'ai point passé la nuit à l'hôtel.

SALDORF.

Que dis-tu?

HENRIETTE.

Madame de Saldorf m'a renvoyée avant minuit. Elle a voulu rester seule; et moi, sans que personne me vît, je suis rentrée à la maison, d'où je ne suis sortie que ce matin.

SALDORF.

O ciel! et pour qui donc alors Frédéric allait-il cette nuit dans mon hôtel?

HENRIETTE, à part.

Qu'entends-je!

SALDORF.

Il n'y avait que ma femme, elle y était seule, elle avait voulu y rester seule! c'était pour le recevoir, elle l'attendait! plus de doutes.

HENRIETTE, à part.

Malheureuse! qu'ai-je fait? (Allant à M. de Saldorf.) Monsieur!

SALDORF, furieux.

Laisse-moi.

DUO.

Ensemble.

SALDORF.

Que ce lâche, ce téméraire,
Redoute ma juste colère!
Rien ne peut calmer ma fureur;
Je punirai le séducteur.

HENRIETTE.

Pour les sauver que puis-je faire?
Inspire-moi, Dieu tutélaire!
Comment, hélas! toucher son cœur?
Comment désarmer sa fureur?

HENRIETTE, à part.

Je connais donc enfin ce funeste mystère !

SALDORF, qui s'est mis à la table et qui écrit.

« Je sais tout, mon outrage et votre trahison ;
« J'abandonne à jamais une épouse coupable,
« Je brise tous nos nœuds ; mais d'un affront semblable
« Votre sang aujourd'hui doit me rendre raison.
    « Je vous attends. »

(Il ferme la lettre.)

HENRIETTE, à part.

Ah ! leur perte est jurée !
Ma bienfaitrice, hélas ! déshonorée,
Frédéric expirant. O remords superflus !
    Et c'est moi qui les ai perdus !

Ensemble.

SALDORF.

Que ce lâche, ce téméraire,
Redoute ma juste colère !
Rien ne peut calmer ma fureur :
Je punirai le séducteur ;
Courons punir le séducteur.

HENRIETTE.

Pour les sauver que puis-je faire ?
Inspire-moi, Dieu tutélaire !
Comment leur rendre le bonheur ?
    (Montrant Saldorf.)
Et comment tromper sa fureur ?

(Il va pour sortir, et Henriette qui le retient le ramène au fond du théâtre.)

SCÈNE VI.

Les mêmes ; Mme CHARLOTTE, FRITZ, MINA, et plusieurs Demoiselles du Magasin, sortant de la porte à gauche et s'arrêtant au fond pour écouter.

Mme CHARLOTTE.
Eh! mais, quel bruit fait-on chez nous?

FRITZ.
C'est Henriette; taisez-vous.

HENRIETTE, retenant M. de Saldorf.
Un seul instant écoutez-moi.

SALDORF.
Non, je cours le punir, l'honneur m'en fait la loi.

HENRIETTE.
Gardez-vous d'écouter l'erreur qui vous abuse.

SALDORF.
Une erreur, dites-vous? quand, d'après vos récits...

HENRIETTE.
Pour me justifier je cherchais une excuse;
Et vous tromper alors pouvait m'être permis.
Mais l'honneur me défend de souffrir qu'on accuse
Une autre d'un forfait que moi seule ai commis.

SALDORF, avec joie.
Quoi! ma femme?...

HENRIETTE, à voix basse.
N'est point coupable.

SALDORF.
Et Frédéric?

HENRIETTE, de même.
Il a ma foi.

SALDORF.
Ce rendez-vous?...

HENRIETTE, de même.
Était pour moi.

SALDORF.
Et celle qu'il aime ?...
HENRIETTE, de même.
C'est moi.
C'est moi seule, c'est moi ;
Je le confie à votre foi.

FRITZ, Mme CHARLOTTE et LES JEUNES FILLES, restées au fond du théâtre, s'avançant en ce moment.
O trahison épouvantable,
Elle convient de son forfait !

HENRIETTE, avec effroi.
O ciel ! on m'écoutait !

Ensemble.

FRITZ.
Ah ! c'est indigne ! ah ! c'est infâme !
Craignez le courroux qui m'enflamme !
Elle en convient ! ah ! quelle horreur !
Non, rien n'égale ma fureur !

Mme CHARLOTTE et LES JEUNES FILLES.
Ah ! c'est indigne ! ah ! c'est infâme !
On peut aimer au fond de l'âme ;
Mais en convenir, quelle horreur !
Rien n'excuse une telle erreur.

SALDORF, à part.
Le calme rentre dans mon âme !
Ai-je pu soupçonner ma femme !
Je ris de ma propre fureur,
Et je reviens de mon erreur.

HENRIETTE, dans le dernier accablement.
Grand Dieu ! toi qui lis dans mon âme !
C'est ton appui que je réclame ;
Car je sens défaillir mon cœur,
Et je succombe à mon malheur !

FRITZ, à madame Charlotte.

Ah ! je n'ai plus de doute en ma fureur jalouse !
Et c'est vous, à présent, oui, c'est vous que j'épouse.

Mme CHARLOTTE.

Mais, après de pareils aveux,
Comment la garder en ces lieux ?

Ensemble.

SALDORF.

Ah ! que je plains son sort affreux !
C'est un arrêt trop rigoureux.

Mme CHARLOTTE.

Oui, je l'exige, je le veux ;
Sortez à l'instant de ces lieux.

FRITZ et LES JEUNES FILLES.

Après de semblables aveux,
Sortez à l'instant de ces lieux.

HENRIETTE, pâle et tremblante.

Fuyons, fuyons loin de ces lieux,
Cachons ma honte à tous les yeux.

(On lui ouvre un passage. Elle va pour sortir par la porte du fond, lorsque Frédéric paraît et la ramène par la main.)

SCÈNE VII.

LES MÊMES ; FRÉDÉRIC.

FRÉDÉRIC.

La chasser ! et pourquoi ? Qui l'oserait, quand je prends sa défense ?

FRITZ.

Sa défense ! Ah bien ! oui, il n'est plus temps : elle a tout avoué.

FRÉDÉRIC, étonné.

Que dites-vous ?

SALDORF, le prenant à part, et à voix basse.

Oui, mon cher, et ce que vous pouvez faire de mieux maintenant, c'est de vous taire ; car la pauvre enfant est convenue de tout, fort heureusement pour moi qui, sur quelques mots mal interprétés, allais me brûler la cervelle avec vous.

FRÉDÉRIC, cachant son trouble.

Se peut-il! (S'approchant d'Henriette avec confusion et respect.) Comment ! Henriette, vous avez dit ?...

HENRIETTE, se levant du fauteuil où elle était tombée et se soutenant à peine.

Oui, monsieur; qu'importe la perte d'une pauvre fille? Je devais trop à ma bienfaitrice pour la laisser soupçonner; dites-lui que je n'oublierai jamais ses bontés; mais maintenant (A voix basse et avec une expression douloureuse.) je crois que nous sommes quittes !

FRÉDÉRIC.

Mais moi, Henriette, je ne le suis pas envers vous, et je dois témoignage à la vérité. (A haute voix.) Oui, je l'aimais, j'en conviens ; mais j'atteste que, toujours vertueuse, Henriette n'a rien à se reprocher, et qu'elle n'a d'autre tort que mon amour qui l'a compromise. (S'approchant d'elle.) Ce matin, Henriette, ces richesses, ces trésors que je vous offrais pour réparer ma faute, vous les avez repoussés.

FRITZ et Mme CHARLOTTE.

Serait-il vrai !

SALDORF.

J'en ai été le témoin.

FRÉDÉRIC.

Eh bien ! je vous les offre encore. Les refuserez-vous de la main d'un époux ?...

FINALE.

TOUS.

Grand Dieu ! lui, son époux !

HENRIETTE, éperdue et tombant dans le fauteuil qui est près d'elle.
Vous, Frédéric, que dites-vous ?

FRÉDÉRIC.

(Reprise de la romance du deuxième acte.)

O toi qui fus toujours ma sœur et mon amie,
J'avais juré de protéger ta vie,
Pour protecteur accepte ton époux !

HENRIETTE.

De respect, de reconnaissance,
C'est moi qui tombe à vos genoux.

FRITZ, à madame Charlotte.

Avais-je tort d'être jaloux ?

Mme CHARLOTTE.

Former une telle alliance !
Jamais un tel bonheur ne nous arriverait !

FRÉDÉRIC, à Henriette.

Ta bienfaitrice approuve mon projet,
Que je venais de lui faire connaître.
Partons, elle nous attend.

SALDORF.

La noblesse crîra peut-être;
Mais franchement, oui, franchement,
Il ne pouvait faire autrement.

LES JEUNES FILLES.

Elle est comtesse ! ah ! quel bonheur !
Chantons, célébrons leur bonheur !

LES DEUX NUITS

OPÉRA-COMIQUE EN TROIS ACTES

En société avec M. Bouilly

MUSIQUE DE A.-F. BOIELDIEU.

Théatre de l'Opéra-Comique. — 20 Mai 1829.

PERSONNAGES. ACTEURS.

LORD FINGAR, colonel d'un régiment de cavalerie irlandaise. — MM. LEMONNIER.
SIR ÉDOUARD ACTON, capitaine-major d'un régiment d'infanterie. . . . . MOREAU-SAINTI.
MAC-DOWEL, — DAMOREAU.
BLAKFORT, — TILLY.
DUNCAN, — GÉNOT.
FALGAR, } jeunes officiers . . . . . — HENRY.
DOUGLAS, — CAVÉ.
WALTER, — THIANNI.
MONTCALME, — LOUVET.
STROUNN, ancien marin, concierge du château de Butland. — BOULARD.
CARILL, jeune montagnard amoureux de Betty. . . . . — FÉRÉOL.
VICTOR, valet français au service de sir Édouard . . . . — CHOLLET.
JAKMANN, valet et confident de lord Fingar. — BELNIE.
JOBSON, constable. . . . . — FARGUEIL.

MALVINA DE MORVEN, orpheline et nièce du duc de Calderhal, gouverneur de Dublin. Mmes CASIMIR.
BETTY, fille de Strounn . . . . — PRADHER.

PLUSIEURS JEUNES SEIGNEURS IRLANDAIS. — VALETS de différentes livrées. — HABITANTS de la ville de Dublin. — AGRICULTEURS des montagnes de Butland.

A Dublin, au premier acte. Au château de Butland au deuxième acte.
A l'abbaye de Saint-Dunstan au troisième acte.

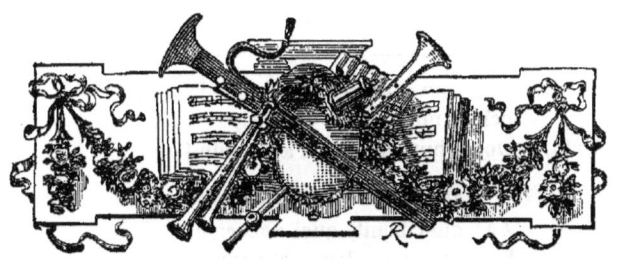

LES DEUX NUITS

ACTE PREMIER

Un riche salon de la taverne de l'*Aigle d'or*, à Dublin. — A droite et à gauche, sur un guéridon, des verres à punch. Au fond, une grande croisée donnant sur un balcon ; elle est ornée d'une draperie dont les rideaux sont tirés. Sur chaque côté de la coulisse, une porte mène à des pièces adjacentes. Celle à gauche du spectateur conduit dans la salle à manger, où l'on entend, au lever de la toile, le bruit d'un souper joyeux, et la voix de nombreux convives, répétant en chœur de vieux refrains irlandais. Plusieurs lustres allumés annoncent que la scène se passe pendant la nuit.

SCÈNE PREMIÈRE.

JAKMANN, DEUX JOCKEYS, sous la livrée de lord Fingar. PLUSIEURS VALETS sous différentes livrées. Peu après, VICTOR.

INTRODUCTION.

(Ils entrent tous, la serviette à la main, par la porte à droite du spectateur.)

LES CONVIVES, dans la coulisse.
Amis, demain, que l'aurore

Nous retrouve le verre en main !
Bacchus nous invite encore,
Amis, buvons, buvons jusqu'à demain !

JAKMANN, et LES VALETS.

Ah ! quel bruit, quel vacarme !
Par leurs cris, leurs chansons,
Ils vont jeter l'alarme
Dans tous les environs.

JAKMANN.

Je reconnais bien là mon maître ;
Généreux, aimant à paraître,
Il a voulu réunir à grands frais
Tous les plus fous des seigneurs irlandais.

(On entend chanter, dans la coulisse, le chœur suivant.)

LES CONVIVES, dans la coulisse.

Amis, demain, que l'aurore, etc.

JAKMANN et LES VALETS, sur la scène.

Ah ! quel bruit, quel vacarme ! etc.

VICTOR, entrant la serviette à la main.

Quelle abondance !
Quelle élégance !
C'est un souper délicieux.
Que de gaîté ! que de propos joyeux !
D'honneur, il me semble être en France !

JAKMANN.

A mon maître, à coup sûr, il en coûtera cher.

VICTOR.

Que de vins délicats ! que de bouchons en l'air !
Du vin d'Aï, moi, j'aime la folie :
Dans sa fougue charmante on dirait qu'il défie
Le plus intrépide buveur.

(Imitant le bruit de plusieurs bouchons qui sautent.)

Pif, paf, paf, pouf ! ah ! cette artillerie
Vaut bien celle du champ d'honneur.

Ensemble.

LES CONVIVES, dans la coulisse.

Amis, demain, que l'aurore, etc.

VICTOR.

Que j'aime ce vacarme!
Comme eux, buvons, chantons.
Comme eux, jetons l'alarme
Dans tous les environs.

JAKMANN et LES VALETS, sur la scène.

Ah! quel bruit, quel vacarme! etc.

VICTOR.

Allez donc, allez donc! on demande encore du champagne.

(Plusieurs domestiques sortent.)

JAKMANN.

Quel beau souper!

VICTOR.

Je m'en vante! un souper que j'ai commandé moi-même à l'*Aigle d'or*, la taverne la plus renommée de la ville de Dublin.

JAKMANN.

Il me semble seulement, monsieur Victor, que nos maîtres restent bien longtemps à table.

VICTOR.

Eh! que vous importe?

JAKMANN.

C'est qu'il faut qu'ils aient fini, pour que nous commencions.

VICTOR.

Monsieur Jakmann est pressé.

JAKMANN.

Toujours; il faut que j'aille vite, c'est mon état : quand on est coureur d'un grand seigneur...

VICTOR.

Une belle place, qui peut vous mener loin.

JAKMANN.

Trop loin; car, avec lord Fingar mon maître, on n'a pas un moment pour se reposer. Ne me parlez pas de ces jeunes gens à la mode, de ces brillants militaires, qui ont des inclinations dans tous les quartiers de la ville! l'inconstance est une chose terrible pour les coureurs! aussi, quoique je sois bien payé, j'envie quelquefois le sort de Thomas, le cocher.

VICTOR.

Je comprends : un poste plus élevé.

JAKMANN.

Non; mais c'est qu'il est toujours assis; ça doit être si agréable! moi, toute mon ambition est de m'asseoir un jour.

VICTOR.

Comme nous allons le faire tout à l'heure, devant une bonne table.

JAKMANN.

Oui, c'est une retraite... et vous, monsieur Victor?

VICTOR.

Moi, je ne suis que trop paisible! valet de chambre parisien, et ne pouvant rester en place, tour à tour soldat, peintre, musicien, j'ai fait tous les métiers qui ne rapportent rien. J'ai manié le fusil en Belgique, le pinceau en Italie, la guitare en Espagne, et revenant à la livrée, mes premières amours, j'ai quitté de nouveau ma patrie pour suivre sir Édouard Acton, seigneur irlandais, espérant avec lui courir les grandes aventures, et perfectionner ici mon génie naturel. Eh bien! pas du tout, je ne fais rien; je perds mon talent, je me rouille, faute d'exercice.

JAKMANN, se frottant les jambes.

Ce n'est pas comme moi; votre maître ne ressemble donc pas au mien? il n'aime pas toutes les belles?

VICTOR.

Il n'en aime qu'une... à la fois; il a de l'ordre, et encore, dans ce moment-ci, celle qu'il adore, il ne sait pas où elle est; voilà ce qui nous retient dans l'inaction.

JAKMANN.

Vraiment!

VICTOR.

Eh! oui, une beauté céleste, une jeune Irlandaise qui, comme lui, voyageait en France. Deux compatriotes qui se rencontrent en pays étranger sont si disposés à s'aimer! l'éloignement nous rapproche. Aussi, il paraît que mon maître, car je n'étais pas encore à son service, était décidément amoureux, et que même cet amour était partagé, lorsqu'une maudite lettre française tomba entre les mains de sa belle compatriote.

JAKMANN.

Une lettre?

VICTOR.

Oui, une ancienne passion, une inclination antérieure, que nous avions oubliée depuis longtemps; mais, sans daigner se plaindre, sans nous adresser un reproche, sans même faire attention à la date, ce qui, en fait de trahison, est bien essentiel, la belle Malvina est partie sur-le-champ; et, contre l'ordinaire des beautés fugitives, qui s'arrangent toujours pour être poursuivies, celle-ci n'a laissé aucun indice, aucune trace de son départ; est-elle restée sur le continent? est-elle revenue dans les trois royaumes? c'est ce que mon maître n'a pu deviner, et c'est dans cette circonstance qu'il m'a pris à son service, je suis entré dans un interrègne.

JAKMANN.

Vous êtes bien heureux, il n'y en a jamais chez nous. Mais quel est ce bruit?

VICTOR.

Ce sont nos maîtres qui sortent de table; à notre tour

passons à l'office, et reposons-nous des fatigues de la nuit, en faisant trinquer ensemble la France et l'Angleterre. (Il passe le bras sur l'épaule de Jakmann, qui sourit malgré lui.) Il a ri! j'ai fait rire un Anglais!... Allons, grave Jakmann, on fera quelque chose de vous, et ce premier accès de gaieté doit être inscrit parmi les exploits qui signaleront ma carrière.

(Ils sortent par le fond.)

SCÈNE II.

LORD FINGAR, ÉDOUARD, DUNCAN, Officiers de différents corps, anglais et irlandais.

LORD FINGAR.

A merveille! c'est ainsi que j'aime les réconciliations, le verre à la main. (A deux officiers.) J'espère, messieurs, que tout est oublié. (Les deux officiers se donnent une poignée de main.) A la bonne heure; deux officiers de mon régiment, se battre en l'honneur d'une conquête, qui les trahit peut-être pour un troisième! (Bas à Édouard.) j'en sais quelque chose. (Haut.) Mes amis, pour conserver la mémoire de ce joyeux souper, jurons ici de ne jamais terminer autrement nos querelles d'amour; se fâcher pour une infidélité! c'est absurde, c'est vouloir passer sa vie l'épée à la main; aussi, j'ai pris le parti d'en rire; et je vous défie ici, par le vin de Champagne que j'ai bu, d'altérer en rien ma philosophie ou ma joyeuse humeur, dussiez-vous, si vous le pouvez, m'enlever toutes mes maîtresses.

DUNCAN et LES AUTRES.

Accepté!

LORD FINGAR, vivement.

A charge de revanche.

DUNCAN.

C'est juste.

LORD FINGAR.

Il n'y a que sir Édouard qui n'est pas du traité ; il a déjà peur.

ÉDOUARD.

Moi ! au contraire, je n'y trouve que trop d'avantages, car n'ayant aucune belle qui s'intéresse à moi, je ne crains pas qu'on me l'enlève.

LORD FINGAR.

Vraiment ! pauvre garçon ! je vous demande pardon de vous avoir accusé. Oui, je vous soupçonnais d'être amoureux ; car vous n'êtes pas à la hauteur de nos principes. J'ai remarqué qu'à table vous étiez toujours en arrière de trois ou quatre verres de champagne.

ÉDOUARD.

C'est possible. Vous, colonel, vous êtes toujours en avant.

LORD FINGAR.

Un colonel, c'est de droit ; mais savez-vous que vous n'êtes plus reconnaissable, depuis votre retour de France. Ici même, dans votre patrie, il semble que vous regrettiez ce pays-là.

ÉDOUARD.

Ah ! c'est qu'il me rappelle des souvenirs...

COUPLETS.

Premier couplet.

Le beau pays de France
Est un séjour favorisé des cieux ;
Lui seul produit en abondance
Joyeux refrains et vins délicieux.
Il plaît au cœur, il plaît aux yeux,
Le beau pays de France !

Deuxième couplet.

Au beau pays de France
Mille beautés ont droit de nous charmer ;
Que de grâce ! que d'élégance !

Le plaisir seul y sait tout animer.
C'est en riant qu'on sait aimer,
Au beau pays de France !

Troisième couplet.

Charmant pays de France,
Tu plais au brave, au galant troubadour ;
L'un aux combats pour toi s'élance,
L'autre pour toi redit les chants d'amour.
Pourrai-je encor te voir un jour,
Charmant pays de France ?

SCÈNE III.

Les mêmes ; JAKMANN.

JAKMANN.

Milord, c'est la carte.

LORD FINGAR, la prenant.

C'est juste ; moi l'amphitryon, cela me regarde. Deux cents guinées ! ce n'est pas cher, pour un dîner qui dure jusqu'au souper ; et quel repas ! On voit que sir Édouard s'était chargé de le commander.

ÉDOUARD.

Ce n'est pas moi, c'est Victor, mon valet de chambre ; un sujet admirable.

LORD FINGAR.

Ce n'est pas comme ce paresseux de Jakmann que j'essaie en vain de former, et qui n'arrivera jamais.

JAKMANN.

Ce n'est pas faute de faire du chemin.

LORD FINGAR, lui jetant une bourse.

Fais dresser la table de jeu dans la salle à côté, et dis qu'on nous fasse du punch ; et puis ne t'éloigne pas, j'aurai plus tard d'autres commissions à te donner.

JAKMANN, à part.

Il a déjà peur que je ne me repose.

(Il sort.)

ÉDOUARD, regardant Jakmann qui sort lentement.

N'est-ce pas votre coureur?

LORD FINGAR.

Oui : un poltron, un imbécile, qui n'a d'esprit que dans les jambes; mais elles sont longues. Il a été autrefois le premier marcheur des trois royaumes. Je lui ai donné par an jusqu'à six mille livres.

ÉDOUARD.

Vous qui n'en avez que douze, en donner six à votre coureur!

LORD FINGAR.

C'est le moyen d'avoir toujours devant soi la moitié de son revenu; mais maintenant, mes amis, c'est bien changé, et je peux, tous les jours, sans me gêner, vous donner des dîners comme celui-ci; car demain, à pareille heure, je serai riche à jamais, et qui plus est, marié.

ÉDOUARD.

Et vous ne nous en disiez rien?

LORD FINGAR.

Ce n'était pas sans motif. J'avais un excellent oncle, le duc de Calderhal, qui adorait le mariage, et qui pourtant est mort garçon. Du reste, une foule de bonnes qualités et un million de rentes; il est mort, je ne lui en veux pas...

ÉDOUARD.

En vous laissant sa fortune...

LORD FINGAR.

Au contraire, en la laissant tout entière à une nièce, sa fille adoptive, la plus jolie fille d'Irlande, à la seule condition que, dans les trois mois qui suivront son décès, elle prendra un mari à son choix, n'importe lequel, pourvu que dans les trois mois elle soit mariée.

ÉDOUARD.

Et si elle ne l'est pas?

LORD FINGAR.

C'est à moi que revient toute la fortune; clause à peu près inutile, et qui me laisserait peu d'espoir, car vous sentez bien qu'en trois mois de temps une jolie fille, qui peut apporter en dot un million de rentes...

ÉDOUARD.

Doit aisément trouver à se marier.

LORD FINGAR.

Il y a tant d'amateurs! aussi ma seule ressource était de me mettre sur les rangs; il était naturel que j'eusse des vues tout comme un autre, moi, surtout, qui, en qualité de plus proche parent, avais été nommé tuteur, et un tuteur de vingt-cinq ans peut bien faire un mari. Mais avoir à lutter contre une foule de rivaux, être obligé surtout à une constance et à une cour assidues... je ne l'aurais jamais pu, même pour un million. Aussi, jugez de ma joie, lorsque ma jolie cousine me demanda à passer les trois mois de deuil dans la solitude la plus absolue! Vous comprenez que je ne suis pas de ces tuteurs jaloux et farouches qui contrarient leur pupille; et pour obéir à la mienne, et lui faire plaisir, je l'ai confinée dans un vieux château qui dépend de la succession, et où personne, excepté moi, n'a le droit de la voir. Château féodal, orné de tourelles, pont-levis, bastions et de tous ses agréments romantiques. C'est là que, sous la garde de fidèles vassaux, et sous la surveillance d'un concierge qui m'est dévoué, ma belle cousine se livre en paix aux beaux-arts et à toutes les jouissances de la mélancolie.

DUNCAN.

Je vous avoue, colonel, que je trouve à cette aventure quelque chose de piquant et d'original.

LORD FINGAR.

Situation délicieuse! et le meilleur, c'est que tout cela

finit la nuit prochaine, à minuit, époque où les trois mois expirent.

DUNCAN.

Quoi! demain à pareille heure, vous serez marié?

LORD FINGAR.

Ou millionnaire, l'un ou l'autre, et probablement l'un et l'autre. Aussi, mes amis, je vous invite à ma noce.

DUNCAN.

De grand cœur; partons sur-le-champ.

LORD FINGAR.

Non, demain soir, pas avant.

DUNCAN.

Et pourquoi?

LORD FINGAR, riant.

Pourquoi? eh! mais, à cause de ce que nous disions tout à l'heure, en sortant de table.

ÉDOUARD, souriant.

J'entends; c'est vous qui maintenant avez peur.

LORD FINGAR.

Non pas; mais je prends mes précautions, je me tiens sur mes gardes. Je permets l'attaque, vous devez me permettre la défense.

DUNCAN.

A la bonne heure!... vous devez au moins nous indiquer où est située cette forteresse impénétrable.

LORD FINGAR.

Mieux que cela : je vous y conduirai moi-même demain soir, au moment du mariage.

DUNCAN.

Et le nom de votre jeune pupille, de cette charmante solitaire?

LORD FINGAR.

Vous le saurez, quand elle sera ma femme.

DUNCAN.

C'est aussi être par trop discret.

LORD FINGAR.

C'est le moyen de réussir avec les dames. Moi, d'abord, je suis toujours la discrétion même, avant... après, je ne dis pas. Mais, pour vous consoler et vous faire prendre patience, je puis, sans danger, vous montrer son portrait.

DUNCAN.

Ah! voyons.

ÉDOUARD, à part, et regardant le portrait que Fingar tire de son sein.

Dieu! Malvina.

LORD FINGAR.

Eh bien! qu'en dites-vous?

ÉDOUARD, troublé, et cherchant à se remettre.

Je dis... je dis... qu'elle n'est pas mal.

DUNCAN.

Vous êtes bien difficile! des traits comme ceux-là, c'est ce que j'ai vu de plus séduisant, de plus ravissant.

LORD FINGAR.

Eh bien! eh bien! capitaine, comme vous prenez feu! Je vois que j'ai eu raison de ne pas vous montrer l'original.

DUNCAN.

Ah! milord, vous êtes trop heureux!

LORD FINGAR.

Vous croyez? Mais tenez, tenez, les tables de jeu sont prêtes; j'ai déjà perdu, avant le souper, quelques centaines de guinées, et sir Édouard me doit une revanche.

ÉDOUARD.

Oui, milord, oui, je vous suis; commencez sans moi.

LORD FINGAR.

Voyons donc si la fortune me sera aussi favorable que l'amour! Allons, mes amis, demain le mariage, demain la

raison; voici ma dernière nuit de folie, dépêchons-nous.
(Ils sortent tous par la porte à droite du spectateur.)

SCÈNE IV.

ÉDOUARD, seul.

Qu'ai-je appris, grand Dieu! Malvina, dont j'ignorais le sort, Malvina qui me fuit, qui me croit infidèle, qui refuse de m'entendre, c'est elle qui, la nuit prochaine, doit épouser lord Fingar!...

SCÈNE V.

ÉDOUARD, VICTOR.

VICTOR, à la cantonade.

Je suis à vous dans l'instant; tâchez de vous maintenir à la hauteur de la table... car, du train dont ils y vont, je crains bien de les retrouver... (Faisant le geste de rouler à terre. A sir Édouard.) Eh quoi! seul ici, milord? Votre Seigneurie me paraît sombre et rêveuse.

ÉDOUARD.

Et ce n'est pas sans sujet. Apprends que cette jeune Irlandaise, qui fit en France une si vive impression sur mon cœur, cette Malvina de Morven, que nous cherchons en vain depuis trois mois...

VICTOR, vivement.

Vous avez de ses nouvelles?

ÉDOUARD.

A l'instant même! elle est au pouvoir de lord Fingar, qui la nuit prochaine doit l'épouser!

VICTOR, vivement.

Tant mieux!

ÉDOUARD, étonné.

Comment, tant mieux !

VICTOR.

Oui, vraiment ! si ce n'était qu'une de ces expéditions vulgaires dont on est rebattu, je ne l'entreprendrais pas ; non, milord, je ne l'entreprendrais pas ; il me faut, à moi, de ces positions tout à fait désespérées, de ces coups hardis, étonnants, de ces intrigues bien nouées, bien serrées, en un mot, de quoi développer les moyens que j'ai reçus de la nature, et qu'ont mûris dix années d'expérience. Combien de temps me donnez-vous ?

ÉDOUARD.

Un jour.

VICTOR.

Un jour !

ÉDOUARD.

Un seul, car, d'après le testament d'un oncle, demain, à minuit, Malvina doit être mariée, et si elle ne l'est pas, elle perd une fortune considérable qu'il n'est pas en mon pouvoir de lui rendre.

VICTOR.

Bon ! cela commence à merveille. Où est-elle ?

ÉDOUARD.

Je l'ignore !

VICTOR, étonné.

Vous l'ignorez ?

ÉDOUARD, avec impatience.

Eh oui ! sans doute.

VICTOR, riant.

C'est charmant ! Vous n'avez pas le moindre indice sur sa retraite ?

ÉDOUARD.

Pas le moindre.

VICTOR.

C'est divin ! Soupçonnez-vous que ce soit dans Dublin ?

ÉDOUARD.

Je suis sûr, au contraire, que c'est dans un château fort, au milieu de nos montagnes; mais il y en a tant dans ces environs.

VICTOR.

C'est admirable !... et la belle est sous la garde...

ÉDOUARD.

D'un véritable cerbère qu'on ne peut ni tromper, ni séduire.

VICTOR, gaiement.

Eh bien ! voilà qui me transporte, m'enflamme ! Parlez-moi d'une pareille expédition... je m'en charge, et je vous réponds du succès.

ÉDOUARD.

Mais comment parvenir en si peu de temps ?...

VICTOR.

C'est là le beau, l'admirable ! Si on pouvait attendre, on aurait toujours de l'esprit; le difficile est d'en avoir tout de suite, à volonté. Mais avant tout, monsieur, une seule question, qui va vous paraître bien commune, bien vulgaire, mais que les héros eux-mêmes sont obligés de faire avant d'entrer en campagne : sommes-nous en fonds ?

ÉDOUARD.

Plus que jamais; j'ai gagné cette nuit même trois cents guinées à lord Fingar ; tu peux en disposer.

VICTOR.

Comment ! c'est avec l'or de votre rival que nous allons le combattre ? Il est mort !

ÉDOUARD.

Ah ! si tu pouvais réussir !...

VICTOR, agité, et cherchant dans son imagination.

Si je réussirai ! j'imagine déjà... non je n'imagine rien ; mais laissez-moi réfléchir. (Apercevant Jakmann, qui entre du fond, dans le salon à droite, en portant un plateau de liqueurs.) Rentrez au salon, où votre absence serait remarquée ; retournez près de votre rival, redoublez de folies, et ne craignez rien ; je veille sur vous et sur lui.

(Édouard sort par la porte à droite.)

SCÈNE VI.

VICTOR, seul.

AIR.

Héros fameux de la grande livrée,
Scapin, Frontin, Hector, Sganarelle, Crispin,
J'invoque de vos noms la gloire révérée ;
Venez, inspirez-moi de votre esprit malin.
 Ils viennent tous ; je les vois, je les compte :
 C'est Sganarelle et son divin tabac ;
 Puis c'est Scapin, affublé de ce sac
  Où va s'envelopper Géronte.
  Plus loin, Hector grondant tout bas,
  Un gros Sénèque sous le bras !
   A cette mine joyeuse,
  A ce noir manteau de velours,
   C'est Crispin rêvant toujours
   Quelque folie amoureuse.
Mais écoutez... on rit de toute part ;
On chante aussi... c'est Thalie en goguette,
C'est Figaro tenant une lancette,
Et fredonnant un refrain de Mozart.
   Ah ! ah ! ah !
La séance est ouverte... ils sont tous rassemblés.

(Otant son chapeau.)

Je vous écoute, ô mes maîtres, parlez !

(S'asseyant et imitant diverses personnes qui parlent à la fois.)

— Avant tout, il faut plaire
Aux gens de la maison.
— D'un rival ou d'un frère
Il faut prendre le nom.
— Quiproquos et méprise..
— Et puis déguisement...
— Et finir l'entreprise
Par un enlèvement.
(Se bouchant les oreilles.)
Eh! messieurs, un moment!
(Recommençant à parler.)
— Je prendrais d'un notaire
La robe et le rabat.
— Il faut faire au beau-père
Signer un faux contrat.
— Faire jouer le maître...
— Enivrer le valet.
— Sauter par la fenêtre...
— Mettre en fuite le guet.
(Leur faisant signe de se taire.)
Eh ! messieurs, s'il vous plaît...
(Reprenant.)
— Pour tromper un tuteur, faut-il une autre ruse ?
(S'interrompant.)
— Eh non, l'on ne veut plus de tuteur qu'on abuse.
— Vraiment ? — Eh oui : nous en avons assez.
Les maris les ont remplacés.
— Prenez donc mon moyen.
— Eh non! c'est trop ancien.
— Prenez plutôt le mien.
— Le mien. — Le mien. — Le mien.
L'assemblée, où l'on n'entend rien,
Ne s'y reconnaît plus... Eh bien!

Toi, qu'implorent la grisette,
Le prince et l'humble bourgeois,
Toi qui devant une coquette
Fais courber le front des rois ;
Toi, qu'implorent les soubrettes
Dans les moments d'embarras,

Toi, qu'invoquent les poëtes
Dans tous les vers d'opéras...
Notre ressource éternelle,
O dieu malin ! dieu fripon !
S'il faut enfin qu'on t'appelle,
Qu'on t'appelle par ton nom,
Amour !... je reviens encore,
    Je reviens à toi ;
    Ici je t'implore,
    Viens, conseille-moi.
    En vain l'on critique
    Ton carquois gothique,
    Et la forme antique
    De ton vieux flambeau.
    Va, laisse-les faire :
    Toujours sûr de plaire,
    Toi seul sur la terre
    Es toujours nouveau.
Tu m'inspires, tu me conseilles,
Et ces maîtres que j'invoquais
Vont, en admirant tes merveilles,
Applaudir mes premiers essais.
J'entends déjà Scapin, Crispin et Figaro
    Me crier : Bravo, bravo !
Il est digne de nous : bravo, bravo, Victor !
    — Eh ! messieurs, pas encor.
Dieu d'amour, toi qui me conseilles,
Permets du moins que mes efforts heureux
Me donnent quelque jour une place auprès d'eux !

SCÈNE VII.

VICTOR, JAKMANN.

JAKMANN.

C'est fini, je n'en reviendrai jamais ; passe pour le jour ; mais à cette heure-ci...

VICTOR.

Qu'y a-t-il donc, brave Jakmann ?

JAKMANN.

Il y a, qu'après le petit repas que nous venons de faire, je comptais bien passer dans mon lit le reste de la nuit ; pas du tout : milord, mon maître, qui a achevé ses dépêches, m'a ordonné de me tenir prêt à partir sur-le-champ, et je vais prendre mon costume de voyage.

VICTOR.

Pour faire une commission dans la ville ?

JAKMANN.

Ah ! bien oui ; il m'envoie dans les montagnes.

VICTOR.

Dans les montagnes, dit-tu ? (A part.) Serions-nous sur la trace ? (Haut.) Quelque mission d'amour ?

JAKMANN.

Je n'en sais rien ; j'aimerais mieux faire dix lieues en plaine, que trois dans le haut pays ; des ravins, des défilés, des précipices, et à chaque rocher qui s'avance je crois voir un voleur.

VICTOR.

Tu n'es pas brave.

JAKMANN.

Ce n'est pas mon état ; je suis payé pour avoir des jambes, et non pour avoir du cœur.

VICTOR.

C'est juste. Et l'endroit où il t'envoie, n'est-il pas un château fort ?

JAKMANN.

Oui ; à trois lieues d'ici ; le château de Dombar.

VICTOR, à part.

Je le tiens ; nous y voilà : impossible que la veille de ses noces il n'écrive pas à sa belle. (Haut.) Et tu vas de ce pas au château de Dombar ?

JAKMANN.

Oui; et à celui de Blakston, et à celui de Butland, et à Saint-Dunstan.

VICTOR, à part.

Ah! mon Dieu! comme en voilà! et comment s'y reconnaître? (Haut.) Répète-moi un peu cela; car ce sont des noms si barbares que ça fait mal à prononcer.

JAKMANN, soupirant.

Et à y aller! ça fait bien plus de mal encore! j'en ai une courbature, rien que d'y penser. Songez donc que le château de Dombar est à trois milles d'ici, au nord, Blakston au midi, Butland entre les deux, et Saint-Dunstan encore par delà; en tout, quinze à dix-huit milles, qu'il faut avoir faits à midi; voilà pourquoi je pars tout de suite.

VICTOR.

Et tu ne cherches pas à deviner? tu ne soupçonnes pas le motif de ces diverses commissions?

JAKMANN.

Ah! bien oui; c'est assez de les faire; s'il fallait encore savoir pourquoi, ça serait une fatigue de plus. Moi, on me dit : va, et puis je vais; mais en conscience, je vais trop; et milord peut se vanter d'avoir trouvé en moi le mouvement perpétuel. Adieu, monsieur Victor.

(Il sort.)

SCÈNE VIII.

VICTOR, seul.

Bon voyage!... Moi, qui m'amuse à interroger cet imbécile! il ne peut me dire que ce qu'il sait, et il ne sait rien. (Tirant un calepin et écrivant.) Dombar, Blakston, Butland, Saint-Dunstan! il est sûr que Malvina est enfermée dans un de ces châteaux; mais lequel? et qui pourrait me l'apprendre? il n'y a que lord Fingar... Le voici.

SCÈNE IX.

VICTOR, LORD FINGAR.

LORD FINGAR, tenant des lettres à la main.

Jakmann ! Jakmann !

VICTOR.

Il n'est pas là, milord ; mais qu'y a-t-il pour votre service ?

LORD FINGAR, mettant les lettres dans sa poche.

D'abord, le punch que j'ai demandé, et qui n'arrive pas ; pour calmer la chaleur du jeu, ces messieurs ont été obligés de revenir au champagne et au madère, ce qui est très-désagréable. Que font donc nos gens ?

VICTOR, avec intention.

Pardon, milord, ils sont tous à l'office, où notre hôte nous racontait des nouvelles qu'il vient de recevoir ; des nouvelles effrayantes, si elles sont vraies.

LORD FINGAR.

Qu'est-ce donc ?

VICTOR.

C'est l'association qui a encore fait des siennes ; il paraît que ces brigands, formant une troupe assez nombreuse, ont osé attaquer (Examinant lord Fingar.) le château de Dombar.

LORD FINGAR, riant.

Vraiment !

VICTOR, à part.

Ce n'est pas celui-là.

LORD FINGAR.

Ils ont dû trouver à qui parler. Nous avons là justement cinq ou six mauvais sujets de nos amis, que j'invite à mes noces, et qui demain nous raconteront cela en détail.

VICTOR, examinant toujours lord Fingar.

Aussi, il paraît que, repoussés avec perte, il se sont rejetés sur Blakston.

LORD FINGAR.

Charmant! le baronnet a dû avoir une peur...

VICTOR, à part.

Ce n'est pas cela... (Haut.) et qu'ils ont même été jusqu'au château de Butland.

LORD FINGAR, avec effroi.

Butland!

VICTOR, vivement à part.

C'est là qu'elle est.

LORD FINGAR, cherchant à se remettre.

Butland, dites-vous?

VICTOR.

Non, non, je me trompe; je ne suis pas fort sur les noms; c'est aux environs de Butland, un endroit qu'on nomme Saint... Saint...

LORD FINGAR.

Saint-Dunstan...

VICTOR.

Précisément.

LORD FINGAR.

On vous a induit en erreur. Le monastère de Saint-Dunstan est trop révéré de nos catholiques irlandais pour qu'ils osent jamais l'attaquer.

VICTOR.

Je le crois aussi; et puis, comme milord le dit très bien, ce n'est peut-être pas vrai; on fait tant de contes... Mais voici ces messieurs qui rentrent; je vais demander le punch. (A part.) Butland... Maintenant que je sais le nom de la forteresse, je saurai bien y pénétrer avant eux.

SCÈNE X.

Les mêmes; ÉDOUARD, WALTER, DUNCAN, jeunes Officiers, Valets.

FINALE.

LE CHŒUR.

Honneur! honneur à l'hôte aimable
Qui sait si bien nous accueillir;
Amis joyeux et bonne table,
Chez lui tout est plaisir!

LORD FINGAR, aux valets.

Ouvrez vite le grand balcon ;
L'air est si pur, si salutaire!

(Plusieurs valets tirent la draperie de la croisée au fond du théâtre, et l'on découvre un grand balcon donnant sur la principale place de Dublin. Pendant ce temps Victor est sorti.)

LE CHŒUR.

Le jour paraît déjà sur l'horizon,
Le crépuscule nous éclaire.

LORD FINGAR, excitant la flamme d'un grand vase de cristal rempli de punch, que l'on vient de déposer sur un guéridon.

La belle flamme! croirait-on
Que, loin d'éclairer la raison,
Elle fait perdre la mémoire?

(Il sert du punch aux convives.)

LE CHŒUR.

Quel plaisir de chanter et boire!
D'honneur, le punch est excellent!

VICTOR rentre en ce moment, et dit bas à sir Édouard.

C'est dans le château de Butland
Que votre belle est prisonnière.

ÉDOUARD, bas à Victor.

Qui t'a révélé ce mystère ?
Il faut nous y rendre à l'instant.

PLUSIEURS CONVIVES, le verre en main.

D'honneur, ce punch est excellent !

LE CHOEUR.

Honneur ! honneur à l'hôte aimable
Qui sait si bien nous accueillir !
Punch excellent, vin délectable,
   Chez lui tout est plaisir !

SCÈNE XI.

Les mêmes ; UN CONSTABLE, Gardes, Citadins, Habitant
de Dublin de tout sexe et de tout âge.

LE CONSTABLE et LES HABITANTS.

Quel train ! quel bruit épouvantable !
Vous troublez tous les habitants.

LES CONVIVES, en gaieté.

Au diable soit le vieux constable
Qui trouble nos jeux et nos chants !
   Aimable folie,
    Viens nous réunir ;
   Semons sur la vie
    Les fleurs du plaisir.

LOND FINGAR.

Paix, mes amis, soyons prudents.
Laissez-moi parler au constable.
   (Au constable.)
Demain, je dois me marier.
C'est le dernier jour de ma vie
Que je consacre à la folie ;
Je cherche à le bien employer.

LE CONSTABLE et LES HABITANTS.

Faut-il donc quand on se marie
Troubler ainsi tout le quartier ?

LORD FINGAR, du ton le plus aimable.

Vous troubler, c'est être coupable.

Pour m'excuser envers vous,
Amis, je vous invite tous,
Sous les auspices du constable,
A rire, à danser avec nous.

LE CONSTABLE.

Moi danser ! quelle irrévérence !
Non, non, redoutez mon courroux.

LE CHOEUR, composé d'une partie des habitants, et surtout des femmes.

Il faut de l'indulgence
Pour ces aimables fous.

LE CONSTABLE.

Ah! quelle irrévérence !
Redoutez mon courroux.

D'AUTRES HABITANTS.

Ah! quelle irrévérence !
Redoutez son courroux.

LORD FINGAR.

Allons, que la danse commence !

LE CONSTABLE.

Danser ! quelle irrévérence !

LORD FINGAR, lui présentant une rasade.

Buvez, ce punch est excellent.

LE CONSTABLE.

Boire ! ah! c'est bien différent.

LE CHOEUR.

Vraiment, on n'est pas plus galant !

LORD FINGAR, aux autres.

Allons, amis, que la danse commence.

LE CONSTABLE, goûtant le punch.

Dieu! quelle irrévérence!

LORD FINGAR, au constable, en lui présentant un deuxième verre.

Nous, buvons !

LE CONSTABLE.

Ah! c'est bien différent.

Je vois qu'il faut être indulgent.

LE CHŒUR, pendant qu'il boit.

Voyez comme il s'apaise ;
Il n'est plus en courroux.

LORD FINGAR.

Eh ! vite, une danse irlandaise.

(Plusieurs jeunes lords prennent divers instruments. — Les autres se joignent aux habitants pour faire danser les dames.)

LE CONSTABLE et PLUSIEURS VIEUX HABITANTS.

Comment conserver son courroux
Avec tous ces aimables fous ?

(Air de danse irlandaise. — Pendant ce temps paraît Jakmann en costume de courrier ; des guêtres, une ceinture, une petite valise sur les épaules.)

LORD FINGAR, le prenant à part, et lui remettant plusieurs lettres et un écrin.

Le jour commence à paraître,
Il faut porter à l'instant
Ces dépêches de ton maître ;
Sois exact et diligent.

VICTOR, de l'autre côté de la scène, bas à sir Édouard.

Je médite un coup de maître,
Au château je vous attends ;
Là, je vous ferai connaître
Tous les piéges que je tends.

Ensemble.

LORD FINGAR, à Jakmann.

Sois exact et fidèle.
Je me fie à ta foi.

JAKMANN.

Vous connaissez mon zèle,
Reposez-vous sur moi.

ÉDOUARD, à Victor.

L'amant le plus fidèle
N'espère plus qu'en toi.

VICTOR, gaîment.

Comptez sur tout mon zèle,
Chantez, dansez, reposez-vous sur moi.

(La danse continue ; elle met en train tous les assistants, au point que le constable lui-même et les plus récalcitrants se mêlent parmi les danseurs, en répétant le chœur général.)

LE CHŒUR.

Au cliquetis du verre,
Au bruit des vieux flacons,
Narguant toute la terre,
Amis, buvons, chantons !

Que l'austère sagesse,
S'envolant dans les cieux,
Pour compagnons nous laisse
Les plaisirs et les jeux !

Au cliquetis du verre, etc.

Livrons-nous au délire
D'Apollon, de Bacchus :
Un flacon, une lyre,
Que nous faut-il de plus ?

Au cliquetis du verre, etc.

(La toile tombe dans le moment le plus animé.)

ACTE DEUXIÈME

L'intérieur de la salle d'armes du château de Butland. Au fond, une grande galerie qui tient toute la largeur du théâtre. A droite et à gauche, sur le troisième plan, deux grilles donnant sur des escaliers intérieurs. A droite, une table sur laquelle sont des flambeaux et un grand vase d'albâtre. Du même côté, et sur le premier plan, la porte d'une tour. Au-dessus de la porte, une croisée par laquelle on aperçoit de la lumière. A gauche, sur le premier plan, la porte d'un appartement.

SCÈNE PREMIÈRE.

STROUNN, BETTY.

(Au lever du rideau, Strounn est occupé à allumer un candélabre qui est sur la table. Betty, à droite, est à travailler.)

BETTY.

Comment! vous allumez déjà, mon père?

STROUNN.

Tu le vois bien.

BETTY.

La nuit est à peine venue.

STROUNN.

J'aime à y voir clair, moi! Quand on est concierge d'un château aussi important que celui de Butland, quand on a une surveillance comme la mienne!...

BETTY.

Surveiller, et qui donc?

STROUNN.

Cela ne te regarde pas.

SCÈNE II.

Les mêmes; CARILL, portant des fleurs qu'il pose sur la table à droite.

STROUNN, brusquement.

Qu'est-ce que tu viens faire ici? qui est-ce qui t'a permis d'entrer dans cette salle, où personne ne doit mettre le pied?

CARILL.

Votre fille y est bien.

STROUNN.

C'est pour cela que je ne veux pas que tu y sois; vous êtes toujours ensemble.

CARILL.

Si on peut dire cela, après l'absence de trois mois que mademoiselle Betty vient de faire, et qui a été cause que je séchais sur pied!... Ce que c'est que l'amour! n'est-ce pas, mademoiselle Betty, que vous me trouvez maigri et enlaidi?

BETTY, tendrement.

C'est vrai; pauvre Carill!

CARILL.

Je ne vous ferai pas le même compliment; car vous me semblez encore plus jolie, ce qui est bien mal à vous, et ce qui prouve bien peu d'affection de votre part.

STROUNN.

As-tu bientôt fini? au lieu de mettre ces fleurs dans ce vase!

CARILL.

M'y voilà, père Strounn : comme jardinier du château, c'est mon ouvrage de tous les soirs.

BETTY, à son père.

Comment! depuis trois mois que vous m'avez envoyée

chez ma tante, on n'a pas manqué un seul jour de remplir ce grand vase de fleurs nouvelles... Et, dites-moi donc, mon père, pourquoi donc ça, pourquoi ?...

STROUNN.

Voilà déjà tes questions qui recommencent !

BETTY.

Depuis trois mois que je ne vous ai rien demandé...

STROUNN.

Oui, mais depuis trois jours que tu es revenue, tu t'en es bien dédommagée.

BETTY.

Faut bien réparer le temps perdu; faut bien répondre à tous les gens du dehors, qui nous répètent toute la journée : « Mais que se passe-t-il donc au château de Butland ? tous les ponts sont levés; des hommes d'armes sont postés nuit et jour à chaque entrée ! » — Dame ! que je leur réponds, ce sont les ordres de lord Fingar, notre nouveau maître.

CARILL.

« Mais quelle est, nous disent les autres, cette voix plaintive qu'on entend du haut de la grande tour? (Mouvement de Strounn.) Et pourquoi n'y a-t-il personne au château où l'on s'ennuie à périr ? » — Dame ! que je leur réponds, ce sont les ordres de lord Fingar, notre nouveau maître.

STROUNN.

C'est cela; voilà ce qu'il faut répondre à tous les curieux qui vous interrogent. (Avec mystère, les amenant sur le devant du théâtre.) Je vous l'ai déjà dit : c'est l'ombre de cette princesse irlandaise qui mourut ici l'an dernier, d'une chute de cheval. Dès que la nuit vient, elle erre dans cette vieille tour jusqu'à ce qu'on renouvelle les fleurs que le feu duc, notre ancien maître, ne manquait jamais d'aller, au coucher du soleil, déposer sur sa tombe.

(On entend à l'œil-de-bœuf un prélude de harpe.)

CARILL, tremblant.

Voilà déjà son carillon qui commence. Ah ! la, la !

BETTY, feignant d'avoir peur.

Cela me fait toujours frissonner.

CARILL.

Et moi, donc !

BETTY, écoutant.

C'est singulier ! on dirait cet air montagnard que nous chantions hier.

CARILL.

Faut croire que le revenant aime cet air-là.

BETTY.

Répétons-le, pour nous mettre bien avec lui.

QUATUOR.

CARILL, tremblant.

Tra, la, la, la, la...

BETTY, gaîment.

Tra, la, la, la, la.

MALVINA, dans la tour, répétant les dernières notes.

La, la, la, la.

(La voix de Carill s'affaiblit par degrés.)

BETTY.

Qu'as-tu donc qui trouble tes sens ?

CARILL.

C'est elle-même que j'entends.
Écoutez.

MALVINA, en dehors, reprenant le motif.

Tra, la, la, la, la.

Ensemble.

STROUNN, à part.

De terreur il frissonne,
Et docile à ma voix,

Des ordres que je donne
Il ne rira plus, je le crois.

CARILL, tremblant.

Tra, la, la, la, la.
Je tremble, je frissonne,
La force m'abandonne
Et je n'ai plus de voix.
La, la, la, la.

BETTY, riant.

La, la, la, la.
De terreur il frissonne,
J' suis plus brave, je crois.
En mon cœur je soupçonne
D'où provient cette voix.
La, la, la, la.

CARILL.

C'est fini, je n'approcherai plus de cette tour.

STROUNN, à part.

C'est ce que je demande.

BETTY.

Comment fait donc lord Fingar qui, toutes les semaines, dit-on, vient s'y enfermer pendant une heure ?

CARILL.

Ces mauvais sujets, ça ne craint rien.

STROUNN.

Un mauvais sujet ! un noble lord qui a doublé mes gages ! Aussi, il aura du zèle, de la loyauté et du dévouement pour son argent.

BETTY.

L'argent, l'argent ! vous n'avez jamais que ce mot-là à dire.

STROUNN.

C'est qu'il n'y a que celui-là qui ait du poids ; les autres ne signifient rien. Et, pour que vous connaissiez mes intentions, apprenez que, depuis trois mois, on m'a promis deux cents guinées que j'espère bien toucher ce soir à minuit.

CARILL.

Vous auriez deux cents guinées de capital !

STROUNN.

Oui, mon garçon. Je n'en suis pas plus fier pour cela ; mais, comme je n'aime pas les mésalliances, je ne veux donner ma fille qu'à quelqu'un qui en aura autant. L'égalité avant tout, voilà mes principes.

CARILL.

Et moi qui n'ai rien !

STROUNN.

Ça ne m'empêche pas d'avoir pour toi une estime proportionnée à ta fortune. Tu seras toujours mon ami, sans que ça te coûte rien ; mais, pour être mon gendre, tu sais à quel prix, arrange-toi là-dessus ; (Montrant Betty.) et fais-lui tes adieux, pendant que je me chargerai de ces fleurs que je vais porter ce soir (A part.) pour la dernière fois.

(Il entre par la porte à gauche de l'acteur, qui est celle de la tour.)

SCÈNE III.

BETTY, CARILL.

CARILL.

Deux cents guinées ! et où veut-il que je les trouve ? que le diable l'emporte, lui, et ses... (Se reprenant.) Non, non, je ne dis pas ça, parce que, si le diable m'entendait, lui qui est près d'ici...

BETTY.

Tu crois ça ?... Mon Dieu que t'es simple ! Sais-tu, Carill, que si on voulait t'en faire accroire...

CARILL.

Dame ! tu viens de l'entendre. Il faut que ton père soit bien hardi, lui qui n'a pas la conscience trop nette, de

s'exposer ainsi à rencontrer dans la tour ce grand fantôme;
il y a de quoi en mourir.

BETTY.

Je serais donc morte, moi?

CARILL.

Est-ce que tu l'as vu?

BETTY.

De mes deux yeux. Depuis trois jours que je suis revenue
auprès de mon père, j'ai deviné sans peine, à son embarras,
qu'il y avait quelque mystère, et qu'il se jouait de moi.
Dame! quand on me trompe, je prends ma revanche; retiens
bien ça.

CARILL.

C'est bon à savoir; si bien donc...

BETTY.

Si bien donc qu'hier, en regardant par hasard, car moi,
je regarde toujours, j'ai aperçu qu'on avait laissé une clef,
(Montrant la porte à gauche de l'acteur.) et tiens, elle y est encore;
crac, je suis entrée.

CARILL.

Ah! mon Dieu! et tu as vu...

BETTY.

Personne, qu'un grand chevalier armé de pied en cap.

CARILL.

Et qu'est-ce qu'il t'a dit?

BETTY.

Rien, attendu que c'était une armure; celle du fameux
Robert Bruce. Tout auprès, il y avait sur une table une mandoline, des crayons, des pinceaux, une grande armoire dorée
avec des livres. Pendant que j'étais à examiner tout cela,
j'entends un léger bruit. Je me blottis dans la cuirasse de
Robert; d'une main je prends sa lance, de l'autre sa hache
avec laquelle il fendait un homme en deux d'un seul coup,
et, baissant la visière de son casque...

CARILL.

O ciel !

DUO.

Seule, dans cette armure,
Et tu n'es pas morte de peur ?

BETTY.

Pour obliger, je te le jure,
Betty toujours aura du cœur.

CARILL.

Eh ! qu'as-tu vu de cette armure ?

BETTY.

Ah ! c'était un beau revenant.

CARILL.

Beau !

BETTY.

Charmant.

CARILL.

As-tu remarqué sa figure ?
Avait-il l'air bien menaçant ?

BETTY.

Non, vraiment, car ce revenant
Est une jeune prisonnière
Qu'à tous les yeux on cache dans la tour.

CARILL.

Mais pourquoi donc un tel mystère ?
Dans tout cela j'entrevois de l'amour.

BETTY.

Elle gémit, elle soupire :
Puis elle dit : Édouard ! Édouard

CARILL.

Vraiment,
Édouard, c'est le nom d'un amant.

BETTY.

Si nous pouvions soulager son martyre.

CARILL.
Si nous pouvions apaiser son tourment.

BETTY.
Mais comment ?... Comment ?...

BETTY et CARILL.
Charmante solitaire,
Parlez, que faut-il faire ?
Ah ! pour nous quel plaisir
De pouvoir vous servir !

BETTY.
Voyons, cherchons...

CARILL.
Cherchons quelque moyen.

BETTY.
Voyons, cherchons...

CARILL.
Pour moi, je ne vois rien.

BETTY.
Si l'on pouvait...

CARILL.
Par une lettre...

BETTY.
Oui, mais comment ?

CARILL.
La lui remettre.

BETTY.
Et ce billet...

CARILL.
Qui le fera ?

BETTY.
Il a raison....

CARILL.
Qui l'écrira ?

BETTY.

Qui l'écrira ?

CARILL.

Ce n'est pas moi.

BETTY.

Tu n'écris pas ?

CARILL.

Pas plus que toi.

BETTY.

C'est tout au plus si je sais lire.

BETTY et CARILL.

Que ferons-nous? ah! quel martyre!
Quoi! nous ne la servirons pas!
Mon Dieu! mon Dieu! quel embarras!

Charmante solitaire, etc.

CARILL.

Eh bien! puisque nous ne trouvons rien, c'est égal. En arrivera ce qu'il pourra, il faut toujours essayer; en avant!
(On entend une grosse cloche, et Carill fait un pas en arrière.)

BETTY.

Eh bien! tu recules déjà ?

CARILL.

Non, c'est l'habitude. (Allant près de la porte.) Père Strounn, on sonne.

SCÈNE IV.

Les mêmes; STROUNN.

STROUNN, sortant de la tour.

Je l'ai bien entendu; marche devant pour m'éclairer, et surtout n'approche jamais de cette tour, pas plus que Betty, ou sinon... vous m'entendez.

(Il sort, précédé par Carill, qui a pris la lanterne.)

SCÈNE V.

BETTY, seule.

Mon père veut m'effrayer et me donner le change sur la belle inconnue ! On la trompe, c'est sûr, on la trompe tout comme moi ; nous autres jeunes filles, on ne fait plus que ça ; mais heureusement j'ai de la tête, ce n'est pas à moi qu'on en fait accroire...

COUPLETS.

Premier couplet.

« Prends garde à toi, me répète mon père...
« Tous les amants sont des monstres affreux :
« Fuis leurs discours ; aucun d'eux n'est sincère.
« Crains de l'amour le poison dangereux.
« Ah ! tu serais perdue à l'instant même,
« S'il t'arrivait d'aimer... » Croyez donc ça...
J'aime Carill ; oui, je l'aime... je l'aime,
  Et pourtant me voilà,
   Oui, me voilà,
   Me voilà !

Deuxième couplet.

« Modeste fleur brillait dans la prairie,
« On admirait sa native blancheur ;
« Des papillons les baisers l'ont flétrie,
« Elle a perdu sa beauté, sa fraîcheur...
« Ma fille, hélas ! même sort te menace,
« S'il t'arrivait jamais... » Croyez donc ça...
Carill m'embrasse ; il m'embrasse, il m'embrasse,
  Et pourtant me voilà.
   Oui, me voilà,
   Me voilà !

SCÈNE VI.

BETTY, STROUNN, CARILL, VICTOR, habillé en courrier ; il a de larges favoris et est couvert d'un manteau qu'il dépose en entrant.

STROUNN.

Par ici ! par ici ! monsieur le messager.

VICTOR.

Oui ! je n'en peux plus ; je suis bien en retard ; j'ai cru que je n'arriverais jamais : je me suis perdu dans vos montagnes... (A part.) Maudit pays, pour mener une intrigue !

STROUNN.

Oh ! l'accès du château n'est pas facile.

VICTOR, s'essuyant le front.

A qui le dites-vous ?

STROUNN.

Surtout quand on vient pour la première fois, car je ne vous ai pas encore vu.

VICTOR.

Non, ce n'est pas moi qui d'ordinaire porte les messages de milord ; c'est Jakmann, son coureur.

CARILL.

Oui, M. Jakmann, un poltron.

STROUNN.

Qui est déjà venu une fois.

VICTOR.

Et qui n'y reviendra pas une seconde, parce qu'il paraît que dans la dernière expédition dont on l'avait chargé, il a rencontré deux pillards, qui, le pistolet sur la gorge, lui ont pris ses dépêches ; ce qui lui a fait plus de peur que de mal ; et depuis ce temps, c'est moi qui ai pris sa place. (Lui donnant une lettre.) Voilà ce que milord mon maître m'a ordonné de vous remettre.

STROUNN.

C'est bien... y a-t-il réponse ?

VICTOR.

Je l'ignore ; lisez.

STROUNN, lisant de manière à ce que Victor seul l'entende.

« Brave et honnête concierge, c'est aujourd'hui à minuit que
« je me marie, et que tu auras la récompense promise... »
(S'interrompant.) Neuf heures viennent de sonner, ainsi ça ne
sera pas long. (Continuant.) « Afin que tout soit prêt pour la
« cérémonie, envoie sur-le-champ à l'abbaye de Saint-
« Dunstan ; car, d'après le testament de mon oncle, c'est
« dans cette chapelle, et non loin de l'endroit où ses cendres
« reposent, qu'il veut que ce mariage soit célébré... » (S'interrompant.) A Saint-Dunstan ; un quart de lieue d'ici, on y enverra. (Continuant.) « Prépare en outre au château un excel-
« lent souper ; » ça, j'y ai déjà songé : « car j'attends cette
« nuit une vingtaine d'amis intimes que j'ai invités au ban-
« quet de mes noces. Qu'ils soient reçus dans le château de
« Butland avec tout l'appareil et le cérémonial des anciens
« seigneurs irlandais. Que tous nos vassaux soient en cos-
« tume, et que les ménestrels du pays entonnent au dessert
« le chant nuptial. » Des ménestrels ! Je ne connais dans le
canton que Tom et Cuddy, deux ivrognes, des chanteurs
excellents, à la voix près. Carill, cours à la chaumière, et
amène-les ici, au château, dans leur ancien costume.

BETTY.

Comment ! vous voulez qu'à une pareille heure, ce pauvre
Carill...

VICTOR.

Mam'selle Betty s'y intéresse. (A part.) C'est bon à savoir.

STROUNN, à Carill.

Eh bien ! tu n'es pas parti ?

CARILL.

Si vraiment, j'y cours.

(Il sort.)

SCÈNE VII.

STROUNN, VICTOR, BETTY, qui se tient à l'écart.

VICTOR, prenant Strounn à part.

Il y a un autre message plus important.

STROUNN.

Qu'est-ce donc?

VICTOR.

Cet écrin, et ces tablettes, que milord m'a dit de présenter moi-même à la jeune lady.

STROUNN, l'entraînant du côté opposé à celui où est Betty.

Silence! ah! il vous a dit... il a donc bien de la confiance en vous?

VICTOR.

Si on n'en avait pas en son premier valet de chambre !... un valet de chambre est un ami à qui on donne des gages, voilà tout. Daignez donc me conduire auprès de Malvina de Morven.

STROUNN.

Impossible dans ce moment.

VICTOR.

Et pourquoi?

STROUNN.

Il y a aujourd'hui trois mois qu'elle a perdu le duc de Calderhal, son oncle, qu'elle aimait beaucoup, et elle veut passer cette journée dans la solitude et la prière.

VICTOR.

Oui, mais moi, c'est différent; elle peut toujours recevoir...

STROUNN.

Personne, que les jeunes filles du pays, qui, selon la coutume, et une heure seulement avant le mariage, viendront la prendre pour aller en pèlerinage à Saint-Dunstan.

VICTOR, à part, avec dépit.

Ce soir à onze heures, il sera bien temps!

STROUNN.

Mais donnez toujours, je vais lui remettre de la part de milord cet écrin.

VICTOR, vivement.

Et ces tablettes.

STROUNN.

Je m'en charge.

VICTOR, à part.

Allons, elle aura du moins de nos nouvelles. (Haut.) Mais de grâce, ne tardez pas.

STROUNN.

Vous êtes bien pressé; on y va, soyez tranquille, on y va. (Il s'approche de la porte de la tour. En ce moment on sonne en dehors il s'arrête.) Allons, voilà qu'on sonne encore à la grande porte; j'y cours, je ne peux pas être partout.

(Il sort.)

SCÈNE VIII.

VICTOR, BETTY, puis STROUNN.

VICTOR, à part.

Qui diable cela peut-il être? (Courant à Betty qui est assise sur le fauteuil à gauche et qui travaille.) Ma belle enfant!

BETTY, effrayée.

Ah! mon Dieu! ce monsieur, qu'est-ce qu'il a donc?

VICTOR.

Les moments sont précieux; j'ai un maître qui est jeune, riche, généreux. Il sait que vous aimez Carill...

BETTY.

Comment, monsieur, ça se sait?

VICTOR.

Et je vous réponds de votre mariage, si vous voulez l'aider dans le sien, avec la belle Malvina, qui gémit là, dans cette tour.

BETTY.

Votre maître! est-ce M. Édouard?

VICTOR.

Justement; vous le connaissez?

BETTY.

Non; mais l'autre jour la prisonnière a prononcé son nom en soupirant.

VICTOR.

Elle pense à nous, et elle soupire, vivat!

BETTY.

Elle est donc bien à plaindre?

VICTOR.

Autant que possible.

BETTY.

Séparée de celui qu'elle aime!

VICTOR.

Par un tyran jaloux, c'est toujours comme ça.

BETTY.

La! je m'en doutais. Et même avant de vous avoir vu, nous avions formé, Carill et moi, le projet de les secourir.

VICTOR.

Il serait vrai! O généreux enfants! on peut donc se fier à Carill?

BETTY.

Comme à moi-même.

VICTOR.

Cela suffit, je le verrai. Mais, en attendant, répétez à la

19.

belle prisonnière que sir Édouard Acton vient ici pour la délivrer ; qu'abusée par des apparences, elle s'est crue trahie ; mais que mon maître l'aime toujours, qu'il est toujours fidèle.

BETTY.

Est-ce que ça peut être autrement ?

VICTOR.

Jamais ! (On entend plusieurs sons de cor. Victor courant à la fenêtre.) Dieu ! c'est lord Fingar, entouré de ses vassaux.

BETTY.

C'est lui qui vient d'arriver : il a devancé ses convives.

VICTOR, reprenant son manteau et voulant sortir par le fond.

S'il me voit, tout est perdu !

BETTY.

Pas par là, vous le rencontreriez. (Lui montrant la grille.) Cette porte conduit dans la grande cour, de là dans la campagne

VICTOR.

Merci, ma belle enfant. Surtout, prévenez la prisonnière.

(Il sort.)

BETTY.

Je m'en charge.

(Second son du cor.)

STROUNN, entrant par le fond.

Eh bien ! que fais-tu là ?

BETTY, tout émue.

Mes adieux au valet de chambre de milord, qui vient de partir.

STROUNN, la regardant.

Quelle émotion ! Vous avez fait bien vite connaissance ; que sera-ce donc quand vont arriver tous ces jeunes seigneurs, dont le seul état est de conter fleurette aux jeunes filles ! Faites-moi le plaisir d'entrer là, dans cette pièce écartée, dans le salon de Robert Bruce, où personne n'ira vous trouver.

BETTY, à part.

Et la belle inconnue, comment la prévenir?

STROUNN, la poussant.

Allons, allons, dépêchons.

BETTY, entrant dans le cabinet.

Comment, mon père, vous ne vous en rapportez pas à mes principes?

STROUNN, fermant la porte.

Si, vraiment! des principes et un tour de clef! voilà la sauvegarde de l'innocence et de la vertu; un second tour.

SCÈNE IX.

STROUNN, LORD FINGAR, précédé de JEUNES FILLES et de MONTAGNARDS jouant de la cornemuse.

LE CHOEUR.

Gloire au maître de ce domaine!
Honneur au seigneur châtelain!
Avec lui le ciel nous ramène
Amour, plaisir et gai refrain.

PREMIÈRE JEUNE FILLE, présentant des fleurs.

Qu'il accepte aujourd'hui l'offrande
Et l'hommage de ses vassaux!

DEUXIÈME JEUNE FILLE.

Que les anciens airs de l'Irlande
Avec nous disent aux échos :

LE CHOEUR.

Gloire au maître de ce domaine! etc.

LORD FINGAR.

Assez, assez! (A Strounn.) Eh bien! mon brave puritain, mon honnête geôlier, tout est-il prêt au château?

STROUNN.

Pas encore; ce n'est pas ma faute, mais celle de votre messager, qui vient d'arriver.

LORD FINGAR.

Lui que j'avais fait partir au point du jour! ce paresseux de Jakmann!

STROUNN.

Mais ce n'était pas Jakmann.

LORD FINGAR.

Et qui donc?

STROUNN.

Monseigneur sait bien que c'était son premier valet de chambre.

LORD FINGAR, étonné.

Mon valet de chambre! fais-le venir, je ne serai pas fâché de le connaître.

STROUNN.

Il sort à l'instant même du château. Il voulait absolument parler à milady.

LORD FINGAR.

Et tu l'as souffert?

STROUNN.

Non, vraiment. Mais il se disait chargé de votre part de cet écrin et de ces riches tablettes.

LORD FINGAR.

Cet écrin, c'est bien le mien. Mais ces tablettes... (Aux paysans.) Laissez-nous, mes amis! (Les paysans sortent.) Instruis lady Malvina de mon arrivée.

STROUNN.

Oui, milord.

(Il sort.)

SCÈNE X.

LORD FINGAR, seul.

Qu'est-ce que cela signifie? quelques mots au crayon. (Ouvrant les tablettes.) « Malvina, ce soir à minuit, vous appar-
« tenez à un autre; et cependant celui qu'autrefois vous
« aimiez vous adore toujours. Daignez le voir, daignez l'en-
« tendre : il bravera tout pour arriver jusqu'à vous... » (S'interrompant.) C'est ce que nous verrons. (Continuant.) « Quelque
« déguisement qu'il prenne, cette écharpe bleue, qu'autre-
« fois il reçut de vous, saura le faire reconnaître à vos
« yeux. » Point de signature, et aucun autre indice. Je ne reviens point de ma surprise. J'arrivais pour triompher, et il faudra combattre. Eh bien! par saint Dunstan, je ne demande pas mieux... Allons, point de bruit, point d'éclat; il ne s'agit que de défendre la place pendant trois heures encore, et la victoire est à moi. Mais quel est donc le téméraire qui ose me la disputer? C'est un de nos convives d'hier au soir, j'en suis sûr. C'est un ami, je le reconnais là; mais lequel? j'en ai tant; et moi qui les ai tous invités! eh bien! tant mieux, j'aurai des témoins de mon triomphe... Mais on vient.

SCÈNE XI.

LORD FINGAR, MALVINA en robe de velours noir et couverte d'un voile; puis STROUNN.

MALVINA.

Je pensais bien, milord, que ce soir je recevrais votre visite.

LORD FINGAR.

Vous devez, ma belle cousine, vous douter de mon impatience. Eh quoi! même le jour de mon bonheur, ne quitterez-vous pas ces habits de deuil?

MALVINA.

Demain, milord, je vous le promets.

LORD FINGAR, souriant.

Au moins, consentez à lever ce voile que vous vous obstinez toujours à garder.

MALVINA.

Milord...

LORD FINGAR.

Je sais qu'il vous rappelle les vœux que vous vouliez prononcer; mais comme heureusement vous avez renoncé à de pareilles idées, je demande en grâce qu'aujourd'hui, pour moi seul...

MALVINA, levant son voile.

Vous le voulez?

LORD FINGAR.

Combien vous êtes bonne! (La regardant.) Mon admiration vous paiera de votre complaisance; ne rougissez pas : un pareil langage est permis à un amant, à un époux, car dans quelques heures vous allez m'appartenir.

DUO.

A minuit l'hymen nous engage,
A minuit vous serez à moi.

MALVINA.

A minuit l'hymen qui m'engage
Vous donne et ma main et ma foi.

LORD FINGAR.

Aucun regret, aucun nuage
Ne troublera ce doux lien.

MALVINA.

Mais, milord, pourquoi ce langage?

LORD FINGAR.

On m'avait dit... je n'en crois rien,

On m'avait dit qu'un autre hommage
Vous fut adressé.

MALVINA.

J'en convien.
De mon cœur il n'était pas digne:
J'ai dû l'oublier à jamais.

LORD FINGAR.

Ah! pour moi, quel bonheur insigne!
A jamais?

MALVINA.

A jamais!
Tels sont les serments que j'ai faits.

Ensemble.

LORD FINGAR.

O douce espérance!
Heureuse inconstance!
Tout semble d'avance
Combler mes désirs.
O toi, dont l'audace
En vain me menace,
Je puis désormais
Braver tes projets.

MALVINA, à part.

Toi, dont l'inconstance
Causa ma souffrance,
De ma souvenance
Il faut te bannir.
Mon cœur te pardonne;
Mais l'honneur m'ordonne
De fuir à jamais
L'ingrat que j'aimais.

LORD FINGAR.

Une grâce, une seule encore.

MALVINA.

De moi, qu'exigez-vous?

LORD FINGAR.
                        Pardon.
De ce rival qui vous adore
Ne puis-je connaître le nom?

            MALVINA, troublée.
        Son nom?...
De mon cœur et de ma pensée
Quand j'ai juré de l'exiler,
Faut-il par vous être forcée,
Hélas! à me le rappeler.

            LORD FINGAR.
Non, non, je n'en veux plus parler

            MALVINA, à part.
    Toi, dont l'inconstance
    Causa ma souffrance,
    Je dois te bannir
    De mon souvenir.
    Mon cœur te pardonne,
    Mais l'honneur m'ordonne
    De fuir à jamais
    L'ingrat que j'aimais.

            LORD FINGAR.
    O douce espérance!
    De son inconstance
    L'heureux souvenir
    Saura me servir.
    O toi, dont l'audace
    En vain me menace,
    Je puis désormais
    Braver tes projets.

            Ensemble.
            MALVINA.
    Mon cœur frémit,
    Peine cruelle!
    C'est à minuit
    Qu'on nous unit.

Ah! quel tourment!
Voici l'instant;
Et de dépit
Mon cœur gémit.

LORD FINGAR.

C'est à minuit
Qu'amour m'appelle;
C'est à minuit
Qu'on nous unit.
Moment charmant!
Voici l'instant.
L'amour, la nuit,
Tout me sourit.

LORD FINGAR, à part.

Je crois, d'après cet entretien, qu'il reste peu d'espoir au bel inconnu, et je lui défie bien maintenant d'oser rien entreprendre.

(On entend en dehors un prélude de harpe.)

MALVINA.

D'où viennent ces accents qui pénètrent jusqu'ici?

STROUNN, entrant.

Ce sont les ménestrels que milord a fait demander pour ce soir, et qu'on a eu assez de peine à trouver. Tom et Cuddy, les deux plus anciens, ont quitté le pays, et Carill n'a pu avoir que ces deux-là qui leur ont succédé, et qui peut-être ne sont pas bien forts. Ils demandent si milady désirerait les entendre.

MALVINA.

Volontiers.

LORD FINGAR, vivement à Strounn.

Fais-les entrer (A part.) Allons, allons, c'est un bon signe sa mélancolie ne demande pas mieux que de s'égayer.

SCÈNE XII.

LORD FINGAR, MALVINA, s'asseyant à gauche, et **STROUNN; VICTOR** et **ÉDOUARD,** habillés en ménestrels, longue barbe grise, et large toque qui leur couvre la moitié du visage : ils sont amenés par **CARILL.**

STROUNN.

Entrez, entrez.

CARILL.

Oui, oui; n'ayez pas peur. (Apercevant lord Fingar et Malvina, qui vient de baisser son voile.) Qu'est-ce que j'ai vu là?

STROUNN.

Silence; écoute sans regarder.

ÉDOUARD, bas à Victor.

C'est elle!

VICTOR, de même.

Prenez garde.

LORD FINGAR, à Strounn.

Donne-leur cette bourse, et dis-leur de commencer.

STROUNN, passant entre eux deux et donnant la bourse à Édouard.

Jongleurs, voici milady et milord qui vous font l'honneur de vous entendre.

VICTOR, à part.

Ah! milord est de trop.

ÉDOUARD, qui a pris la bourse; à part.

Nous payer pour le tromper! il y a conscience. (La donnant à Carill, bas.) Tiens, prends encore cela.

CARILL, à part.

Et de deux! me voilà doté.

MALVINA, à Édouard.

Quelle est cette ballade dont nous avons entendu le prélude?

ÉDOUARD, déguisant sa voix.

C'est un ancien fabliau du temps des croisades.

(Il s'accompagne sur la harpe.)

FABLIAU.

Premier couplet.

Dans les beaux vallons de Clarence,
Au fond de son noble castel,
La dame d'un preux ménestrel
Exprimait, hélas! sa souffrance...

VICTOR, achevant l'air.

Quand elle entend près de la tour,
Un ménestrel disant ce chant d'amour :

Pour la patrie
Quitter sa mie,
C'est un devoir;
Mais quel délire,
Quand on peut dire :
Vais la revoir!

Ensemble.

LORD FINGAR, se levant et observant les ménestrels.

De cet air la douce langueur
Porte le trouble dans son cœur.

MALVINA.

Est-ce un prestige? est-ce une erreur?
D'où vient le trouble de mon cœur?

ÉDOUARD.

Moment d'ivresse et de bonheur!
Cachons le trouble de mon cœur.

VICTOR.

Pour lui quel moment enchanteur!
Mais cachez bien votre bonheur.

STROUNN.

Il chante bien, pour un jongleur;
L'argent leur a donné du cœur,

CARILL, montrant la bourse.

Ah! c'est un habile chanteur!
Surtout quand ils chantent en chœur.

Deuxième couplet.

ÉDOUARD.

Il est enfin près de sa belle;
Il tremble, il n'ose lui parler...
Mais à ses yeux il fait briller
Ce talisman qu'il reçut d'elle,

(Il tire de son sein une écharpe bleue, qu'il tâche de faire voir à Malvina. Celle-ci, pensive et rêveuse, la tête appuyée sur sa main, ne jette pas les yeux de ce côté.)

Gage charmant, gage d'amour,
Que sur son cœur il portait nuit et jour.

LORD FINGAR, l'apercevant.

En croirais-je mes yeux?
Mon rival en ces lieux!

VICTOR et ÉDOUARD.

Pour la patrie
Quitter sa mie,
C'est un devoir;
Mais quel délire,
Quand on peut dire :
Vais la revoir!

Ensemble.

LORD FINGAR.

De la prudence... et dans mon cœur
Cachons mon trouble et ma fureur.

MALVINA.

Est-ce un prestige? est-ce une erreur?
D'où vient le trouble de mon cœur?

ÉDOUARD.

Moment d'ivresse et de bonheur!
Cachons le trouble de mon cœur.

VICTOR, CARILL et STROUNN, examinant lord Fingar.

Quel coup soudain trouble son cœur?
D'où vient sa secrète fureur?
Oui, dans ses yeux est la fureur.

LORD FINGAR.

C'est bien. Vous êtes d'habiles ménestrels, qui serez récompensés comme vous le méritez; mais il faut avant tout vous donner quelque repos dont vous avez besoin. (A part.) Lequel des deux est mon rival? (A Strounn, montrant Victor.) Conduis celui-ci (Bas.) dans le caveau de la tour. Mets-le sous les verrous, et reviens aussitôt.

STROUNN.

Oui, milord.

LORD FINGAR, passant près de Carill et lui montrant Édouard.

Conduis celui-là (A voix basse.) dans la prison du château. Enferme-le à double tour, et apporte-moi la clef.

CARILL.

Oui, milord.

LORD FINGAR.

Adieu, mes braves gens, au revoir. Milady vous remercie; et moi je vous promets, après la fête, une récompense toute particulière.

(Victor sort par la gauche, emmené par Strounn; et Édouard par la droite, emmené par Carill.)

SCÈNE XIII.

LORD FINGAR, MALVINA.

MALVINA.

Écoutez ce bruit de chevaux, ces voix confuses.

LORD FINGAR.

Ce sont mes amis qui arrivent. (A part.) Je suis bien en train de les recevoir! (Haut.) De jeunes seigneurs irlandais, qui ont voulu assister à notre bonheur. Restez, je vous en prie.

MALVINA.

Daignez m'en dispenser. Je vous laisse avec eux, et vous demande à ne paraître qu'au moment de la cérémonie, quand les jeunes filles du pays viendront me prendre pour aller à Saint-Dunstan.

(Elle ouvre la porte du cabinet à droite et la referme sur elle.)

SCÈNE XIV.

LORD FINGAR, STROUNN ; peu après, CARILL, puis ÉDOUARD
et les autres OFFICIERS amis de lord Fingar.

STROUNN.

Notre gaillard est en lieu sûr; une bonne porte doublée en fer, et deux verrous tirés sur lui.

LORD FINGAR.

C'est bien.

STROUNN.

Nous saurons qui il est.

LORD FINGAR.

Plus tard. L'essentiel était de les éloigner de Malvina, de les tenir séparés; (A part.) car, tout à l'heure, si j'avais éclaté, si je leur avais arraché ce déguisement, ils se reconnaissaient, ils s'expliquaient, et peut-être se raccommodaient.

CARILL, entrant.

Vos ordres sont exécutés ; la prison est bien fermée, et voici la clef.

LORD FINGAR.

A merveille! Maintenant, monte à cheval, et ventre à terre jusqu'à Dublin !

STROUNN.

Lui?

LORD FINGAR.

Non, toi; c'est plus sûr.

STROUNN.

Que voulez-vous donc faire?

LORD FINGAR.

J'ai ma réputation à soutenir, et aux yeux de mes amis, témoins du combat, il ne s'agit pas seulement de vaincre, il faut vaincre gaîment. Cours chercher messire Jobson, le constable. Dis-lui que deux voleurs, dont on s'est emparé, ont tenté de s'introduire dans le château; qu'il vienne les saisir, et les conduire, sous bonne escorte, cette nuit même, à Dublin, tandis que nous boirons ici au succès de leur ruse.

STROUNN.

Je comprends. Vous aurez ainsi, dans deux heures, la belle milady, l'héritage, et les rieurs de votre côté. (A part.) Et moi, mon or.

LORD FINGAR.

A merveille! Mais pars vite. (Il écoute.) Je les entends.

(Strounn sort.)

FINALE.

LE CHŒUR, en dehors.

Ah! quel plaisir pour nous s'apprête!
La belle nuit! la belle fête!
Ne songeons qu'à nous divertir;
La nuit est l'heure du plaisir.

LORD FINGAR.

Je connaîtrai le téméraire
Que je retiens sous les verrous;
S'il en manque un au rendez-vous,
C'est mon rival, la chose est claire.
Comme à ses dépens on rira,
Quand de prison il sortira!

PLUSIEURS CONVIVES, entrant.

Ah! quel plaisir pour nous s'apprête! etc.

LORD FINGAR, cherchant.

Serait-ce Walter ou Falgar?
Eh! non, non, je les vois paraître!
Serait-ce ce fou de Duncar?
Non, le voici... Qui peut-il être?
Ils s'offrent tous à mon regard.

LE CHŒUR.

La belle nuit! la belle fête!
Ah! quel plaisir pour nous s'apprête!

LORD FINGAR, regardant.

Je n'aperçois point sir Édouard...
A l'aspect des traits de ma belle,
  Moi, je l'ai vu tressaillir,
Malgré lui, se troubler, rougir.
Oui, oui, c'est lui, tout le décèle.
Comme à ses dépens on rira,
Quand de prison il sortira!

ÉDOUARD, PLUSIEURS LORDS, et VALETS en différentes livrées.

(Ils entrent gaîment et reprennent en chœur.)
La belle nuit, la belle fête! etc.

LORD FINGAR.

D'honneur! c'est à perdre la tête.
Les voilà tous, les voilà tous,
Aucun ne manque au rendez-vous.

(Moment de silence général.)

Ensemble.

LE CHŒUR.

La belle nuit, la belle fête!
Ah! quel plaisir pour nous s'apprête!
Gaîment célébrons tour à tour
L'amitié, l'hymen et l'amour.

LORD FINGAR.

D'honneur! c'est à perdre la tête,
Ils sont tous présents à la fête.

Quel est donc ce héros d'amour
Que je retiens là dans la tour?

CARILL, bas à Édouard.

Il vous croit toujours dans la tour.
Qui ne rirait d'un pareil tour?

LORD FINGAR, à part.

Quelque soit cet amant fidèle,
Le constable va le saisir.

(A ses amis, à demi-voix, et les formant en cercle.)

Apprenez tous une nouvelle
Qui doit tantôt vous divertir.

TOUS.

Ah! parlez, parlez, quelle est-elle?

LORD FINGAR.

Afin de me ravir ma belle,
Sachez donc qu'un audacieux
S'était introduit dans ces lieux...
Mais ce n'est pas moi qu'on abuse :
Nous avons découvert la ruse.

ÉDOUARD, à part.

O ciel!

TOUS.

Ah! le tour est joyeux.

ÉDOUARD, à lord Fingar, en riant.

Et comment?

LORD FINGAR.

Ma belle maîtresse,
Qui tout bas se rit de ses feux,

(Montrant les tablettes qu'il tire de sa poche.)

M'a prévenu de sa tendresse
Et de ses complots amoureux.

ÉDOUARD, à part.

Qu'entends-je! ô perfidie extrême!

(En riant, à Fingar.)

Eh quoi! vraiment! c'est elle-même?

LORD FINGAR, riant.

J'ai, pour punir les conjurés,
D'autres moyens que vous saurez.
L'intrépide rival s'est enferré lui-même.

DUNCAN.

Mais quels accents ont retenti?

LORD FINGAR.

Ce sont les filles du village
Qui viennent chercher milady,
Pour un pieux pèlerinage...
Nous les suivrons à Saint-Dunstan.

LE CHOEUR.

Des jeunes filles, c'est charmant!

DUNCAN.

Escorter ainsi l'innocence,
Est-il un plus aimable emploi!

LORD FINGAR, à demi-voix.

Soyez sages, de la prudence,
Messieurs, messieurs, imitez-moi.
Je les entends.

(Les portes du fond s'ouvrent; paraissent toutes les jeunes filles de la contrée, avec des vêtements, des voiles blancs et des couronnes de roses.)

LE CHOEUR.

Dans ce riche domaine,
O noble châtelaine!
Vous que l'hymen enchaîne
Par des nœuds solennels,
La cloche solitaire
Résonne au monastère...
L'heure de la prière
Nous appelle aux autels.

(La porte à droite s'ouvre, et Malvina paraît, couverte de son voile.)

LORD FINGAR.

Voici Malvina qui s'avance.

WALTER.
Dans sa taille quelle élégance!
ÉDOUARD, à part.
Sachons modérer mon courroux.
DUNCAN.
Pourquoi donc ce voile sévère
Nous cache-t-il ses traits si doux?
LES JEUNES FILLES, à Malvina.
On nous attend au monastère;
Venez y prier avec nous.
LORD FINGAR, à Malvina.
Venez m'y nommer votre époux.
ÉDOUARD, s'approchant de Malvina, et à voix basse.
Perfide! infidèle!
(Le voile de Malvina se relève un moment, et l'on aperçoit sous ce vêtement Betty, qui dit vivement à Édouard.)
Rassurez-vous, ce n'est pas elle.
ÉDOUARD, à part.
Que vois-je! ô surprise nouvelle!
J'en suis muet d'étonnement.
LORD FINGAR.
A Saint-Dunstan l'on nous attend;
Partons, partons en silence,
Respectons son recueillement.
DUNCAN et LE CHOEUR.
Escorter ainsi l'innocence,
Ah! c'est divin! ah! c'est charmant!
LORD FINGAR et LE CHOEUR.
Amis, suivons-les en silence.
Respectons son recueillement.
Oui, suivons-les bien doucement.
Faisons silence,
Silence!
Silence!
(Toutes les jeunes filles, Betty en tête, sortent par le fond du théâtre.

Édouard, interdit, regarde autour de lui sans pouvoir s'expliquer ce mystère. Lord Fingar lui prend la main et le force à le suivre. Les autres officiers sortent avec eux. Carill, pendant que ce cortége défile, se tient sur le devant de la scène dans un grand recueillement; Betty, en passant auprès de lui, relève son voile un instant, pour s'en faire reconnaître; mais il reste toujours les yeux baissés, et ne peut apercevoir les signes qu'elle lui fait.)

ACTE TROISIÈME

Une cour de l'abbaye de Saint-Dunstan. — Au fond, vers la gauche, le monastère, dont on n'aperçoit que les deux dernières fenêtres, et qui se termine par une tour assez élevée, au milieu de laquelle est un cadran gothique. Au fond, vers la droite, des ruines entourées d'arbres et de verdure, d'un aspect pittoresque. A gauche, sur le premier plan, une espèce d'oratoire où l'on arrive par un escalier de quelques marches : sur le côté, vis-à-vis, un pilier en ruines. Une croisée gothique fait face au spectateur. Tout ce riche paysage est éclairé par la lune.

SCÈNE PREMIÈRE.

ÉDOUARD, seul.

Voici de Saint-Dunstan l'antique monastère,
Où vient de pénétrer ce cortége pieux.
Que faut-il craindre, hélas! que faut-il que j'espère?
Est-ce un songe, une erreur dont s'abusaient mes yeux?
Ou, pour me secourir, un ange tutélaire
    Auprès de moi veille-t-il en ces lieux?

(Il regarde autour de lui, écoute quelques instants.)
    Je n'entends rien que le feuillage
    Par le vent du soir agité ;
    Et des pâtres du voisinage
    Les chants par l'écho répétés.
    L'astre des nuits sur l'ermitage
    Répand une douce lueur ;
    Tout repose en ce lieu sauvage !
Partout le calme, hors dans mon cœur.
    O mortelle souffrance !
    Je frémis et j'attends ;

Chaque instant qui s'avance
Redouble mes tourments.

(Regardant le cadran de la tour, qui dans ce moment est éclairé par la lune.)

Une heure, hélas! une heure encore
Et je perds celle que j'adore!
Heure fatale à mes amours,
Un seul instant suspends ton cours!
Au gré de mon attente,
Que l'aiguille plus lente
Marche plus doucement!
Un instant, je t'en prie,
Dussé-je, heureux amant,
Payer ce seul instant
Du reste de ma vie!
Heure fatale à mes amours,
Suspends encor, suspends ton cours!

Et Victor dont je n'ai point de nouvelles! et cette jeune fille que je n'ai jamais vue! cette fausse Malvina qui semble me protéger, où est-elle?

SCÈNE II.

ÉDOUARD, BETTY.

BETTY, ouvrant la fenêtre grillée de l'oratoire qui fait face aux spectateurs.

Près de vous.

ÉDOUARD.

Mon ange tutélaire, vous voilà; que se passe-t-il donc?

BETTY.

Je venais vous le demander.

ÉDOUARD.

A moi?

BETTY.

Eh! oui, sans doute; j'ai bien peur, j'ai fait dire à lord

Fingar, qui s'imagine toujours que je suis milady, que jusqu'au moment de la cérémonie je voulais rester seule dans cet oratoire, où je suis renfermée à double tour. On m'a laissé, pour m'amuser, la harpe de madame la supérieure, à laquelle je me garderai bien de toucher, et pour cause... Ainsi, dépêchez-vous de me délivrer, ou tout va se découvrir; je ne compte que sur votre protection.

ÉDOUARD.

Et moi qui comptais sur la vôtre!... Qui êtes-vous?

BETTY.

Betty.

ÉDOUARD.

La bonne amie de Carill?

BETTY.

Justement. Allez, milord, votre mariage nous donne assez de mal!... D'après les ordres de monsieur votre valet, dont je ne sais pas le nom...

ÉDOUARD.

Victor! c'est lui qui a mené tout cela.

BETTY.

J'ai prévenu la prisonnière qu'on la trompait, que vous l'aimiez toujours, que vous lui seriez fidèle... c'est vrai, n'est-ce pas?

ÉDOUARD.

Je te le jure.

BETTY.

A la bonne heure! car je ne voudrais pas mentir, surtout pour un autre; ah! si c'était pour mon compte...

ÉDOUARD.

Eh bien! qu'a-t-elle répondu?

BETTY.

Que si on pouvait lui en donner la preuve, peut-être n'épouserait-elle pas lord Fingar.

ÉDOUARD.

Et comment lui parler ? comment me justifier à ses yeux ?

BETTY.

C'est pour vous en donner les moyens qu'elle a consenti à changer de costume avec moi.

ÉDOUARD.

Et tu ne me l'as pas dit...

BETTY.

Est-ce que je le pouvais, devant tout ce monde ?

ÉDOUARD.

Où est-elle ?

BETTY.

Au château de Butland.

ÉDOUARD.

Et Victor ?

BETTY.

Au château de Butland, sous les verrous.

ÉDOUARD, regardant le cadran.

Et onze heures ont déjà sonné !... N'importe, j'y retourne, un mot encore...

BETTY, refermant la fenêtre.

On vient ; prenez garde.

SCÈNE III.

LORD FINGAR et STROUNN, venant de la droite, **ÉDOUARD**, se cachant derrière le pilier gothique.

ÉDOUARD, à part.

C'est Fingar !

LORD FINGAR, vivement, à Strounn.

Tu arrives de Butland ?

STROUNN.

Oui, milord.

ÉDOUARD, à part.

Grand Dieu! écoutons.

LORD FINGAR.

Avec le constable?

STROUNN.

Oui, milord.

LORD FINGAR.

Et vous ramenez les deux prisonniers?

STROUNN.

Oui, milord, jusqu'à un certain point.

LORD FINGAR.

Que veux-tu dire?

STROUNN.

Que l'un d'eux n'y est plus.

LORD FINGAR.

O ciel!

STROUNN.

Et que l'autre a disparu.

ÉDOUARD, à part.

Victor est sauvé!

LORD FINGAR, à Strounn.

Misérable!

STROUNN.

Ne vous fâchez pas, ce n'est rien encore; où est lady Malvina?

LORD FINGAR.

Elle vient d'arriver avec nous à Saint-Dunstan, et elle est là, dans cet oratoire dont j'ai la clef.

STROUNN.

Vous en êtes sûr?

(En ce moment Betty, qui a rouvert la fenêtre, promène son doigt sur la harpe en faisant des gammes du haut en bas.)

LORD FINGAR.

L'entends-tu?

STROUNN.

C'est juste, je reconnais sa brillante exécution.

LORD FINGAR.

Pourquoi cette demande?

STROUNN.

C'est qu'il paraît que cette nuit on enlève tout le monde, jusqu'à ma fille...

LORD FINGAR.

Que dis-tu?

STROUNN.

Que j'avais aussi enfermée moi-même, à double tour, dans le salon de Robert Bruce, et qui a disparu avec les deux prisonniers.

LORD FINGAR.

Pas possible!

STROUNN.

Je vous dis qu'au château de Butland la place n'est pas tenable. Nous y serions restés, moi et le constable, qu'on nous aurait enlevés aussi; et le plus étonnant, c'est que Carill, qui était resté au château quelque temps après nous, n'a rien vu ni entendu.

LORD FINGAR.

Ce Carill... en es-tu bien sûr?

STROUNN.

Parbleu! il aime Betty; il n'aurait pas laissé enlever sa maîtresse.

LORD FINGAR.

L'observation est juste; mais qu'est-ce que tout cela signifie?

ÉDOUARD, à part.

Allons attendre Victor; il ne peut tarder, car il sait que je suis à Saint-Dunstan, et que l'heure approche.

(Il sort par le fond.)

STROUNN.

Mais voici monsieur le constable qui peut nous en apprendre davantage.

SCÈNE IV.

Les mêmes; JOBSON, Suite du constable.

JOBSON.

Tenez-les! tenez-les bien! grâce au ciel, il ne sera pas dit que je n'aurai arrêté personne!

LORD FINGAR.

Qu'y a-t-il donc, monsieur le constable?

JOBSON.

Il y a, milord, que nous tenons toute l'affaire. Deux personnages mystérieux qui ont passé près de nous sans répondre au qui vive! et mes gens, après les avoir longtemps poursuivis dans ces ruines, sont enfin parvenus à les saisir.

LORD FINGAR.

A merveille!

JOBSON.

Mais le plus étonnant, c'est que dans les deux fugitifs j'avais vu très-distinctement une femme, et qu'ils ont arrêté deux hommes.

STROUNN.

Ceux de Butland, nos deux voleurs.

JOBSON.

Je l'espère bien. D'abord il nous en faut deux, et dans ces cas-là on les prend où l'on peut! (A ses gens.) Qu'on les amène! nous allons, milord, les interroger en même temps.

LORD FINGAR.

En même temps! y pensez vous?

JOBSON.

C'est juste. (A ses gens.) L'un après l'autre, pour qu'ils ne puissent pas s'entendre et répondre de même.

SCÈNE V.

LES MÊMES ; JAKMANN, amené par plusieurs laquais.

JOBSON.

Voici d'abord le premier voleur. Approchez !

LORD FINGAR.

Que vois-je ! c'est Jakmann, mon coureur !

JAKMANN.

Qui a couru aujourd'hui de fameux dangers. Oui, milord, je m'étais réfugié dans ces ruines où je me reposais un instant, quand on est encore venu m'arrêter; car depuis ce matin on ne fait que cela.

JOBSON.

Il serait possible !

JAKMANN.

Aussi j'ai une fameuse déclaration à vous faire.

JOBSON.

Une déclaration !

QUATUOR.

Parlez, parlez, et sans mystère ;
La justice vous entendra.
(Aux montagnards.)
Vous, surtout, tâchez de vous taire :
Songez que le constable est là !

Ensemble.

JOBSON.

Ah ! je tiens l'affaire,
Elle est nette et claire.

De mon ministère
Je connais les droits.
Je saurai les prendre,
Et pour leur apprendre,
J'en veux faire pendre
Au moins deux ou trois.

JAKMANN.

Oh! c'est une affaire,
Oui, c'est un mystère
Terrible, je crois.
J' n'y peux rien comprendre
Mais on doit en pendre
Au moins deux ou trois.

FINGAR et STROUNN

Pour moi, cette affaire
Me paraît peu claire;
Mais, pour cette fois,
Oui, laissons-le faire.
De son ministère
Respectons les droits.

LE CHŒUR.

Quelle est cette affaire?
Quel est ce mystère,
Terrible, je crois?
J' n'y peux rien comprendre
Mais on doit en pendre
Au moins deux ou trois.

JAKMANN.

Le jour venait de naître,
Je portais à Butland,
De la part de mon maître,
Un message important.

JOBSON.

Bien, bien!

JAKMANN.

Au détour d'une gorge,
Deux hardis montagnards

Me mettent sur la gorge
Le fer de leurs poignards.

JOBSON.

Bien, bien!

JAKMANN.

« Si tu ne te dépêches, »
Dit l'un en menaçant,
« De livrer tes dépêches,
« Je te tue à l'instant. »

JOBSON.

Bien, bien!

JAKMANN.

Et prompt à me soumettre,
Soudain je lui remets
Le paquet et la lettre
Qu'à Butland je portais.

JOBSON.

Bien, bien.
Je tiens toute l'affaire.

STROUNN et LORD FINGAR, à part.

Moi, j'y vois du mystère.

JOBSON.

C'était un voleur, c'est très-bon!

JAKMANN.

C'est selon.

JOBSON.

C'est selon!
Quel est donc ce langage?
On est voleur ou non,
C'est l'ordinaire usage.

JAKMANN.

Ici le fait n'est pas certain,
Et je crains de me compromettre.
Quand l'un me prenait cette lettre,
L'autre me glissait dans la main

Sa bourse, où, par un sort propice,
Se trouvaient trente pièces d'or.
Voyez plutôt, voyez, milord.

JOBSON, prenant la bourse.

Donnez, donnez à la justice.
Pour un voleur, c'est étonnant !
Les lois dont je suis l'interprète,
N'ont pas prévu ce cas embarrassant,
D'un voleur qui vous arrête
Pour vous donner de l'argent.

Ensemble.

JOBSON.

Pour moi cette affaire
N'est plus aussi claire.
Ma judiciaire
S'embrouille, je crois ;
Tâchons de comprendre,
Et pour leur apprendre,
J'en veux faire pendre
Au moins deux ou trois.

LORD FINGAR.

Pour lui cette affaire
N'est plus aussi claire.
Sa judiciaire
S'embrouille, je crois ;
Et pour mieux comprendre,
Il en ferait pendre
Au moins deux ou trois.

JOBSON.

Et mon procès-verbal pour ne rien oublier,
Qu'on avertisse mon greffier.

(Fingar fait signe à Strounn, qui sort par la gauche.)

SCÈNE VI.

Les mêmes, moins Strounn ; VICTOR, amené à la droite par les gens de lord Fingar. — Victor a de larges favoris, des moustaches, un manteau, et le même costume qu'à son entrée du second acte.

JOBSON.
Voici l'autre quidam que mes gens ont su prendre.
(Il fait signe à lord Fingar de s'asseoir à gauche sur le banc de pierre qui est près de la table, et cause quelques instants à voix basse.)

VICTOR, à droite du théâtre, et entouré par les gens du constable.
O contre-temps fatal ! comment faire à présent ?
(Regardant autour de lui.)
Je ne vois pas mon maître, et ne lui peux apprendre
Que non loin de ces lieux Malvina nous attend.
(Montrant un billet qu'il renferme dans une petite boîte.)
Si ces mots, qu'au crayon ma main vient de transcrire,
Pouvaient lui parvenir...
(Apercevant Jakmann.)
C'est Jakmann ! qu'ai-je vu ?

JOBSON, à lord Fingar, montrant Victor.
Celui-là pourra nous instruire.

VICTOR, à part, montrant Jakmann.
Bientôt il m'aura reconnu.
Allons, et c'est le seul refuge,
Pour embrouiller l'affaire, embrouillons notre juge !

JOBSON, allant près de Victor.
Avancez !
Je vous écoute ; commencez !

VICTOR.
Messager ordinaire
Du village voisin,
Pour mes courses à faire
Je partais ce matin...

JOBSON.
Bien, bien, jusqu'ici.
Tout va m'être éclairci.

VICTOR.
Au détour d'une gorge,
Deux hardis montagnards
Me mettent sur la gorge
Le fer de leurs poignards.

JOBSON, avec joie.
(Montrant Jakmann.)
Bien, bien, c'est comme lui.

JAKMANN, qui en ce moment regarde Victor.
Eh! mais, ne serait-ce pas lui?

VICTOR.
« Si tu ne te dépêches, »
Dit l'un en menaçant,
« De livrer tes dépêches,
« Je te tue à l'instant. »

JOBSON, de même, se frottant les mains.
Bien! bien, c'est comme lui.

JAKMANN, de même.
Eh! mais, je crois bien que c'est lui!

JOBSON, à Jakmann et Victor.
Pourriez-vous reconnaître
Ce voleur si hardi?

VICTOR et JAKMANN, se désignant mutuellement.
Oui, je le vois paraître.
Oui, c'est lui!
Le voici!

JOBSON.
Un incident semblable
Est vraiment étonnant!

VICTOR et JAKMANN, se montrant toujours réciproquement.
Moi, je suis innocent;

Mais voici le coupable,
Oui, voici le coupable!

JOBSON.

O bonheur peu commun !
Deux fripons au lieu d'un !

Ensemble.

JOBSON.

Pour moi, cette affaire
N'est plus aussi claire.
Ma judiciaire
S'embrouille, je crois ;
Mais pour mieux m'y prendre,
Je les ferai pendre
Tous deux à la fois.

LORD FINGAR.

Pour moi, cette affaire
Me paraît peu claire;
Mais, pour cette fois,
Oui, laissons-le faire,
De son ministère
Respectons les droits.

VICTOR, montrant Jobson.

Dieu merci, l'affaire
N'est plus aussi claire,
Sa judiciaire
S'embrouille, je crois.

JOBSON.

Qu'on les emmène tous deux !

(Les gens de lord Fingar saisissent Victor. Les autres saisissent Jakmann, et on va les emmener au moment où paraissent Strounn et le greffier.)

SCÈNE VII.

Les mêmes; STROUNN, qui entre à la fin du morceau précédent et qui examine Victor avec attention.

STROUNN.

Arrêtez, milord ! s'il y a quelqu'un à pendre, je réclame la priorité pour celui-ci.

(Montrant Victor.)

VICTOR, à part.

Malédiction ! c'est le concierge de Butland !

LORD FINGAR, à Strounn.

Que dis-tu ?

STROUNN.

Que c'est votre prétendu valet de chambre, celui que vous aviez chargé de m'apporter ces tablettes et cet écrin.

JOBSON, à ses gens, montrant Victor.

Des tablettes ! un écrin ! qu'on le fouille à l'instant !

VICTOR, aux gens du constable qui lui prennent sa boîte.

Mais, monsieur le constable ! permettez donc...

LORD FINGAR, à Strounn, montrant Victor.

Quoi ! c'est lui qui voulait absolument parler à Malvina ?

STROUNN.

Oui, milord, je le reconnais.

LORD FINGAR.

Qu'est-ce que cela signifie ?

JOBSON, qui a ouvert la boîte.

Voici peut-être qui nous l'apprendra : ce papier dont il était porteur...

VICTOR, à part.

Maudit concierge ! maudit constable ! au moment où la victoire était à nous !

LORD FINGAR, qui a parcouru le papier.

Dieu ! quel trait de lumière !

(Il examine Victor.)

VICTOR, à part.

Il sait tout ! et maintenant comment prévenir mon maître !

LORD FINGAR, à Jobson.

Écoutez.

(Sur la ritournelle du morceau qui reprend, il lui parle bas à l'oreille.)

VICTOR, à part.

N'importe ; de l'audace ! du courage ! tout n'est pas encore désespéré.

JOBSON, à qui lord Fingar a parlé à l'oreille.

J'entends ! je comprends !

Je tiens toute l'affaire,
Laissez, laissez-moi faire,
Je sais quels sont mes droits;
Et pour mieux leur apprendre,
Je veux en faire pendre,
Au moins deux ou trois.

(Il sort avec tous ses gens, en emmenant Victor.)

SCÈNE VIII.

LORD FINGAR, STROUNN, JAKMANN, à l'écart.

STROUNN.

Qu'y a-t-il donc, milord ? et qu'avez-vous découvert ?

LORD FINGAR.

Tout s'éclaircit enfin ! Je tiens le fil du complot. La lettre était adressée à sir Édouard Acton, un de nos amis.

STROUNN.

Par qui ?

LORD FINGAR.

Par Victor, son domestique, qui n'est autre que ce messager que je viens de faire emmener, ce faux ménestrel que tu avais enfermé dans la tour.

STROUNN.

Vraiment!

LORD FINGAR.

Écoute plutôt. (Lisant.) « Après votre départ, milord, j'étais
« resté à Butland sous les verrous! mais délivré, comme
« vous, par les soins de Carill... » Quand je te disais que ce Carill était un traître!

STROUNN.

Moi qui ne me doutais de rien!

LORD FINGAR.

Tu aurais mérité d'être constable; aussi la première place vacante... sois tranquille.

STROUNN, s'inclinant.

Ah! milord...

LORD FINGAR.

Poursuivons. (Il lit.) « Je me suis rendu dans le salon de
« Robert Bruce, où j'ai trouvé la belle Malvina, que je ne
« connaissais pas... »

STROUNN, montrant l'oratoire.

Que dit-il? puisqu'elle est là!

LORD FINGAR.

Attends donc. « Je l'ai amenée dans la chapelle de Saint-
« Dunstan, où, suivant le testament de lord Calderhal, le
« mariage doit être célébré. C'est là qu'elle vous attend, et
« je vous cherchais pour vous en prévenir, lorsque j'ai été
« arrêté par les gens du constable et de lord Fingar; mais
« j'espère vous faire remettre par un de mes gardiens ce
« billet que je vous écris à la hâte. Ne perdez pas de temps
« et courez à la chapelle. *Signé* : VICTOR. »

STROUNN.

Qu'est-ce que tout cela veut dire ?

LORD FINGAR.

Qu'après notre départ et celui de Carill qui est venu nous rejoindre, Victor, demeuré maître de la place, aura enlevé la seule femme qui restait au château.

STROUNN.

Il n'y avait que ma fille !

LORD FINGAR.

Justement.

STROUNN, hors de lui.

Que j'avais enfermée moi-même dans la salle de Robert Bruce.

LORD FINGAR.

Tu le vois bien. (A part.) Et mons Victor qui ne la connaissait point...

STROUNN.

Courons vite !

LORD FINGAR.

Non pas ; j'ai manqué d'être trahi, d'être joué à tous les yeux ; et ce sir Édouard, ce rusé Victor, ce traître de Carill, je me vengerai d'eux tous...

STROUNN.

Ce sera bien fait.

LORD FINGAR.

En faisant ta fortune...

STROUNN.

C'est encore mieux.

LORD FINGAR.

Et comme Victor, que j'ai mis sous la garde du constable, ne peut prévenir son maître que la ruse est découverte, il me faudrait pour lui remettre ce billet quelqu'un en qui il eût confiance.

SCÈNE IX.

Les mêmes; CARILL.

CARILL.

Milord, je venais vous dire que voilà vos amis qui vous cherchent.

LORD FINGAR, à part.

C'est ce coquin de Carill.

CARILL, à part.

Je voudrais bien savoir où en sont les affaires.

LORD FINGAR.

Approche, et écoute. Quand ces messieurs seront réunis, tu remettras devant nous et mystérieusement ce billet à sir Édouard que tu connais.

CARILL.

Moi !...

LORD FINGAR.

Pas un mot de plus.

STROUNN, le menaçant.

Ou sinon !...

LORD FINGAR, lui faisant signe de se taire et s'adressant à Carill.

Et voilà pour ta peine.

CARILL, à part.

Et de trois ! il paraît qu'il y a du profit à se mettre de tous les partis ; (Haut.) milord peut être sûr que mon zèle et ma fidélité... (A part.) Il y en a un des deux que je trompe, c'est sûr ; mais je ne sais pas lequel.

(Il sort.)

SCÈNE X.

Les mêmes, excepté Carill; ÉDOUARD, tous les Amis de
lord Fingar, Paysans.

LE CHŒUR, désignant lord Fingar.
Voici l'heure qui s'avance,
Pour lui quelle heureuse nuit !
Bientôt son bonheur commence,
Bientôt va sonner minuit.

ÉDOUARD, regardant avec inquiétude autour de lui.
Ah ! quelles craintes mortelles !
C'en est fait, tout me trahit ;
De Victor pas de nouvelles,
Bientôt va sonner minuit.

CARILL, entrant, et lui remettant la lettre.
Pour milord cette lettre arrive.

ÉDOUARD, la prenant vivement, et la lisant.
A l'espoir enfin je revien.

LORD FINGAR, aux autres seigneurs.
Quelle est cette tendre missive ?
Voyez donc quel trouble est le sien.

DUNCAN, à lord Fingar.
C'est quelque rendez-vous.

ÉDOUARD, tout en lisant.
Milord doit s'y connaître.

LORD FINGAR.
D'une de nos beautés, peut-être ?

ÉDOUARD, à part.
Il ne croit pas dire aussi bien...
Elle m'attend à la chapelle,
Partons.

LORD FINGAR, le retenant.
Quoi qu'il en soit, que chacun se rappelle

Tous les serments qu'hier nous avons faits.

ÉDOUARD, gaîment, à lord Fingar.

Ah ! j'y promets d'être fidèle.
(A part.)
C'est vraiment comme un fait exprès.

LORD FINGAR.

Oui, le rival que l'on abuse,
Conservant sa joyeuse humeur,
Doit rire d'une telle ruse,
Et rendre hommage à son vainqueur.

TOUS.

Quand, par une maîtresse,
Nous nous verrions trahis,
Jurons d'être sans cesse
Rivaux et bons amis.

LORD FINGAR et ÉDOUARD, à part.

Ah ! c'est charmant ! comme il est pris !
Jurons d'être sans cesse
Rivaux et bons amis.

(Édouard sort.)

SCÈNE XI.

LES MÊMES, excepté Édouard.

DUNCAN.

Où va donc ce galant chevalier ?

LORD FINGAR, riant.

Il court à la chapelle de Saint-Dunstan se faire arrêter par notre ami Jobson le constable.

TOUS.

Que dites-vous ?

LORD FINGAR.

Oui, messieurs, vous ne savez pas que sir Édouard, avec son air sentimental, se permet aussi d'être mauvais sujet ; il va sur nos brisées, et vient, en voulant me ravir ma maîtresse, d'enlever une petite fille charmante !

TOUS.

Vraiment !

LORD FINGAR.

La fille de Strounn, mon concierge !

CARILL.

Ah ! mon Dieu !

LORD FINGAR, riant.

Et comme le père a rendu plainte, il sera forcé d'épouser...

CARILL.

Épouser ma maîtresse !

LORD FINGAR.

Ou s'il refuse, comme c'est probable, il sera forcé, d'après la loi, de payer deux mille guinées à Betty.

CARILL.

Deux mille guinées ; si ce n'est que cela !

LORD FINGAR.

Et alors ce sera son complice, Victor, son valet de chambre, que je viens aussi de faire arrêter, qui n'ayant pas deux mille guinées, sera obligé de payer de sa personne, et d'épouser la petite pour son compte.

CARILL.

Pour son compte ; cela ne serait pas le mien. Courons vite !

LORD FINGAR, à ses gens.

Qu'on le retienne ! (A Carill.) Ah ! ah ! fidèle serviteur qui mets les gens en liberté, te voilà pris à ton tour !

CARILL.

Milord, je vous en supplie...

LORD FINGAR.

Je t'apprendrai à servir les projets d'un rival ! mais ce rival lui-même, dupe de sa ruse, est pris dans ses propres filets. (A Strounn.) Es-tu content? voilà ta fille dotée et mariée!

CARILL.

Et moi, que suis-je donc? (A part.) Si jamais je me mêle des amours des grands seigneurs !...

(Pendant ce temps on a vu les vitraux du fond s'éclairer, et on entend une musique religieuse.)

FINALE.

LORD FINGAR.

Entendez-vous dans la chapelle,
Cette musique solennelle?
De mon hymen voici l'instant.

(Il donne à Strounn la clef de l'oratoire. Celui-ci monte l'escalier, ouvre la porte et redescend.)

O Malvina, vous que mon cœur appelle,
Apparaissez aux yeux de votre amant.

(Minuit commence à sonner.)

SCENE XII.

LES MÊMES; BETTY, sortant de l'oratoire, et s'arrêtant au haut de l'escalier, le visage découvert.

LORD FINGAR, stupéfait.

Grand Dieu! ce n'est pas elle!

STROUNN.

C'est ma fille!

CARILL.

C'est Betty.
Elle n'est pas milady.
Dieu soit béni !
Ce n'est pas elle
Qu'on épousait dans la chapelle.

LORD FINGAR, furieux.

Et qui serait-ce donc?

SCÈNE XIII.

Les mêmes; VICTOR et JOBSON, sortant de la chapelle dont les portes s'ouvrent, puis ÉDOUARD, MALVINA, Paysans, Seigneurs.

VICTOR.
La belle Malvina.

JOBSON.
Il a fallu qu'il l'épousât?
Pour l'y contraindre j'étais là,
Oui, par votre ordre, j'étais là.

(En ce moment paraît Édouard donnant la main à Malvina. Les jeunes filles et les vassaux du domaine les suivent, et descendent du monastère en tenant les unes des rameaux de feuillage et des fleurs, les autres les armes et les écussons seigneuriaux.)

Ensemble.

STROUNN et LORD FINGAR.
O maudit stratagème
Qui confond mes projets!
Me voilà pris moi-même
Dans mes propres filets.

VICTOR, ÉDOUARD et MALVINA.
Ce joyeux stratagème
A servi nos projets :
Le voilà pris lui-même
Dans ses propres filets.

CARILL et BETTY.
Ce joyeux stratagème
Me rend ce que j'aimais;
Le voilà pris lui-même
Dans ses propres filets.

LES VASSAUX.
Ah! quel bonheur extrême,
Que de grâce et d'attraits!

Ici, le ciel lui-même
Les unit à jamais !

LORD FINGAR, à Édouard.

Milord, un pareil trait...

ÉDOUARD.

Sans doute est sans excuse ;
Mais le rival que l'on abuse,
Conservant sa joyeuse humeur,
Doit rire d'une telle ruse
Et rendre hommage à son vainqueur.

LORD FINGAR.

D'accord... mais Malvina qui trahit ma tendresse...

ÉDOUARD et LES JEUNES SEIGNEURS.

Quand par une maîtresse
Nous nous verrions trahis,
Jurons d'être sans cesse
Rivaux et bons amis !

LORD FINGAR.

Ah ! je l'ai dit, je l'ai promis.
Amis, vous l'emportez, que l'hymen vous engage !
J'abandonne gaîment mes droits à l'héritage.

MALVINA.

Vous en avez encor par mon manque de foi.
Oui, qu'un partage égal au moins vous dédommage
  (Montrant sa main qu'elle donne à Édouard.)
De la perte d'un bien qui n'était plus à moi !

LORD FINGAR.

A celle qu'il adore,
Allons, qu'il soit uni !

(A ses amis.)

Moi, je reste garçon, et veux longtemps encore
Répéter avec vous notre refrain chéri :

Au cliquetis du verre,
Au bruit des vieux flacons,

Narguant toute la terre,
Amis, buvons, chantons!

LE CHŒUR.

Au cliquetis du verre, etc.

TABLE

	Pages.
La Vieille.	1
Le Timide ou le Nouveau Séducteur	43
Fiorella.	89
Le Loup-Garou.	161
La Fiancée.	207
Les Deux Nuits.	289

Paris.-Imp. PAUL DUPONT, 41, rue Jean-Jacques-Rousseau. (1237, 12-7.)

www.ingramcontent.com/pod-product-compliance
Lightning Source LLC
Chambersburg PA
CBHW070440170426
43201CB00010B/1161